Cahiers de Logique et d'Épistémologie
Volume 11

Normes et Fiction

Volume 5
Logique Dialogique: une introduction. Volume 1: Méthode de Dialogique: Règles et Exercices
Matthieu Fontaine et Juan Redmond

Volume 6
Actions, Rationalité & Décision. Actions, Attitudes & Decision. Actes du colloque international de 2002 en hommage à J.-Nicolas Kaufmann
Daniel Vanderveken et Denis Fisette, directeurs.

Volume 7
Echanges franco-britanniques entre savants depuis le XVIIe siècle
Franco-British Interactions in Science since the Seventeenth Century
Textes réunis et présentés par Robert Fox and Bernard Joly

Volume 8
D'l'expression. Essai sur la 1ière Recherche Logique
Claudio Majolino

Volume 9
Logique Dynamique de la Fiction. Pour une approche dialogique
Juan Redmond. Préface de John Woods

Volume 10
Fiction et Métaphysique
Amie L. Thomasson. Traduit de l'américain par Claudio Majolino et Julie Ruelle

Volume 11
Normes et Fiction
Shahid Rahman et Juliele Maria Sievers, eds.

Cahiers de Logique et d'Épistémologie Series Editors
Dov Gabbay   dov.gabbay@kcl.ac.uk
Shahid Rahman   shahid.rahman@univ-lille3.fr

Assistance Technique
Juan Redmond   juanredmond@yahoo.fr

Comité Scientifique: Daniel Andler (Paris – ENS); Diderik Baetens (Gent); Jean Paul van Bendegem (Vrije Universiteit Brussel); Johan van Benthem (Amsterdam/Stanford); Walter Carnielli (Campinas-Brésil); Pierre Cassou-Nogues (Lille 3 – UMR 8163-CNRS); Jacques Dubucs (Paris 1); Jean Gayon (Paris 1); François De Gandt (Lille 3 – UMR 8163-CNRS); Paul Gochet (Liège); Gerhard Heinzmann (Nancy 2); Andreas Herzig (Université de Toulouse – IRIT: UMR 5505-NRS); Bernard Joly (Lille 3 – UMR 8163-CNRS); Claudio Majolino (Lille 3 – UMR 8163-CNRS); David Makinson (London School of Economics); Tero Tulenheimo (Helsinki); Hassan Tahiri (Lille 3 – UMR 8163-CNRS).

Normes et Fiction

Editeurs

Shahid Rahman

et

Juliele Maria Sievers

Ouvrage publié avec le concours de l'UMR 8163
"Savoirs, textes, langage"
(CNRS, Université de Lille 3, Université de Lille 1)

© Individual author and College Publications 2011.
All rights reserved.

ISBN 978-1-84890-052-3

College Publications
Scientific Director: Dov Gabbay
Managing Director: Jane Spurr
King's College London, Strand, London WC2R 2LS, UK

http://www.collegepublications.co.uk

Original cover design by orchid creative   www.orchidcreative.co.uk
Printed by Lightning Source, Milton Keynes, UK

All rights reserved. No part of this publication may be reproduced, stored in a retrieval system or transmitted in any form, or by any means, electronic, mechanical, photocopying, recording or otherwise without prior permission, in writing, from the publisher.

Préface

Les textes réunis dans cet ouvrage représentent la collaboration de chercheurs venus de plusieurs disciplines pour participer au cycle de séminaires intitulé « Normes comme Fictions : La non-existence dans le domaine normatif », qui a eu lieu en France, à Lille, de janvier à mai 2011. Ce séminaire, qui a compté avec le soutien de la Maison Européenne des Sciences de l'Homme et de la Société (MESHS – Lille Nord de France) et du laboratoire Savoirs, Textes, Langage (UMR 8163) de l'Université de Lille (UdL 3), a été organisé par le Prof. Shahid Rahman et moi-même, qui avons tous deux noté la difficulté d'approcher un thème si vaste – celui de la fiction – par une seule voie : la philosophie. En outre, la question de la fiction sous l'angle des normes représente un objet d'étude encore peu exploré par des chercheurs autres que les juristes. Notre objectif a été de réunir des collègues travaillant sur la fiction à partir de divers champs comme la littérature, la linguistique, le droit mais aussi la philosophie, afin de les inviter à réfléchir ensemble.

Pour ceux qui ne sont pas avertis des questions concernant la légitimité, le rôle, les limitations et enfin le caractère plutôt problématique de la fiction concernant les normes, notre inquiétude peut sembler injustifiée. L'étude de la fiction trouve tout d'abord naturellement sa place dans la recherche en littérature, car la création des scénarios et des personnages ne faisant pas référence au monde réel est considérée comme le résultat d'une opération intentionnelle légitime de l'auteur d'œuvres littéraires. Pourtant, la question des objets non-existants ainsi que le problème sémantique de l'absence de référence de certaines expressions linguistiques intéressent les philosophes de la tradition analytique et de la logique, particulièrement depuis les travaux de Bertrand Russell. En linguistique, des études sont également menées sur les critères permettant de décider, par exemple, du type d'entité abstraite auquel correspond une expression linguistique donnée.

Maintenant, un quatrième champ d'études, celui du droit et de la morale, possède la spécificité de placer les enjeux liés à cette notion dans un registre prescriptif. Les exemples de normes dites « fictives » sont très fréquents dans le droit et dans la morale et sont attestés dès l'Antiquité (bien que leur statut de norme légitime ait toujours été plus au moins fréquemment contesté).

Devant ce panorama hybride, plusieurs questions se posent. Chaque contributeur de cet ouvrage a essayé d'apporter une réponse particulière selon sa discipline ; disciplines qui convergent sur ce sujet dont l'intérêt semble être désormais incontestable.

Les textes réunis dans la première section, « *La fiction normative dans le Droit et dans la Littérature : pour une cartographie* », analysent la notion même de fiction normative, présente soit dans le Droit, soit dans la Littérature. Dans le premier cas, plusieurs questions se posent autour, par exemple, de la légitimité, la réelle nécessité et les propriétés spécifiques de la fiction de type juridique. Dans le second, les auteurs s'interrogent sur le rôle de la fiction de type normatif dans les textes littéraires, en analysant, par exemple, le possible rapport entre certaines propositions et leur valeur morale en plus de leur valeur exclusivement esthétique. Cependant, les investigations développées dans cette section ne sont pas forcement réalisées uniquement par des juristes et des littéraires, mais aussi par des linguistes et philosophes, ce qui renforce une fois de plus le caractère fertile et stimulant des recherches interdisciplinaires sur la signification de la fiction de type normatif.

Le texte de *Sandrine Chassagnard-Pinet*, juriste à l'Université Lille Nord de France UDSL, au Centre René Demogue (CRD&P), ouvre notre livre en nous offrant un panorama très vaste de l'utilisation en droit de la fiction et ce depuis le Droit Romain jusqu'à nos jours. Le parcours historique exposé nous révèle ainsi les nombreuses critiques qui entourent cette notion problématique dans le droit, et qui sont expliquées et illustrées par plusieurs exemples, rendant de surcroît le sujet très abordable au lecteur venu de quelque discipline que ce soit.

Olivier Guerrier, professeur de littérature française de la Renaissance à l'Université de Toulouse II, analyse le rapport direct entre la littérature des XVIe et XVIIe siècles et le Droit, via l'utilisation de la notion de fiction juridique par les poètes, en examinant son rôle normatif. Pour cela, l'auteur nous offre de nombreux exemples de la présence de la *fictio legis* dans des textes littéraires, en analysant à la fois les démarches de transposition de la fiction juridique entre ces deux champs ainsi que les motivations de son usage dans le domaine littéraire.

Anne Reboul, chercheuse en linguistique au CNRS, au Laboratoire sur le Langage, le Cerveau et la Cognition (L2C2) de l'Université de Lyon, approfondit la question de la présence de la fiction normative dans les ouvrages littéraires mais, cette fois, dans son aspect moral. On trouve ainsi une étude sur la « norme fictive » par excellence : l'auteur nous donne des exemples de propositions morales trouvées dans certains ouvrages littéraires en questionnant la possible valeur impérative de ces normes fictives à l'opposé de leur simple valeur esthétique, à partir de la notion de « résistance imaginative ».

Anne Duprat, maître de conférences en littérature comparée à l'Université Paris-Sorbonne (Paris IV), nous propose un questionnement autour de l'existence et du fonctionnement des normes fictionnelles (plutôt que fictives), en se focalisant sur l'aspect prescriptif de certaines descriptions de mondes fictifs littéraires, dont le but premier n'est pas de régler notre conduite factuelle, mais qui semblent toutefois nous affecter sous un aspect moral. Anne Duprat explore ainsi avec profondeur ces limites entre le descriptif et prescriptif dans la fiction littéraire.

Nancy Murzilli, qui est docteur en philosophie de l'Université d'Aix-en-Provence et enseigne actuellement à l'*Università degli Studi di Genova* où elle est chargée de mission TICE pour l'ambassade de France en Italie, nous invite avec son texte à rester dans le champ des réflexions sur la signification du terme « fiction normative », en se concentrant sur l'aspect *pratique* de la fiction juridique et littéraire. On s'interroge ici sur la question de savoir comment on peut fonder une prescription d'ordre pratique sur une fiction. Devant la question de la fonction et de la légitimation de l'usage de la fiction dans ces divers domaines, l'auteur nous propose de nous tourner vers le pouvoir modal des fictions qui nous présenteraient des possibilités d'action ou des expériences de pensée, mettant ainsi en évidence la valeur normative qu'elle peut acquérir dans la motivation de notre conduite factuelle.

Avec le texte de *Fosca Mariani Zini*, maître de conférences en philosophie à l'Université de Lille (UdL 3), on rentre dans le vaste domaine des discussions concernant les objets non-existants. On explore une zone limite entre l'être et le non-être, pour rencontrer un autre élément qui reste dans le milieu flou : le *quelque chose* (*aliquid*), qui « signifie donc une modalité d'être qui caractérise les fictions mentales ainsi que les concepts ». L'auteur nous invite à une réflexion dense sur l'*aliquid* comme le « sur-transcendantal exprimant tout objet possible ou pensable » (sachant que le fictif se trouverait ici dans ce domaine du pensable), alors qu'elle examine le parcours historique de cette notion selon différentes traditions philosophiques.

Ensuite, dans la deuxième section, « *Le rôle de la fiction dans la constitution des normes* », on atteste l'importance de la notion de fiction normative par le nombre de questions qui en sont dérivées. Les auteurs examinent le thème à partir d'aspects particuliers qui donnent des pistes pour la compréhension globale de cette notion. Même si les résultats des analyses ne semblent pas toujours converger, chacun des textes porte sur un élément spécifique qui sert de détour fructueux dans le but de fournir une réponse à la question ultime de la signification et de l'usage des fictions normatives.

Ana Dimiškovska, « assistant professor » au département de philosophie de l'Université de Skopje, considère la notion de fiction dans le domaine du raisonnement juridique, plus spécifiquement l'usage de la fiction jurisprudentielle. L'auteur considère cette fiction juridique comme étant une instance de la *défaisabilité* dans le raisonnement juridique. La fiction jurisprudentielle serait ainsi un « des instruments particuliers, stratégiques, de la justification des décisions judiciaires » réalisés par le juge lors d'une modification spécifique importante d'une des prémisses de l'argument en question.

Moi-même, doctorante en philosophie à l'Université de Lille (UdL 3), UMR 8163 – Savoirs, Textes, Langage, je présente une étude traitant des normes qui présentent des fictions dans sa formulation sous un aspect spécifique : son *efficacité*. Je cherche à montrer qu'une norme marquée par la fiction est toujours une norme impossible à respecter dans le monde. Or, une norme inefficace ne pourra plus être considérée comme une norme, c'est pourquoi je questionne la présence de la fiction dans la formulation normative. La notion de norme fondamentale, fiction par excellence dans le droit positif, me sert à renforcer la thèse selon laquelle seule la science du Droit peut présenter des fictions, et non son objet, les normes juridiques. Je montre ainsi que cette « norme » fondamentale n'est en vérité rien de plus qu'un outil scientifique pour le juriste.

Le texte de *Stefan Goltzberg*, philosophe au Centre Perelman de Philosophie du Droit, à l'Université Libre de Bruxelles, nous offre une étude qui élargit l'analyse sur l'aspect fictionnel de la norme pour considérer en outre le langage par lequel cette norme est exprimée. L'auteur analyse les rapports entre la norme juridique et la *norme grammaticale* qui régit la formulation normative, dans le moment de l'interprétation du juge. Il s'agit de savoir dans quelle mesure ces normes linguistiques interviennent dans le fonctionnement du Droit. Cette investigation se révèlera être enfin une investigation sur les sources mêmes du Droit.

Le texte qui suit, écrit par *Bert van Roermund*, professeur de philosophie politique à Tilburg University, nous invite à une approche manifestement différente : on éloigne la norme de sa formulation usuelle écrite, pour la voir comme une *image* qui donne elle-même des pistes pour son interprétation. Le Professeur van Roermund présente une série d'éléments qui forment un réseau complexe entre la règle et son observateur : on suit une règle, on comprend qu'une règle nous oblige ou nous interdit de faire quelque chose quand on arrive à la « regarder » dans une projection de soi même à partir de cette règle, en suivant les « pistes » que cette projection nous donne, pour comprendre quel sens elle doit avoir pour son destinataire, c'est-à-dire, nous-mêmes.

Anne-Christine Habbard, maître de conférences en philosophie à l'Université de Lille (UdL 3), UMR 8163 – Savoirs, Textes, Langage, analyse à son tour la relation stricte des normes non pas avec des images, mais aussi avec des représentations spatiales, à savoir, celles de la *cartographie*. L'auteur montre comment le simple geste de tracer une ligne peut indiquer la condition de possibilité de certaines normes juridiques concernant, par exemple, la démarcation d'un territoire ou la signalisation d'une propriété privé. L'auteur conçoit ainsi les fictions spatiales comme la propre condition d'existence de ces normes juridiques.

Le dernier texte, de *Françoise Lavocat*, professeur de littérature comparée à l'Université de la Sorbonne Nouvelle - Paris 3, nous immerge enfin dans l'univers littéraire pour traiter de la question du conflit des normes morales sous un aspect particulier et intéressant : les écrits littéraires du dix-septième et début du dix-huitième siècle traitant de la *peste*. L'auteur considère le cas de conflits normatifs concernant l'hôte qui devrait héberger une personne malade de la peste. Ainsi, à partir de certaines œuvres littéraires sélectionnées, l'auteur analyse les conflits normatifs concernant, d'un côté, le devoir d'hospitalité et, de l'autre, la négation d'accueil motivée par le souci de préservation de la santé de l'hôte et de sa famille, pour déterminer si les devoirs moraux restent inchangés en temps de peste.

Enfin, ce livre représente une tentative d'analyse de la notion de fiction normative comme objet d'une confrontation interdisciplinaire spécifique, une fois que le rapprochement entre les différents traitements de cette notion nous a permis de rechercher les motifs récurrents d'un champ à l'autre, mais aussi de mettre en relief les spécificités de chaque approche particulière. Le panorama réalisé dans ce volume sera certainement utile pour tous ceux qui abordent une recherche sur la fiction, ou encore pour les collègues qui, comme nous, aspirent à une étude systématique de la fiction de type normatif.

Juliele Maria Sievers

Remerciements :
Les éditeurs sont heureux d'exprimer leur gratitude pour le soutien et l'aide matérielle du laboratoire Savoirs, Textes, Langage (STL – UMR 8163) de l'Université de Lille (UdL 3). Nous aimerions également adresser nos remerciements les plus sincères aux collègues Nicolas Clerbout et Sébastien Magnier, qui nous ont apporté leur aide précieuse pour l'élaboration de ce livre.

Les éditeurs.

Table de Matières

I - La fiction normative dans le Droit et dans la Littérature : Pour une cartographie

Sandrine CHASSAGNARD-PINET
La place de la fiction dans le raisonnement juridique 1

Olivier GUERRIER
Les fictions juridiques et leur rapport au « littéraire » au XVIe siècle................15

Anne REBOUL
Résistance imaginative et norme fictive..31

Anne DUPRAT
Mondes décrits / mondes prescrits: Sur la normativité des fictions littéraires........45

Nancy MURZILLI
Valeur modale, valeur normative de la fiction ? 63

Fosca MARIANI ZINI
« Aliquid » : Etre quelque chose...75

II – Le rôle de la fiction dans la constitution des normes

Ana DIMISKOVSKA
Les fictions jurisprudentielles et le raisonnement défaisable en droit................95

Juliele Maria SIEVERS
Peut-on respecter une norme impossible?...123

Stefan GOLTZBERG
La norme grammaticale en droit comparé. Réalité ou fiction?.........................141

Bert VAN-ROERMUND
Les normes de Droit comme des images..153

Anne-Christine HABBARD
Lines of Fiction, Spaces of Power - or how modern political rule ultimately relies on fictive lines..179

Françoise LAVOCAT
Hospitalité en temps de peste: Hybridation générique et conflits de normes..........201

Première Section

La fiction normative dans le droit et dans la littérature :
Pour une cartographie

La place de la fiction dans le raisonnement juridique

SANDRINE CHASSAGNARD-PINET
Université Lille Nord de France UDSL, Centre René Demogue (CRD&P)

La fiction est, selon les termes d'un auteur, « *la male aimée des juristes* »[1]. Signe d'une pathologie du droit[2], l'emploi des fictions dans le raisonnement juridique viendrait contredire les qualités que le juriste prête à sa discipline qu'il qualifie d'ailleurs bien souvent de science : le droit serait, par essence, empreint de raison, de logique, de cohérence, de vérité. Comment alors admettre que ce système normatif doit consentir une place aux fictions, voire même que ces fictions sont nécessaires à son fonctionnement[3]? Les fictions révélant « *les limites de la rationalité dans la conception et l'application du droit* »[4], les juristes se sont montrés réticents à en reconnaître trop ouvertement le rôle. Si des travaux existent sur la fiction, ils ne sont finalement pas si nombreux pour un procédé qui innerve le droit et ils ont longtemps témoigné de la défiance du juriste face à ce procédé qui introduit artifice et manipulation dans le raisonnement juridique.

La fiction – Le terme de fiction caractérise une rupture avec la réalité. Fiction vient du terme latin *fictio*, substantif du verbe *fingo, fingere* qui signifie « modeler l'argile », façonner des matières molles. Le sens de *fingere* va ensuite être élargi à « imaginer » « inventer ». *Fingere* donnera naissance, dans la langue française, au verbe « feindre ». Quant à la *fictio*, si elle renvoie, dans le latin impérial, à la création, à l'invention, son sens évolue dans le latin médiéval vers l'idée de « tromperie ».
Le terme de fiction, apparu dans la langue française au 18e siècle, recèle ces deux sens. La fiction est définie dans *Vocabulaire technique et critique de la philosophie* de Lalande comme « ce qui est feint (*fictum*) ou fabriqué par l'esprit ». C'est une construction de l'esprit en rupture avec la réalité.

La fiction juridique – Cette émancipation, voire cette de négation de la réalité, constitue un élément caractéristique de la fiction juridique. Cette

---

[1] O. Cayla, 1995, n° 21, p. 3
[2] L.L. Fuller, 1967
[3] E. Picard, préface, D. Costa, 2000.
[4] G. Wicker, 2003.

dernière énonce une règle qui est délibérément en rupture avec la réalité dans le but d'atteindre un effet juridique recherché. Elle a ainsi pu être définie comme « un procédé de logique juridique destiné à rendre compte de certains effets de droit et fondé sur une méconnaissance volontaire de la réalité »[5].

Le principe « Nul n'est censé ignorer la loi » en constitue un exemple. Cette règle contredit sciemment la réalité : aucun individu ne peut connaître l'ensemble des règles de droit existantes, même le juriste le plus averti. Ce principe a, par ailleurs, pour but d'assurer le caractère obligatoire de la règle de droit : un individu ne peut pas échapper à l'application de la règle de droit en prétextant ne pas la connaître. On retrouve bien ici ces deux éléments caractéristiques de la fiction. On fait « comme si » dans le but d'obtenir certains effets juridiques.

Une autre fiction fondamentale en droit - celle de la personnalité morale - répond à ce double critère. Alors que seules les personnes physiques étaient reconnues comme sujets de droit, titulaires d'un patrimoine et d'une capacité juridique, les groupements vont, par une assimilation fictive, et en méconnaissance de la réalité, être, eux aussi, dotés d'une personnalité juridique dans le but de leur octroyer les prérogatives qui en découlent[6].

Mais alors pourquoi recourir aux fictions ? Pourquoi ne pas créer une règle de droit conforme à la réalité afin de faire produire aux faits considérés les conséquences juridiques voulues, sans passer par l'artifice d'une fiction ? Selon Gény, juriste du début du 20ème siècle, la fiction est rendue nécessaire par « l'infirmité naturelle » de l'esprit humain qui n'est pas toujours en capacité de créer « des concepts vraiment nouveaux répondant aux exigences de l'évolution du monde »[7]. C'est cette carence indépassable du droit que les fictions juridiques viennent pallier, cette incapacité à enfermer toutes les réalités sociales dans les règles de droit.

A défaut de règle de droit adéquate pour traiter une situation juridique nouvelle, l'esprit procède alors à des assimilations : les situations nouvelles sont traitées en ayant recours à des catégories juridiques existantes, quitte à en forcer les contours. C'est dans une phase d'élaboration du droit que les fictions interviennent. Les fictions juridiques forcent les règles de droit existantes pour placer sous leur empire des situations juridiques qui y sont normalement étrangères.

Ce phénomène a pu être observé lorsque le droit a été confronté au développement du commerce électronique. Les dispositions du Code civil

---

[5] Houin, *in* Travaux de l'Association H. Capitant, 1948, p. 242.

[6] A la théorie de la fiction, ce sont opposées la théorie de la réalité de la personne morale mais aussi des positions doctrinales niant la valeur même de la notion de personne morale. Voir sur cette controverse doctrinale F. Terré et D. Fenouillet, n° 245 et s.

[7] F. Gény, , p. 365.

relatives au contrat sont inchangées depuis 1804 et pourtant la manière de conclure des contrats a considérablement évolué. Les progrès technologiques font que nombre de contrats sont aujourd'hui conclus via Internet sous une forme électronique. Le législateur a dû prendre en compte cette réalité en adaptant les règles juridiques relatives à la conclusion du contrat et à la preuve de son existence. Au lieu de créer un régime juridique spécifique au contrat électronique, le législateur a préféré le calquer sur celui déjà existant au prix de nombreuses fictions et présomptions. Les dispositions relatives à la preuve du contrat électronique, introduites par la loi du 13 mars 2000, comporte ainsi à de nombreuses reprises les expressions : « est censé », « est réputé »…vocabulaire symptomatique de la fiction[8]. On fait « comme si » : comme si les exigences légales formulées pour la preuve papier étaient remplies par les preuves électroniques. On procède à des assimilations en forçant les contours des catégories juridiques existantes afin d'y faire rentrer des réalités nouvelles.

Caractère universel de la fiction juridique - Cette infirmité de l'esprit humain, que constatait Gény, à embrasser toutes les réalités sociales et toutes les évolutions techniques est un constat partagé de tout temps et par tous les systèmes juridiques. La fiction juridique prospère par delà les époques et les frontières pour prendre les traits d'une technique juridique universelle[9].
La fiction juridique, déjà présente dans l'Antiquité grecque et orientale, a sans doute exercée sa plus grande emprise sur le droit à l'époque romaine. Le droit romain était un droit conservateur, réfractaire à toute remise en cause du droit existant. L'évolution du droit se faisait par une extension artificielle des règles, au-delà de leur champ naturel d'application. Le juge recourrait à des fictions pour assouplir l'application du droit[10].
La fiction a traversé les époques et elle est aujourd'hui présente dans tous les systèmes juridiques contemporains, qu'il s'agisse des droits occidentaux – aussi bien ceux qui relèvent de la *common law* (systèmes anglo-américain) que de la *civil law* (système romano-germanique) – ou des droits non-occidentaux tels le droit musulman ou le droit chinois[11].

Cette technique juridique innerve également le droit français. Il suffit de consulter le Code civil pour se rendre compte de la place qui lui est faite. Ainsi, pour sanctionner une clause illicite, il arrive au Code civil de la réputer non écrite. Dix-huit articles du Code civil utilisent cette sanction. Le contrat

---

[8] V. Gautrais, 2003 ; I. de Lamberterie, 2003.
[9] G. Wicker, 2003.
[10] Demogue, p. 239
[11] G. Wicker, 2003 ; Leroyer, 1995.

sera appliqué en faisant comme si la clause illicite n'existait pas. L'indivision offre un autre exemple de fiction. Le Code civil dispose que l'indivision, qui survient par exemple suite au décès d'une personne, ses héritiers devenant propriétaires indivis des biens de la succession jusqu'au partage de celle-ci, est censée n'avoir jamais existé une fois le partage réalisé : le partage a un effet rétroactif, la période d'indivision est artificiellement gommée. C'est encore une fiction qui est au cœur de l'article 19 du Code civil qui dispose qu'« *est français l'enfant né en France de parents inconnu. Toutefois, il sera réputé n'avoir jamais été français si, au cours de sa minorité, sa filiation est établie à l'égard d'un étranger et s'il a, conformément à la loi nationale de son auteur, la nationalité de celui-ci* ».

Un procédé qui suscite la méfiance -Malgré cette omniprésence de la fiction dans le droit, cette technique suscite la méfiance et le rejet, les auteurs allant jusqu'à la qualifier de « monstre » juridique[12]. Certains ont estimé, comme Jhering, dans son ouvrage *L'esprit du droit romain dans les diverses phases de son développement* (1888), que la fiction juridique est un procédé exceptionnel, anormal d'élaboration du droit, dont on doit limiter au maximum l'emprise sur le droit. La fiction fera l'objet de nombreuses attaques au 19ème siècle jusqu'à ce que d'importants travaux doctrinaux viennent démonter la nécessité des fictions juridiques. Les travaux de Henry Maine en Angleterre, de Saleilles et Gény en France, de Dabin en Belgique ont montré l'utilité de cette technique juridique et le rôle joué par celle-ci dans l'évolution du droit[13].

Les réticences que la fiction suscite viennent du mensonge qu'elle recèle. La fiction juridique repose sur un forçage des catégories juridiques. Le mensonge se niche dans l'opération de qualification qui est au cœur de tout raisonnement juridique.

La qualification - Les prescriptions juridiques « tendent toujours à enfermer la vie sociale, infiniment variée, molle et fuyante, en des moules préformés par l'homme »[14] que sont les catégories juridiques. La qualification consiste à « faire entrer le fait considéré dans une catégorie juridique préexistante »[15]. Elle suppose « une évaluation des faits »[16] et nécessite une opération intellectuelle de comparaison tendant à établir un lien de rattachement entre la situation réelle et un concept juridique. La qualification est sous-tendue par la recherche de la vérité juridique[17]. Elle

---

[12]Demogue, p. 245
[13]Houin, *in* Travaux de l'Association H. Capitant, 1948, p. 243
[14]F. Gény, Tome III, n° 194, p. 48-49.
[15]G. Cornu (dir.), *Vocabulaire juridique*, P.U.F., 7e éd., 1998, p. 655.
[16]S. Goyard-Fabre, p. 69.
[17]O. Cayla, 1993, p. 3.

consiste en la désignation de la catégorie juridique adéquate/idoine à la situation de fait.

La fiction vient dévoyer ce processus de qualification censé atteindre une vérité. Elle aboutit à placer « un fait, une chose ou une personne dans une catégorie « sciemment » impropre, pour la faire bénéficier, par voie de conséquence, de telle solution pratique propre à cette catégorie »[18]. L'immixtion de ce dévoiement, au cœur même du raisonnement juridique, explique les réserves doctrinales émises à l'encontre de la fiction.

Malgré les études consacrées au fil des siècles aux fictions, ce thème demeure controversé qu'il s'agisse de définir des critères d'identification des fictions juridiques ou de mettre en lumière leur raison d'être.

I/ L'IDENTIFICATION DES FICTIONS JURIDIQUES

La notion de fiction renvoie à la question de la place de la vérité dans le raisonnement juridique (A) et conduit à rapprocher les fictions d'autres procédés tels que les présomptions et le raisonnement par analogie (B).

A/ Fiction et vérité

Quant à la relation fiction/vérité, un auteur a relevé que «Les définitions, classifications, catégories et constructions juridiques, comportent toutes une part d'abstraction et de généralisation qui les éloigne, plus ou moins, des faits réels. Mais ce qui distingue la fiction, c'est que volontairement et en connaissance de cause, elle se fonde sur une donnée fausse »[19].

Selon Gény, la fiction juridique est caractérisée par une opposition entre d'une part, un concept naturel, qui correspond à une représentation adéquate de la réalité matérielle et d'autre part, un concept abstraitement forgé, modelé en fonction de l'objectif à atteindre.

Pour illustrer cette confrontation, nous pouvons prendre l'exemple de la classification des biens mis en œuvre par le Code civil français. Le droit oppose deux catégories de biens : les meubles et les immeubles. Cette différenciation repose sur un critère naturel : celui de la mobilité ou de l'immobilité du bien. Un bien mobile est un meuble, qu'il se déplace par ses propres forces ou par l'intervention de forces extérieures (une table, un chien, une voiture) alors qu'un immeuble est au contraire un bien immobile car ancré dans le sol (une maison, un arbre). Ces deux catégories de bien ne sont pas soumises au même régime juridique. Des règles de droit différentes s'appliquent aux meubles et aux immeubles notamment en matière de vente, de sûretés, de détermination du tribunal compétent.

---

[18]X. Janne, *in* Travaux de l'Association H. Capitant, 1948, p. 256.
[19]Houin, *in* Travaux de l'Association H. Capitant, 1948, p. 244.

Ici point de fiction : ces catégories juridiques paraissent conformes à la réalité matérielle. On parle même de « meuble par nature » et d' « immeuble par nature » pour marquer la conformité de ces catégories juridiques au réel.
La fiction apparaît en revanche lorsque la loi parle d'immeuble par destination. Ce sont des biens meubles de par leur nature - ils sont mobiles - mais parce qu'ils sont destinés à être l'accessoire d'un immeuble, la loi les fait artificiellement entrer dans la catégorie des immeubles. Ainsi en est-il du tracteur d'une exploitation agricole, du mobilier d'un hôtel ou encore de la bibliothèque construite sur mesure par un ébéniste pour épouser les spécificités de la pièce de la maison qui la recevra. Alors que ces biens devraient, de par leur nature, être rattachés à la catégorie des meubles, ils sont qualifiés juridiquement d'immeuble par destination. Cette fiction a un objectif : soumettre à un même régime juridique tous les biens affectés à une même destination. Le mobilier de l'hôtel et l'hôtel constituent une unité économique que l'ont soumet aux mêmes règles de droit.
La fiction apparaît donc, selon Gény, lorsque la qualification juridique « rompt de parti pris avec la représentation naturelle des choses »[20]. Elle dénature les faits[21]. On retrouve la même idée chez Dabin qui considère qu' « il y a fiction chaque fois qu'une réalité naturelle subit, de la part du juriste constructeur du droit, dénégation ou dénaturation consciente »[22].
Demogue, juriste du début du 20ème siècle, rejette, quant à lui, cette référence à la nature des choses, considérant que l'on ne peut prétendre à la vérité en matière de création et d'application du droit. Il n'y a pas de règles de droit imposées « *par des forces naturelles purement instinctives* ». Le droit est voulu et convenu. La fiction ne doit donc pas être dénoncée comme un « monstre juridique » qui viendrait heurter un ordre naturel, construit sur des principes de vérité[23]. La fiction est un simple moyen technique permettant d'obtenir des « solutions pratiques désirables » opérant une « transaction entre des intérêts opposés »[24].
Cette opposition doctrinale met en lumière une divergence de conception du droit : pour les uns, le droit doit tendre à une vérité et se conformer à un ordre naturel des choses, pour d'autres, le droit se construit de manière plus pragmatique, en fonction des intérêts en présence et des effets juridiques recherchés.
Mais au-delà de cette divergence fondamentale, apparaît une question clef pour l'identification des fictions. A quelle vérité s'oppose la fiction ? La réalité méconnue est-elle une réalité matérielle ou une réalité juridique ? Cette question a été un point de divergence majeur entre les auteurs.

---

[20]Gény, p. 369
[21]Gény, p. 371
[22]Dabin, p. 321.
[23]Demogue, p. 245
[24]Demogue p. 244

Perelman considère, comme la plupart des auteurs contemporains, que la fiction juridique s'oppose « non à la réalité, comme telle, mais à la réalité juridique »[25]. Il oppose la « fiction » qui se caractérise par référence à la réalité matérielle, à la « fiction juridique » qui s'apprécie par rapport à la réalité juridique. Au regard de la réalité matérielle, c'est l'ensemble du droit qui peut être qualifié de fiction.

S'agissant de la fiction juridique, ce n'est pas le fait ou la situation matérielle considérée qui est niée dans sa réalité ; c'est la catégorie juridique que l'on dénature pour qu'elle reçoive ce fait qui lui est normalement étranger. La fiction juridique réalise une « *altération des concepts* » en vue d'un résultat de droit[26].

La fiction n'est pas le seul procédé juridique qui joue avec la réalité. Elle est, de ce fait, souvent rapprochée de la présomption ou du raisonnement par analogie.

B/ Fiction, présomption et raisonnement par analogie

Présomption - La présomption est un mécanisme de preuve. De l'existence d'un fait connu est déduite l'existence d'un fait inconnu[27].

Une des présomptions les plus connues en droit est la présomption de paternité : le mari est présumé être le père de l'enfant auquel son épouse a donné naissance ou qui a été conçu pendant le mariage[28]. Le fait connu est le mariage qui permet de présumer le fait inconnu : le lien de filiation paternel.

La présomption repose sur une vraisemblance. Elle consiste à considérer comme vrai ce qui est probable. Elle cherche donc, contrairement à la fiction, à être en conformité avec la réalité.

« Tandis que dans la présomption la supposition…est celle d'un fait très probablement vrai, dans la fiction, elle est celle d'un fait certainement faux »[29].

La force de la présomption est toutefois variable : parfois la loi admet qu'une preuve contraire peut être rapportée : une partie à un procès peut rapporter la preuve que le fait présumé n'est pas conforme à la réalité (par ex : prouver que le mari n'est pas le père) et ainsi renverser la présomption. Mais parfois la loi privilégie la stabilité juridique et interdit de rapporter la preuve contraire. La présomption est alors qualifiée d'irréfragable.

---

[25] Perelman, p. 343.
[26] Gény, p. 374
[27] Elle est « une conséquence que la loi ou le magistrat tire d'un fait connu à un fait inconnu » (art. 1349 C.civ.).
[28] Article 312 du code civil.
[29] Lecocq, p. 28

Certains auteurs ont voulu assimiler cette dernière catégorie de présomption à la fiction car ces deux techniques semblent pareillement ignorer la réalité[30]. Fiction et présomption irréfragable aboutissent à un même résultat : la recherche de la vérité est exclue.

Il existe toutefois une distinction fondamentale, indépassable, entre présomption et fiction : la présomption élabore une règle construite sur une vérité probable, même si, dans certaines espèces, le fait présumé est faux et que la preuve de cette fausseté ne peut pas être rapportée ;

la fiction est, au contraire, fondée sur des faits toujours faux, c'est une négation délibérée de la réalité. La justification de la présomption est la conformité à la vérité alors que la raison d'être de la fiction est sa négation.

La fiction, relève Gény, « dénature sciemment les réalités »[31], « faisant litière des vraisemblances, elle heurte, de parti pris, les réalités les plus certaines, pour appliquer, par voie de comparaison forcée ou de supposition imaginaire, à une situation, qui paraît mériter reconnaissance juridique, les règles d'une situation franchement différente »[32]. Malgré des similitudes dans leurs effets, fiction et présomption irréfragable sont donc différentes dans leur essence.

Raisonnement par analogie - La fiction est aussi rapprochée du raisonnement par analogie. Dans les deux cas, il s'agit d'appliquer une règle de droit à une situation juridique qui n'en remplit pas les conditions.

L'interprétation analogique permet une application de la règle de droit au-delà de la limite que lui assigne la lettre de la loi. La prescription légale, formulée pour un cas donné, est appliquée à un cas analogue.

Si cette méthode d'interprétation n'est pas absente des recueils de jurisprudence, les exemples demeurent toutefois assez rares. Le recours à l'analogie se constate surtout en droit de la famille. Ce mode de raisonnement a permis, en cette matière, d'effacer des différences de traitement instaurées par la loi.

Ainsi, alors que la loi ne prévoit l'attribution d'une prestation compensatoire qu'après une dissolution du mariage par divorce, la Cour de cassation a estimé que cette disposition était aussi applicable « en tant que de raison, lorsque la rupture du mariage résulte de la nullité »[33]. L'époux dont le

---

[30] Savigny, 1855.
[31] Gény, p. 389. Voir aussi Perelman, p. 725 : « Pour qu'il y ait fiction, il faut que la disposition déforme sciemment la réalité juridique »
[32] Gény, p. 446
[33] Cass. 1ère civ., 23 octobre 1990, D. 1991, p. 214, note C. Mascala ; J.C.P. 1991, II, 21774, note F. Monéger ; Gaz. Pal. 1991, 1, p. 256, note J. Massip ; Rev. trim. dr. civ. 1991, p. 299, obs. J. Hauser. V. aussi, C.A. Paris, 14 juin 1995, D. 1996, p. 156, note F. Boulanger.

mariage a été annulé peut demander à bénéficier d'une prestation compensatoire alors que la loi n'en accorde le bénéfice qu'à l'époux divorcé.
La recherche de la *ratio legis* permet de dépasser la différence de nature existant entre la situation considérée et celle visée par la loi: la raison d'être de la loi justifie d'appliquer la règle de droit à une situation *a priori* non concernée par le texte[34].
Alors que le raisonnement par analogie assume cette différence et la dépasse, la fiction nie la différence et fait comme si la situation de fait répondait aux conditions légales de la règle de droit appliquée. Il s'agit donc de techniques juridiques différentes qui remplissent chacune leur office.
Au-delà des divergences doctrinales pour définir des critères d'identification des fictions, la controverse touche également à la raison d'être des fictions juridiques.

II/ La raison d'être des fictions juridiques

Pour mesurer la place des fictions dans le raisonnement juridique, doivent être appréciées les fonctions qui lui sont assignées (A). L'analyse du rôle dévolu à la fiction dans l'élaboration du droit permettra d'apprécier si ce procédé présente encore une utilité (B).

A/ Les fonctions de la fiction

La moins controversée des fonctions assignées à la fiction est une fonction pédagogique. Une fiction est une image. Selon les termes de Demogue, elle est « une forme de langage ordinairement assez expressive pour peindre une chose nettement à l'esprit et en même temps en fixer le souvenir. »[35]. Des images qui « frappent et fixent l'idée abstraite »[36].
Au-delà de cette valeur descriptive, les auteurs ont cherché à analyser le rôle de la fiction dans la mise en forme du droit[37]. Les fictions ne mettent pas toutes en œuvre le même mécanisme car elles n'interviennent pas « au même étage de l'élaboration du droit »[38]. Différentes propositions de classification ont été proposées par les auteurs.
Jhéring oppose fictions historiques et fictions dogmatiques. Dans sa fonction historique, la fiction sert à « relier les rapports nouveaux aux institutions antiques », à rattacher une situation nouvelle au droit antérieur ; dans sa fonction dogmatique, la fiction tend à « faciliter une conception

---

[34] Perelman, p. 725
[35] Demogue, p. 243
[36] Demogue, p. 243
[37] Dabin, p. 322
[38] Dabin, p. 323

juridique »³⁹, à systématiser des règles, à assurer la cohérence du système juridique.

L'autrichien Joseph Unger oppose, quant à lui, les fictions pratiques et les fictions théoriques. Lecocq oppose fictions-suppositions et fictions-comparaisons. De manière plus récente, Mme Delphine Costa oppose fictions exogènes et fictions endogènes assurant des fonctions pragmatiques et dogmatiques.

Au-delà de ces différences de vocables, une même idée transparaît, dégagée par Dabin dans son ouvrage La technique de l'élaboration du droit positif publié en 1935, mais qui vaut aussi pour les oppositions formulées par les auteurs contemporains : « il existe d'une part des fictions extensives et par conséquent, créatrices de droit, et d'autre part, des fictions simplement explicatives de droit »⁴⁰.

Les premières sont des fictions qui affectent « le contenu même des règles » ⁴¹ : elles viennent dénaturer les conditions d'application de la règle et en altérer les effets (fonction historique de Ihéring, pratique de Unger, fiction-supposition le Lecoq ou fonction pragmatique de Costa). Les secondes « répondent à une préoccupation constructive et plutôt doctrinale, elles visent à motiver de façon cohérente et logique telles solutions particulières, nées en marge du système établi »⁴² (fonction dogmatique de Ihéring, théorique de Unger, fiction-comparaison de Lecoq ou fonction dogmatique de Costa).

La première catégorie de fiction – **la fiction constitutive** - consiste à feindre la présence d'une condition requise, pour étendre l'application de la règle ou, au contraire, à feindre l'absence d'une condition requise, pour réduire la portée de la solution légale.

Une telle fiction existe en matière de personnalité juridique. Une personne physique est dotée de la personnalité juridique dès lors qu'elle naît vivante et viable. C'est à cet instant qu'elle est dotée d'un patrimoine et d'une capacité juridique, et qu'elle peut acquérir des droits. Toutefois, une fiction vient tempérer cette règle : l'enfant conçu est tenu pour né chaque fois qu'il y va de son intérêt (*Infans conceptus pro jam nato habetur quoties de commodis ejus agitur*). Grâce à cette fiction l'enfant peut se voir accorder des droits (notamment dans une succession) alors qu'il n'est pas encore né. Une condition nécessaire à l'octroi de la personnalité juridique fait défaut : la naissance. On fait « comme si » elle était remplie pour obtenir l'effet juridique recherché.

---

³⁹Jhéring, cité par Dabin, p. 322
⁴⁰Dabin, p. 323
⁴¹Dabin, p. 325
⁴²Dabin, p. 330

Cette catégorie de fictions exerce une « violence intellectuelle », pour reprendre les termes de Dabin, sur l'hypothèse de la solution légale. La règle de droit s'en trouve bouleversée car « la conclusion a cessé de correspondre à ses prémisses »[43].

La seconde catégorie de fictions – **la fiction explicative**- ne vient pas modifier le droit existant, contrairement à la précédente, mais aide à généraliser et synthétiser des règles fragmentées, elle participe à une systématisation du droit[44].

Ces fictions affectent, non pas les conditions d'application de la règle, mais ses motifs. Elle fournit une motivation susceptible de fonder et d'expliquer un ensemble de solutions légales[45]. Cette fiction intervient donc en dehors de la règle de droit, dans le travail doctrinal de construction d'un droit cohérent et synthétique.

Ce type de fiction se rencontre par exemple en matière successorale. Lorsqu'une personne décède, le patrimoine du défunt est fondu dans celui de son héritier. L'héritier va recevoir l'actif du patrimoine du défunt mais devra aussi assumer le passif. Cette règle légale est expliquée par une fiction: l'héritier continue la personne du défunt. Cette fiction n'influe pas sur le contenu de la règle mais vient en donner une motivation. C'est parce que l'héritier continue la personne du défunt qu'il doit prendre à sa charge tous les engagements qui pesaient sur celui-ci. Il s'agit d'une fiction explicative et non constitutive.

Cette opposition fictions explicatives/fictions constitutives a le mérite de mettre en lumière le rôle des fictions dans l'élaboration du droit mais cette distinction n'est pas toujours opérationnelle, une fiction pouvant assumer ces deux fonctions: à la fois faire évoluer le contenu d'une règle de droit en modifiant ses conditions d'application et fournir en même temps une motivation plus générale à cette évolution.

C'est le cas de la fiction de la personne morale qui fait entrer un groupement dans la catégorie des personnes juridiques, initialement réservée aux personnes physiques. Le groupement moral devient sujet de droit par un infléchissement des conditions légales d'application de la règle. En même temps, cette fiction en donne l'explication : une assimilation du groupement à la personne physique, sa personnification[46].

Les fonctions ainsi assumées par les fictions sont-elles indispensables au fonctionnement du système juridique? Est-il nécessaire de passer par cet artifice pour faire évoluer le droit et pour en donner une lecture cohérente. Les fictions présentent-elles encore une utilité?

---

[43] Dabin, p. 331
[44] Dabin, p. 342
[45] Dabin, p. 341
[46] Dabin, p. 343, Gény

B/ Les fictions sont-elles encore utiles ?

« Doit-on considérer les fictions comme un élément indispensable de la technique juridique, ou au contraire comme un procédé provisoire qui a pu historiquement rendre certains services, qui pourra temporairement en rendre encore, mais qui est condamné en tant que principe permanent ? ». Telle est la question que formule Demogue à propos des fictions[47].

Pour répondre à cette interrogation, il faut en revenir à la raison d'être des fictions. Celle-ci serait à chercher du côté de la force de la tradition : la fiction permet de faire évoluer le droit tout en ne heurtant pas le conservatisme de ce système normatif. Le droit évolue lentement et est réticent à intégrer de nouvelles catégories juridiques, de nouveaux concepts. Il préfère évoluer en adaptant celles déjà existantes.

Les fictions apportent une réponse à ce conflit entre la force de la tradition et la nécessité de faire évoluer le droit. C'est ce qu'exprimait sir Henry Maine lorsqu'il écrivait que « les fictions satisfont le désir d'améliorer (qui ne fait pas tout à fait défaut) et elles n'offensent pas la répugnance superstitieuse pour le changement (qui subsiste encore) ». Les fictions permettent une évolution du droit sans bouleverser le cadre conceptuel et sans risquer de rompre les équilibres établis. Le « droit change sans en avoir l'air »[48].

Le succès des fictions tiendrait finalement à la peur du juriste d'innover, à la crainte de déstabiliser les équilibres sociaux.

Toutefois, le juriste s'est largement départi du fétichisme de la loi dont il était empreint au 19ème siècle, au lendemain de la vague de codification napoléonienne. A l'ère de la prolifération des lois, de l'inflation normative, des réformes incessantes du droit, a-t-on encore besoin des fictions pour faire évoluer la règle de droit ? Doit-on encore dissimuler les évolutions du droit derrière une stabilité fictive?

Malgré l'effervescence législative, il n'est pas sûr que le droit se soit départi d'un certain conservatisme qui est sans doute de son essence même. Les catégories juridiques, les concepts qui innerve le droit commun évoluent peu. La fiction conserve donc, de ce point de vue, toute son utilité, participant à une sédimentation du droit[49]. Le passage par la fiction permet de préparer les esprits à une reformulation de la règle de droit ou à la création d'une règle de droit nouvelle. La fiction permet d'apporter une solution transitoire en attendant que le droit trouve une réponse plus

---

[47]Demogue, p. 238
[48]Dabin, p. 338
[49]Sur les bienfaits de la sédimentation : C. Atias, p. 233 et s.

adéquate. Il s'agirait donc d'un mécanisme imparfait qui avertit la science juridique de la nécessité de rechercher une solution juridique meilleure[50].

La fiction est un mode d'apparition de solutions de droit nouvelles, « sorte d'enfance du droit »[51], selon la formule de Demogue. Elle serait « un moyen de progrès du droit sans valeur en lui-même, mais qui permet de consacrer un résultat équitable, de l'étayer provisoirement, avant que la science n'en ait établi le fondement naturel »[52]. Les juristes ont donc fini par admettre que « la fiction demeure un instrument indispensable à notre technique »[53] tout en prévenant que son emploi doit être réduit et transitoire. Les réticences qu'inspire la fiction ne sont donc pas totalement levées, même si beaucoup admettent avec Ihéring qu' « *Au désordre sans fiction, est mille fois préférable l'ordre des fictions* »[54].

Bibliographie

Atias, A.C. [2010] : "Questions et réponses en droit", PUF, p. 233 et s.
Cayla O. [1995] : "La fiction : ouverture. Le jeu de la fiction entre 'comme si' et 'comme ça'", *Droits, Revue française de théorie juridique*, PUF, n° 21, p. 3
Cayla O. [1993] : "La qualification ou la vérité du droit", *Droits*, n° 18, p. 3.
Cornu [1998] : "Vérité et droit", *in L'art du droit en quête de sagesse*, PUF, p. 211.
Costa D. [2000] : "Les fictions juridiques en droit administratif", préface E. Picard, LGDJ Bibl. dr. Public, tome 210.
Dabin J. [1935] : "La technique de l'élaboration du droit positif, spécialement du droit privé", Sirey, Bruylant.
Dekkers R. [1935] : "La fiction juridique : étude de droit romain et de droit comparé", Paris, Sirey.
Demogue R. [1911] : "Les notions fondamentales du droit privé, Essai critique", Rousseau.
Fuller L.L. [1967]: "Legal fictions", Stanford University Press.
Gautrais V. [2003] : "Fictions et présomptions : outils juridiques d'intégration des technologies", *Sécurité juridique et sécurité technique : indépendance ou métissage*, Conférence organisée par le programme international de coopération scientifique (CRDP.CECOJI) Montréal, 30 septembre 2003.
Gény F. [1921] : "Science et technique en droit privé positif", Tome III, Sirey.
Goyard-Fabre S. [1972] : "Essai de critique phénoménologique du droit", Librairie Klincksieck, p. 69.

---

[50]Jhéring, p. 296
[51]Demogue, p. 242
[52]Demogue, p. 242
[53]Gény, p. 414
[54]Jhéring, p. 296

Jhéring R. von, [2010] : *L'esprit du droit romain dans les diverses phases de son développement*, 3ème éd., traduit par O. de Meulenaere, t. III, Paris, Marescq, 1877, rééd. Nabu Press 2010.

La fiction, Droits, Revue française de théorie juridique, PUF, 1995, n° 21.

Lamberterie I. de, [2003] : "Préconstitution des preuves, présomptions et fictions", *Sécurité juridique et sécurité technique : indépendance ou métissage,* Conférence organisée par le programme international de coopération scientifique (CRDP.CECOJI) Montréal, 30 septembre 2003.

Lecocq L. [1914] : "De la fiction comme procédé juridique", thèse, Paris, Rousseau.

Leroyer A-M. [1995] : "Les fictions juridiques", Thèse Paris 2.

Louis-Lucas P. [1965] : "Vérité matérielle et vérité juridique", in *Mélanges Savatier,* p. 583.

Perelman C. et Foriers P. [1974] : "Les présomptions et les fictions en droit", Bruylant.

Savigny F.C. von, [1855] : "Traité de droit romain", rééd. Panthéon-Assas.

Terré F. et Fenouillet D. [2005] : "Droit civil. Les personnes, la famille, les incapacités", Précis Dalloz, 7e éd.

Travaux de l'Association H. Capitant, [1948] : "Le problème des fictions en droit civil", Dalloz, t. III.

Wicker G. [1997] : "Les fictions juridiques. Contribution à l'analyse de l'acte juridique", préf. J. Amiel-Donat, LGDJ, Bibl. dr. privé, t. 253.

Wicker G. [2003] : V° Fiction, *Dictionnaire de la culture juridique,* dir. D.Alland et S. Rials, Quadrige, PUF Lamy.

Les fictions juridiques et leur rapport au « littéraire » au XVIe siècle

OLIVIER GUERRIER
Université de Toulouse II-Le Mirail

Considérer le rapport entre les fictions et le « domaine normatif », dans le champ chronologique qui est le nôtre (les XVIe et XVIIe siècles, en gros), pourrait conduire à mener des investigations du côté de la logique, voire de la morale. Nous choisirons pour notre part le droit, en revenant sur la question de la fiction dans le droit romain et humaniste[1]. Puis, et surtout, nous envisagerons comment celle-ci, qui déjà « problématise » la science qui l'élabore, se comporte quand elle est introduite dans un espace plastique dont les « lois » ne sont guère réductible à celles qui régissent les discours de savoir : la « littérature ». Si l'on excepte l'ouvrage de C. Biet[2], on n'a assez peu considéré avec précision ce type de rapport. La question, pourtant, paraît pertinente d'un point de vue méthodologique, parce qu'elle se fonde sur les lieux où le droit sollicite explicitement l'imaginaire. En privilégiant ces zones où la science juridique se rend elle-même perméable à des modes

---

[1] Pour une présentation générale de la question, voir dans ce volume la contribution de Sandrine Chassagnard-Pinet.
Nous avons pour notre part (trop) souvent traité l'histoire de la fiction légale : nous n'en proposerons donc qu'un aperçu succinct ici, et renvoyant le lecteur notamment à notre livre *Quand " les poètes feignent " : 'fantasie' et fiction dans les Essais de Montaigne*, Paris, Champion, 2002, coll. "Etudes montaignistes" n°40, ainsi qu'à des articles comme « Des 'fictions légitimes' aux feintes des poètes », actes du colloque international de Rouen "Montaigne-La Justice" (décembre 1999), *Bulletin de la Société des Amis de Montaigne*, Janvier-juin 2001, n°21-22, p.141-149 ; « Le champ du 'possible' : de la jurisprudence aux *Essais* », *L'écriture du scepticisme chez Montaigne*, Actes des journées d'étude de Tours (novembre 2001) réunis et présentés par Marie-Luce Demonet et Alain Legros, Genève, Droz, 2004, p.159-168 ; « La poésie chez les juristes humanistes », *L'écriture des juristes XVIe-XVIIIe siècle*, Laurence Giaravini (éd), Paris, Garnier, 2010, p.223-240 ; « Fantaisies et fictions juridiques dans les *Parerga* », Actes du colloque « André Alciat » de Tours (novembre 2010), à paraître chez Beauchêne en 2012 ; « Les fictions juridiques et leurs avatars hmanistes », *Entre le vrai et le faux : approches discursives, pratiques professionnelles, stratégies de pouvoir dans l'Antiquité*, colloque du PARSA organisé par l'équipe PLH-ERASME, Toulouse, octobre 2010, actes à paraître en 2012.

[2] C.Biet, *Droit et littérature sous l'Ancien Régime, le jeu de la valeur et de la loi*, Paris, Champion, 2002, en particulier les chapitres 5 et 8.

de raisonnement et des données qui ne reposent pas sur un référent réel, on se dote en quelque sorte d'une caution intrinsèque, apte à justifier les opérations de transposition effectuées d'un domaine à l'autre.

Le problème se pose en outre avec une acuité singulière à l'époque qui nous intéresse, puisque certains traités de la jurisprudence, non contents de réserver une place de choix à l'exposition de la *fictio legis*, ont recours dans leurs réflexions aux fictions des poètes. Cette proximité accentue la difficulté en même temps qu'elle ouvre un espace de travail supplémentaire à l'analyse comparée, en lui fournissant des indices assez sûrs et féconds. Nous voudrions montrer quels types de déplacement la fiction légale autorise, et comment elle peut informer certains textes d'écrivains.

Les «*fictiones legis*» procèdent de certaines transformations économiques et sociales du monde romain, auxquelles le droit doit faire face, et qui obligent les juristes classiques à retoucher les formules écrites reposant sur l'ancien droit civil, en leur apportant quelques additions[3]. L'un des cas les plus immédiats concerne la prise en compte des pérégrins : l'ancienne cité ne s'étant pas préoccupée de leur reconnaître des droits, il faut accommoder la loi à une situation nouvelle de litiges, grâce à la procédure formulaire. Un pérégrin réclame-t-il un droit de propriété autrefois réservé aux seuls citoyens ? Le préteur acceptera qu'il engage une instance judiciaire en rédigeant au juge une formule utilisant le mode du « comme si »[4]. Si, dans le cas précédent, la fiction pose faussement la présence d'une qualité chez un sujet existant, il lui arrive d'altérer jusqu'aux données fondamentales de la vie humaine, les lois de la filiation ou les conditions de la naissance et de la mort. On décrète alors en plein écart avec la nature, en postulant une existence qui n'est pas advenue. Mais plus insolites encore sont les équivalents négatifs de ces formules, qui nient un fait qui existe en connaissance de cause. La loi Cornelia sur le testament des citoyens morts en captivité comporte ainsi plusieurs versions, positive chez Paul, où tout se passe comme si ces derniers étaient morts à Rome (« *perinde...atque si in civitate decessissent* », D, 35, 2, 1), négative chez Julien. Cette technique n'est donc pas un mensonge, mais un effet délibéré d'institution, qui décide de produire sciemment une contre-vérité caractérisée et objective, de prendre le faux pour le vrai afin de permettre au droit de mieux s'adapter à une réalité nouvelle, et ce sans se sentir tenu d'accorder sa logique à un ordre de la nature, révélé ou non.

---

[3] Nous nous inspirons ici de «*fictio legis* - L'empire de la fiction romaine et ses limites médiévales », contribution de Yan Thomas au numéro consacré à « La fiction » dans *Droits. Revue française de théorie juridique*, Paris, PUF, 1995, n°21, p.17-63.

[4] Voir un exemple de formulation proposé par Michel Villey, *Le droit romain*, Paris, PUF, 1945, coll. « Que sais-je ? » n°195, p.27-28.

Or, c'est justement sur ce chapitre que vont achopper les glossateurs médiévaux, Balde et Bartole entre autres s'employant à faire reculer l'empire de la fiction dans les limites de la loi naturelle, c'est-à-dire dans les limites de ce qu'ils considèrent comme biologiquement possible en dehors du miracle. Selon eux, la production du faux ne sauraient entraîner celle de l'invraisemblable, d'où une contestation de ces fictions qui heurtent trop brutalement les évidences de la nature, en mettant en cause les lois de la génération ou de la filiation. Cette mutation obéit à des exigences éthiques et théologiques inconnues du droit et du monde romains, soucieux avant tout d'assurer la conduite et les affaires du théâtre civil, sans considération pour une quelconque transcendance. La jurisprudence humaniste, à sa suite, donne à la notion et à la méthode qu'elle implique une vigueur nouvelle. Dans un article récent, J. Bart note que « le concept antique retrouve son plein emploi après la seconde renaissance du droit romain, donc à partir du XVIème siècle, alors que le droit se laïcise »[5].

Pour preuve, nous choisirons d'examiner les *Parerga* d'Alciat, traité constitué d'une suite de notes sur les textes de lois, et composé par l'auteur en marge de ses cours et de ses commentaires proprement juridiques (les *Paradoxa* et les *Dispunctiones*). Dans cet ensemble hétéroclite de chapitres, une première série de remarques traite des fictions légales au sens strict. Alciat y retrouve la question de l'adoption et de l'héritage, génératrice de formulations fictives dans le droit prétorien, souvent évoquées par les jurisconsultes. Mais il ne se contente pas de ces commentaires ponctuels, soucieux des effets et des conséquences d'une situation réglementée par la fiction. Un chapitre « Dans quelle mesure ce qui est imaginaire se distingue de ce qui est fictif et de ce qui est simulé, et de ce qui est accompli à des fins frauduleuses » (III, 11) tente de préciser l'esprit et la spécificité de cette dernière, par comparaison avec des cas relevant de notions voisines :

> Dans quelle mesure ce qui est imaginaire se distingue de ce qui est fictif et de ce qui est simulé, et de ce qui est accompli à des fins frauduleuses
> (*Qui distet imaginarium a ficto & simulato, & quod in fraudem factum fit*). Explication de la loi « *Imaginaria...* », [dans le] *De regulis juris*.

La loi dit : « La vente n'est pas imaginaire si elle comporte le paiement d'un prix ». Si nous prenions « imaginaire » au sens de « simulé », comme font les autres [juristes], le sens de la loi serait perdu, puisque même avec paiement, une transaction peut être tout autre en fait qu'en paroles. Mais il faut savoir que sont différents des

---

[5] « *Fictio juris* », *Littératures classiques* (« droit et littérature »), Paris, Champion, n°40, Automne 2000, p.26.

actes effectués frauduleusement (*in fraudem factum*), des actes simulés (*simulatum*), des actes fictifs (*fictum*), des actes imaginaires (*imaginarium*). Est frauduleuse la transaction effectivement conclue entre les partenaires, mais pour tromper quelqu'un (*alterius fraudandi causa*), comme lorsqu'un père de famille aliène ses biens afin de frustrer ses fils de leur part légitime d'héritage ; ou lorsqu'un accusé aliène ses biens pour frustrer le fisc. Ces contrats ont leur valeur légale propre, bien qu'il appartienne de les faire casser à celui au détriment de qui ils ont été conclus. On dit qu'un acte est simulé lorsque nous procédons sans le dire à une transaction, et que verbalement nous en exprimons une autre, comme lorsqu'un usurier déguise un contrat de prêt sous les apparences d'une vente, auquel cas la vente est nulle en droit, parce qu'il n'y a pas accord sur le fond. En vertu de quoi il a été décidé par les anciens que la transaction effective prévaut contre celle qui est simulée ; et on procède usuellement à une distinction, afin que cette décision ait son effet si la simulation est provoquée par un motif injuste ou faux, et que si au contraire elle est provoquée par un motif juste, il en soit autrement : comme lorsque je t'ai prêté cent pièces d'or selon un contrat légal, et que tu reconnais me devoir cette somme comme un dépôt, dans ta reconnaissance de dette, III, 11[6].

Tandis que la fraude obéit à une intention pernicieuse, que doit dévoiler celui qui en est victime en cassant le contrat, la « simulation » joue des apparences et de l'écart entre les mots et les choses pour faire prévaloir une transaction secrète, non prévue par le parti qui sera lésé. Ces cas d'escroquerie et de tromperie diffèrent de la fiction, qui n'a rien d'illicite, qui est une procédure légale et consensuelle, comme le dit la suite du texte :

---

[6] « *Qui distet imaginarium a ficto & simulato, & quod in fraudem factum fit : & declarata l. imaginaria. dereg.iur.*
Lex ait, 'Imaginaria venditio non est pretio acedente'. Si imaginarium per simulato accipiamus, quod caeteri faciunt, labiefiet sensus legis, cum etiam accedente pretio possit aliud agi, aliud concipi. Sed sciendum, aliud esse in fraudem faum [factum?], aliud simulatum, aliud fictum, aliud imaginarium. In fraudem fit, quod vere inter partes agitur, sed alterius fraudandi causa : ut cum pater alienat bona causa filios in legitima portione defraudandi : vel reus, ut lucrum fisco diminuat : hujusmodique contractus ipso iure valent, licet ab eo, in cuius fraudem facti sunt, possint rescindi. Simulatum dicitur, cum tacite aliquid agimus, expressim aliud simulamus : ut cum fœnerator contractum mutui colore venditionis obscurat, quo casu venditio ipso iure est nulla, cum consensum non habeat. Unde definitum a maioribus est, plus valere quod agitur, quam quod simulate concipitur : soletque distingui, ut si simulatio ex causa iniusta, vel falsa proveniat, ei definitioni sit locus : si vero causa sit iusta, secus sit : ut quando centum tibi aureos legitimo contractu mutuaui, & tu ex causa depositi debere te instrumento fatearis », Parerga juris libri VI, Opera omnia, Bâle, T. Guarin, 1582, tome IV.

La fiction ne concerne que la loi ; et des contractants ne peuvent recourir à aucune fiction, sinon à celles qu'autorise la loi : comme dans une stipulation selon la loi Aquilina et certains autres cas, où la loi feint une stipulation ou une hypothèque. On dit « imaginaire » un acte effectué à l'image ou à la ressemblance d'un autre. D'où les termes de la loi : « Les testaments sont faits *per aes et libra* en cas d'émancipation habituelle, c'est-à-dire de vente imaginaire en présence de cinq témoins et d'un libripens, tous citoyens romains, et de celui qui était dit l'acheteur », formalité que Boèce rapporte dans ses Topiques, et qui valait pour l'adoption comme pour l'émancipation. Gaius, dans les *Institutes*, au titre « Comment les fils s'exemptent de la puissance paternelle » déclare : « L'émancipation, c'est-à-dire la remise [d'un fils] en mains, autrement dit au pouvoir [de quelqu'un d'autre] est assimilable à une vente, parce qu'outre le père réel est ajouté un autre père, dit 'fiduciaire' », donc le père naturel émancipe son fils au bénéfice du père fiduciaire, autrement dit le lui remet entre les mains, et de ce père fiduciaire le père naturel reçoit une ou deux sesterces, simulant le prix (...) Si un juste prix était payé pour une « vente » de ce genre, et non pas une seule sesterce, elle ne pourrait pas être dite « imaginaire », et telle est la cause pour laquelle il est dit « n'est pas imaginaire ce qui comporte le paiement d'un prix ». Le « prix » est en effet la valeur d'un bien, demandée au vendeur en remplacement de ce bien (...), *Ibid.*.[7]

Le cadre de la fiction est strictement légal. Pour exemple, le testament effectué en cas d'émancipation, garanti par des témoins et en la présence de l'« *emptor familiae* », acheteur simulé du fils d'un autre. Après quoi l'auteur

---

[7] « *Fictio ad solam legem pertinet : nec enim contrahentes fingere possunt, nisi lege permittente : ut Aquiliana stipulatione, & quibusdam aliis casibus, quibus lex stipulationem fingit, vel hypothecam. Imaginarium dicitur, quod ad imaginem, vel simulationem introductum est : unde lex ait, Testamenta per aes & libram fieri solita accedente emancipatione, id est, imaginaria venditione, coram quinque testibus & Libripende ciuibus Romanis, & eo qui familiae emptor dicebatur. cuius rei formam tradit Bœthius in Topicis : qua forma etiam adoptio fiebat, itemque emancipatio. Caius in Institutionibus, tit. quibus modis filii exeant de potestate, Emancipatio, inquit, id est, in manum seu potestatem traditio, quaedam similitudo venditionis est, quia praeter certum pater, alius pater adhibetur, qui fiduciarius nominatur' : ergo iste naturalis pater filium suum fiduciario patri emancipat, hoc est, manu tradit, a quo fiduciario naturalis unum aut duos numos quasi in similitudinem pretii accipit (...) Huiusmodi igitur venditionis si iusta merces accederet, non unus numus imaginariae dici non poterant, & hoc est quod dicitur, imaginarium non esse pretio accedente. Est autem pretium, valor rei a venditiore in eius compensationem petitus, conuentusque (...)* ».

revient sur les conditions de l'émancipation, vente imaginaire où le père naturel cède son fils moyennant une ou deux sesterces symboliques. L'imaginaire imite la vente par un échange fictif mais pleinement agréé cette fois, sans que soit versé le juste prix correspondant à la valeur du bien. La transaction feinte avec l'assentiment des partis apporte une sorte de caution économique à l'émancipation, qui établit une filiation. D'où les remarques terminologiques du début qui prévenaient le contresens sur la lettre de la loi : confondre « imaginaire » et « simulé », ce serait interpréter dans le sens de la tromperie ce qui concerne une procédure légale et consensuelle.

« Simulé », dans le texte d'Alciat est du reste équivoque, ou pourrait du moins prêter à confusion, car le terme existe chez spécialiste du droit romain[8] pour désigner une procédure légale. Alciat le méconnaît, de même qu'un autre juriste postérieur, Antoine Dadin de Hauteserres[9], canoniste toulousain, qui consacre au milieu du XVIIe siècle (1659), un traité aux fictions de droit, en l'occurrence le *De fictionibus juris tractatus quinque [...]*. L'ensemble fournit un condensé des données antérieures. Dans le premier traité, l'auteur insiste ainsi sur le fait que le fiction va bien à l'encontre de la vérité mais pas de ce qui est possible selon la nature, et qui, ainsi, passe pour vrai, définitions qui font écho aux prescriptions des rhéteurs et des poéticiens désormais nourries du débat sur le vrai et le vraisemblable, qui agitent les esprits depuis la redécouverte de la *Poétique* d'Aristote, vers 1540.

Le troisième traité, pour sa part, se concentre davantage sur des situations contractuelles fondées sur des gestes symboliques, incluant dans la fiction ce que le droit romain qualifiait justement plutôt de « simulation ». C'est notamment le cas de la « *solutio per aes et libram* » (« par l'argent et la balance »), utilisée quand un créancier annule les dettes de son débiteur. Au lieu de se limiter à un simple jeu d'écriture, l'acte juridique s'exprime en un cérémonial symbolique extrêmement concret qui seul le rend légitime. Nadia Dumont-Kisliakoff, dans son ouvrage sur *La simulation en droit romain*, écrit ainsi :

> La formalité de la pesée du métal remis par le débiteur en présence de témoins, la *solutio per aes et libram*, est utilisée fictivement, c'est-à-dire que l'on en conserve seulement les gestes et les paroles sans qu'il y ait effectivement remise d'airain ou de monnaie, comme l'indique Gaius (III, 174). [...] L'utilisation de cet acte, fictivement, ou avec un paiement

---

[8] Voir Y. Thomas, « *fictio legis...* », p.29-30 et N. Dumont-Kisliakoff, *La simulation en droit romain*, Paris, Cujas, 1970.

[9] L'ouvrage est signalé dans l'article de J. Bart, « Fictio juris », p.26. Publié à Paris en 1659, le *De fictionibus juris tractatus quinque* est enrichi de deux autres livres vingt ans plus tard, le tout étant l'objet d'une édition globale en 1769 sous le titre *De fictionibus juris libri septem*.

symbolique a été imposée lorsque le créancier acceptait de libérer son débiteur quand la dette n'était pas complètement payée[10].

Le débiteur remet ainsi, en présence d'un tiers, juge *libripens*, à son créancier, une pièce, que nous nommerions de nos jours « euro symbolique » censée représenter la totalité de la somme effectivement engagée ; le *libripens* tient la balance, mais était surtout appelé afin d'obtenir un pesage exact et juste de la pièce. Il ne se borne pas à peser le métal, il en vérifie encore la pureté au moyen du son. Après quoi la dette est annulée.

Dadin relie ce dernier type de résolution à d'autres pratiques courantes dans la Rome antique, reposant sur quelques gestes ou symboles qui suffisent à les rendent légitimes :

> Autrefois plusieurs actes comme les testaments et les donations étaient rendus légitimes par l'argent et la balance ; (...) l'héritage par danse et claquement de doigts ; l'affranchissement par un soufflet, le traçage d'un cercle et le bonnet d'affranchi ; (...) l'abus par la section d'une baguette[11].

Pour exemples d'affranchissement consacré par le bonnet d'affranchi, le juriste cite alors un vers de l'*Amphitryon* de Plaute, un autre des *Satires* de Perse. La poésie comique, en particulier, lui fournit des cas remarquables parce qu'elle met justement en scène des situations quotidiennes et conventionnelles d'échange.

D'un côté, donc, et pour conclure ce premier volet, des formules, des constructions intellectuelles, des raisonnements ; de l'autre des rituels symboliques. Mais dans tous les cas, une « décision où l'on qualifie les faits contrairement à la réalité pour obtenir le résultat souhaitable qui serait conforme à l'équité, à la justice ou à l'efficacité sociale »[12]. Autrement dit un accroissement de l'efficacité juridique et donc, moyen notamment de protéger les faibles, la personne humaine, de sauvegarder les relations de confiance indispensables à la vie sociale.

Il y a lieu maintenant de prolonger les choses en direction des genres littéraires. A peu près à la même époque que Dadin de Hauteserres, qui illustre ses développements de poésie comique, certains dramaturges

---

[10] N. Dumont-Kisliakoff, *La simulation en droit romain*, Op.cit, p.53.
[11] « *Plures actus legitimi fiebant olim per aes & libram, ut testamenta, donationes :* (...) *cretio, per saltationem & percussionem digitorum : manumissio, per alapam, circumductionem, & pileum :* (...) *usurpatio, per fractionem surculi* (...) », *De fictionibus juris tractatus quinque*, p.97. « *Circumductio* » désigne l'opération qui consiste en entourer quelqu'un d'un cercle en signe d'annulation ; voir le *Digeste* de Justinien, 42.1.45pr.
[12] Chaim Perelman, *Ethique et droit*, Ed. de l'Université de Bruxelles, 1985, p.593.

introduisent la fiction juridique au théâtre. L'analyse de cette dramaturgie a été menée par C. Biet dans son livre cité en introduction, lequel accorde notamment une place de choix au *Légataire universel* de Regnard (1708). Nous opterons pour notre part pour la littérature de la Renaissance, des genres « sans qualité », et des auteurs majeurs de la période connus pour leur formation juridique, en l'occurrence Rabelais et Montaigne.

Et d'abord la narration rabelaisienne, qui nous permettra de revenir à la « *solutio per aes et libram* » proprement dite. Au chapitre XXXVII du *Tiers Livre*, cherchant à persuader Panurge de solliciter le conseil de « quelque fol », Pantagruel relate l'anecdote du Portefaix qui « mangeoit son pain à la fumée du roust » avant de se voir sommé par le Rôtisseur de payer cette dernière[13].

> Là se trouvé à propous Seigny Joan le fol citadin de Paris. L'ayant apperceu le Roustisseur, demanda au Faquin : « Veulx-tu, sus nostre different, croire ce noble Seigny Joan ? – Ouy, par le sambreguoy », respondit le Faquin. Adoncques Seigny Johan, avoir leur discord entendu, commenda au Faquin qu'il luy tira de son baudrier quelque piece d'argent. Le Faquin luy mist en main un tournoys Philippus. Seigny Johan le print, et le mist sur son espaule guausche, comme explorant s'il estoit de poys ; puys le timpoit sus la paulme de sa main guausche, comme pour entendre s'il estoit de bon alloy ; puys le posa sus la prunelle de son œil droict, comme pour veoir s'il estoit bien marqué. Tout ce feut faict en grande silence de tout le badault peuple, en ferme attente du Roustisseur, et desespoir du Faquin. En fin, le feist sus l'ouvrir sonner par plusieurs foys. Puys en majesté Praesidentiale tenent sa marote on poing comme si feust un sceptre, et affleublant en teste son chapperon de martres cingeresses à aureilles de papier, fraizé à poincts d'orgues, toussant prealablement deux ou trois bonnes foys, dist à haulte voix : « La Court vous dit que le Faquin qui a son pain mangé à la fumée du roust, civilement a payé le Roustisseur au son de son argent. Ordonne la dicte Court que chascun se retire en sa chascuniere : sans despens, et pour cause »[14].

Pour régler le différend, on fait appel à Seigny Johan, « le fol citadin de Paris », qui, obtient du pseudo-débiteur un « tournoys Philippus », monnaie chère à Rabelais, à l'effigie de Philippe V, valant un sou ou douze deniers

---

[13] *Le Tiers Livre*, éd. J.Céard, G.Defaux et M.Simonin, Paris, Le Livre de Poche, 1994, La Pochothèque, p.781.
[14] *Le Tiers Livre*, p.781-783.

tournois. Le fou joue là le rôle du juge libripens, tandis qu'on relèvera l'importance des témoins silencieux, comme celle de la vérification vérification de la pièce à l'œil et à l'oreille.

La singularité, cela étant, de l'ensemble, vient de ce qu'à l'origine, il n'y avait pas de dette réelle ainsi que le Faquin l'avait suggéré, puisque « jamais n'avoit esté ouy que dedans Paris on eust vendu fumée de roust en rue ». A dette imaginaire, donc, remise imaginaire, en l'occurrence le son de l'argent. La *fictio* proposée par le « fol » intervient dans ces conditions pour résoudre un conflit extravagant, fondé d'emblée sur de l'immatériel. Ou plus exactement, les modalités de la formalité légale sont adaptées par Rabelais, pour faire prévaloir et parachever une logique de la fantaisie parfaitement cohérente avec elle-même : à dette imaginaire, solution fictive, dont le bouffon mime les différents moments (voir la récurrence des « comme » dans la pantomime), en opposant à la fumée du rôti non pas une somme que matérialiserait le « tournoys », mais le son de celui-ci, qui sied mieux à la vapeur dérobée. Comme une sorte d'échanges d'impondérables. Ainsi, en reprenant et en étoffant un cas que de nombreux légistes avant lui (Jean André et Tiraqueau, entre autres) ne mentionnaient que sommairement, par surimposition d'une gestuelle inspirée des procédures du droit civil, Rabelais montre finalement comment les espaces imaginaires s'appellent et s'interpénètrent mutuellement. Intégré au *Tiers Livre des faicts et dicts héroïques du bon Pantagruel*, et à la longue tirade du héros qui occupe le chapitre, le récit de ce conflit fondé sur rien gagne un territoire qui lui est adéquat, celui de la fantaisie littéraire, où il est d'ailleurs beaucoup question de dettes. Dans tous les sens du terme, on assiste à une intensification et une généralisation du jeu.

Il convient cependant d'insister sur le fait qu'ici encore la transposition est facilitée par la dimension scénographique inhérente à l'acte juridique. Autrement dit, que tout ce qui dans le droit revêt l'allure de la scène ou du scénario est en mesure d'être réexploité sur le plan dramatique ou narratif. Une autre orientation est possible, qui tient cette fois à l'aspect formulaire de la fiction légale, et au mode de raisonnement qu'elle implique. La fiction a pour particularité de se situer entre le vrai et le faux, d'être un « mensonge » reconnu et validé par le discours d'autorité en raison de son efficacité pratique. Par elle, la jurisprudence renforce l'adéquation à son objet, améliorant ainsi ce que Montaigne appelle « sa vérité » dans une addition de l'*Apologie de Raimond Sebon*, greffée sur la liste des inventions avouées comme telles :

> [A] Tout ainsi que les femmes employent des dents d'ivoire où les leurs naturelles leur manquent, et au lieu de leur vray teint en forgent un de quelque matiere estrangere : comme elles font des cuisses de drap et de feutre, et de l'embonpoint de coton, et au

> veu et sçeu d'un chacun, s'embellissent d'une beauté fauce et empruntée : ainsi faict la science [B] (et notre droict mesme a, dict-on, des fictions legitimes, sur lesquelles il fonde la vérité de sa justice) [A] elle nous donne en payement et en presupposition les choses qu'elle mesme nous aprend estre inventées : car ces epicycles, excentriques, concentriques, dequoy l'Astrologie s'aide à conduire le bransle de ses estoilles, elle nous les donne pour le mieux qu'elle ait sçeu inventer en ce subject : comme aussi au reste la philosophie nous presente non pas ce qui est, ou ce qu'elle croit, mais ce qu'elle forge ayant plus d'apparence et de gentillesse[15].

La corrélation assimile les parures féminines aux constructions de la cosmologie et de la philosophie, glissant du plan prosaïque au plan spéculatif. Significativement placée au centre de la séquence, la phrase ajoutée introduit un savoir qui gère les affaires les plus concrètes, de filiation, de testament. Disparaît la perspective esthétique qui assurait le lien entre les différents domaines usant de contrefaçons, au bénéfice d'un enjeu strictement gnoséologique.

La formation et les activités au Parlement de Bordeaux du futur auteur des *Essais*, ainsi que l'empreinte que les pratiques du droit ont sans doute laissé dans le « seul livre au monde de son espèce »[16], attaché à un sujet de la « commune sorte » et régi par un certain rapport à la vérité, de type contractuel, invitent à ne pas seulement voir dans cette allusion une pointe satirique. Plus exactement, on est conduit à se demander dans quelle mesure la « fiction légitime » et ses propriétés peuvent avoir valeur de modèle théorique, de schème mental, à l'intérieur d'un espace textuel comme celui des *Essais*, selon une transposition cette fois indirecte. Car, dans la

---

[15] II, 12, 537 (328). Pour les citations des *Essais*, nous nous référons à l'édition Villey-Saulnier (Paris, PUF, « Quadrige », 1992 - 1924), en maintenant l'orthographe et la graphie archaïsantes en connaissance de cause. Cela dit, nous mentionnons entre parenthèses la pagination correspondant à l'édition procurée par A. Tournon, (Paris, Imprimerie Nationale, 1998, coll. « La Salamandre »), que nous suivons pour corriger certaines erreurs compromettant la justesse et la compréhension du texte (par exemple ici « elle mesme » pour « elles mesmes » qui rend la phrase incorrecte), et dont nous restituons autant que possible le système de ponctuation, à l'exception du point-en-haut correspondant aux deux-points archaïques de Montaigne, remplacé ici par les deux-points classiques.

[16] Voir évidemment le *Montaigne, La glose et l'essai* d'André Tournon, Lyon, Presses universitaires de Lyon, 1983 (nouvelle édition revue et corrigée, précédée d'un Réexamen, Paris, Champion, 2000), ainsi que le numéro spécial « La justice » du *Bulletin de la Société des Amis de Montaigne*, Paris, Champion, 2001, VIIIe série, n°21-22.

« peinture » qu'il élabore, Montaigne passe par la feinte, comme il le reconnaît lui-même dans un passage célèbre du chapitre « Sur des vers de Virgile », où une addition, autographe cette fois, vient enrôler cette dernière dans la série des formes de parole susceptibles d'égarer le lecteur :

> [B] (...) Quand on m'a dit, ou que moy-mesme me suis dict : « Tu es trop espais en figures : Voilà un mot du creu de Gascoingne : Voilà une frase dangereuse (je n'en refuis aucune de celles qui s'usent emmy les rues françoises : ceux qui veulent combatre l'usage par la grammaire se moquent) : Voilà un discours ignorant : Voilà un discours paradoxe, en voilà un trop fol : [C] Tu te joues souvent, on estimera que tu dies à droit, ce que tu dies à feinte. [B] - Oui, fais-je, mais je corrige les fautes d'inadvertence, non celles de coustume. Est-ce pas ainsi que je parle par tout? Me represente-je pas vivement? Suffit. J'ay faict ce que j'ay voulu. Tout le monde me reconnoit en mon livre, et mon livre en moy »[17].

Echos d'une censure que la pensée a pu intérioriser, les premières réprimandes s'enrichissent de la condamnation des tours d'un bonimenteur qui risque de berner son monde par des subterfuges qu'on prendra « à droit ». Le paradoxe du menteur plane sur ces lignes. Rappelons-en la présence juste avant le passage du « Que sais-je ? » dans l'*Apologie*, et bornons-nous ici à dire qu'il s'agit sans doute là d'un problème qui projette en permanence son ombre sur les *Essais*, avec des enjeux forts sur la parole à employer[18]. Quoi qu'il en soit, la méprise est possible, mais la vigoureuse réaction qui suit la situe dans son ordre propre, celui de l'erreur commise par ceux qui ne savent pas saisir la règle du jeu. En effet, considérer gravement ce qui ressortit au ludique revient à fausser une logique qui institue le détour et la dissimulation en éléments du portrait composé dans le livre, dans sa « vérité ».

Qu'est-ce qui aurait alors valeur de « fiction légitime » dans les *Essais*, quel type de modalité marquerait sa dimension fictive, se reconnaîtrait comme tel, mais ferait malgré tout avancer le texte dans la « chasse de connaissance » ? La question est complexe, on la pose depuis bien longtemps pour l'œuvre de Platon, avec les mythes. Les *Essais*, *eux*, ne relèvent pas de la philosophie spéculative, mais d'une « science morale » attachée à l'empyrée, ce qui est susceptible de conférer une productivité aux

---

[17] *Essais*, III, 5, 875 (148).
[18] Nous nous permettons de renvoyer, pour davantage de précisions, à notre article « Les leçons du menteur », *Poétiques de la pensée – Mélanges offerts à J. Dagen*, Pairs, Champion, 2006, coll. « Moralia », p.437-452.

fictions du droit. Disons-le cependant, ils ne sont pas un ouvrage de jurisprudence, et on chercherait en vain des énoncés formulaires proches de ceux des juristes. Il y a juste une série de phénomènes ou d'indices qui permettent le rapprochement avec les raisonnements et le surtout le cadre plus haut esquissés. On s'arrêtera ainsi d'abord sur ce passage célèbre, dans le chapitre « De la force de l'imagination » :

> Aussi en l'étude que je traite, de nos mœurs et mouvements : les témoignages fabuleux, pourvu qu'ils soient possibles, y servent comme les vrais. Advenu ou non advenu, à Paris ou à Rome, à Jean ou à Pierre, c'est toujours un tour de l'humaine capacité : duquel je suis utilement avisé par ce récit[19].

On écartera l'interprétation poéticienne, qui rapprocherait l'activité de Montaigne de celle du poète qui « dit le possible », « ce qui peut se produire selon la vraisemblance et la nécessité »[20], travail qui tient à la capacité d'agencer des faits de manière intelligible et nécessaire. Or l'accent est moins mis dans les *Essais* sur l'agencement de l'objet et le produit fini que sur l'opération de tri et de sélection menée par le jugement ; et surtout, il n'est pas question pour Montaigne de « dire ce qui peut advenir », mais de « dire sur ce qui peut advenir », ce qui engage l'activité seconde de commentaire propre à son oeuvre. On a pu montrer ailleurs[21] qu'il ne s'agit pas vraiment non plus d'une perspective d'orateur - même si l'expression « témoin... » peut relever d'une rhétorique des citations - mais que ces « témoignages fabuleux » entraient dans une logique de sélection d'obédience semble-t-il beaucoup plus juridique, avec réflexion notamment autour du « possible ». Un « possible » non pas de type logique, théologique, rhétorique et même juridique – du moins selon ce que nous esquissions plus haut -, dans la mesure où Montaigne peut valoriser tel ou tel fait fabuleux selon la confiance qu'il accorde au « témoin », comme dans ces lignes de la fin du chapitre « De l'art de conférer », au sujet des *Histoires* de Tacite :

---

[19] *Essais*, I, 21, 193C (105). Nous citons le texte de l'édition d'André Tournon à l'Imprimerie nationale, Paris, 1998, coll. « La Salamandre », 3 volumes, dont nous suivons le système de ponctuation, à l'exception du point-en-haut correspondant aux deux-points archaïques de Montaigne, remplacé ici par les deux-points classiques. Entre parenthèses, nous mentionnons la pagination de l'édition Villey-Saulnier, Paris, PUF, coll. « Quadrige », 1992 (1924).
[20] Aristote, *Poétique*, IX, 1451b, p.117 ;
[21] Dans « Montaigne et les 'témoignages fabuleux' », *L'accréditation du témoignage*, coll. « Champs du Signe », Presses Universitaires du Mirail, 2011.

> On le pourra trouver hardi en ses témoignages : comme où il tient qu'un soldat portant un faix de bois, ses mains se raidirent de froid et se collèrent à sa charge, si qu'elles y demeurèrent attachées et mortes, s'étant départies des bras. J'ai accoutumé, en telles choses, de plier sous l'autorité de si grands témoins[22] ?

Le moins qu'on puisse dire, c'est que le champ du « possible » se révèle très capricieux au regard de normes « objectives ». Face à cette perplexité, une ultime inflexion est souhaitable, sur la voie de laquelle nous met la dernière phrase citée (« J'ai accoutumé… »), qui substitue finalement à la différence entre le possible et l'impossible objectifs un protocole d'accord fondé sur l'« autorité » des témoins. Moins qu'un respect frileux envers une quelconque hiérarchie imposée de l'extérieur, il faut y voir la fidélité à une pratique « coutumière », toute personnelle et privée, par laquelle les *Essais* se frayent un chemin dans le champ du savoir[23].

L'ensemble du système s'en trouve affecté : sous le régime de l'*essai*, Montaigne choisit et enregistre les données selon des critères qui ne reposent, en dernière instance, que sur le « je » écrivant. Le mode de sélection, par conséquent, est foncièrement précaire, comme le sont les acquis et les avancées, morales ou philosophiques, qui en découlent. Le « possible » ne joue alors plus le rôle de clôture au sein d'une épistémologie de type empiriste ; il apparaît comme une étape privilégiée à l'intérieur d'un processus contractuel et pragmatique. En conséquence de quoi il peut bien, à l'occasion, prendre le visage de la norme. Comme il concerne des convictions données à chaque fois pour strictement personnelles, et assumées comme telles, il s'inscrit dans une autre logique, celle de ce que l'écrivain nomme l'« interne juridiction ». On pourrait, à ce compte, élargir le « fabuleux » à tout ce qui relève de la fable littéraire, ces produits que Montaigne allègue dans son livre en les donnant pour ce qu'ils sont, des fictions, sans pour autant les réprouver. Les « témoignages fabuleux » seraient alors tout ce qui se donne sous forme de citations poétiques, introduites de loin en loin dans l'œuvre par la formule « les poètes feignent »[24].

Sommes-nous loin, du coup, de la jurisprudence et de ses raisonnements ? Pas tant que cela, en fait. Car l'examen de certains traités de droit de l'époque révèle une particularité intéressante. Repartons de l'ouvrage tardif

---

[22] III, 8, 247B (942).
[23] Montaigne conçoit en général la norme sur le modèle de la coutume, observée parce qu'elle existe *de facto*, non parce que les théoriciens-législateurs en ont décidé *de jure*. D'une certaine manière, les *Essais* intériorisent cette logique coutumière en exigence de fidélité que le sujet se doit à lui-même.
[24] Hypothèse qui fédère les développements de notre livre *Quand "les poètes feignent"*…, cité infra, note 1.

de Dadin de Hauteserres, abondamment illustré, comme on l'a vu, de citations empruntées aux écrivains de l'Antiquité. Il apparaît comme une survivance de la jurisprudence humaniste, laquelle avait recours à toutes sortes d'exemples ou de considérations inspirés par l'histoire, la théologie ou la poésie, ce que montrent assez bien de nouveau les *Parerga* d'Alciat. Dans certains des développements, l'étude de la fiction donne lieu à des échappées en direction de l'imaginaire littéraire. Ainsi, le premier chapitre du sixième livre « Ce qu'est une fiction ; et que les choses impossibles ne peuvent être supposées à titre de fictions, pas même par les poètes » restreint le domaine d'application de la fiction aux cas possibles, ce qui exige qu'on prête attention aux facultés des intéressés afin d'éviter que la loi ne paraisse faire rentrer en jeu quelque chose d'impossible. Interviennent alors les poètes :

> Ce qu'est une fiction ; et que les choses impossibles ne peuvent être supposées à titre de fictions, pas même par les poètes.
> Une fiction est une disposition légale contraire à la vérité [du fait] pour un cas possible et en vertu d'une cause conforme au droit. Et en effet il est clair qu'une fiction ne peut être étendue à des cas qui seraient impossibles, soit que cela ne puisse se produire de droit, soit qu'il ne le puisse de fait. Car la fiction imite la nature, et la loi n'oppose pas facilement la fiction à la nature. En vertu de cela, est admis que dans une fiction poussée en ses ultimes conséquences, le point de départ requiert l'habilitation et les capacités nécessaires [des intéressés], de peur qu'autrement la loi ne paraisse faire rentrer en jeu quelque chose d'impossible : questions que nous avons traitées en tous les lieux appropriés. Du reste, nous constatons que les poètes aussi ont observé ce principe, de ne pas introduire sans scrupule des données impossibles. Les commentateurs d'Homère ont noté que, comme le poète devait décrire Ulysse nageant trois jours dans la houle après son naufrage, ce qui semble dépasser les forces humaines, il a ajouté que cela put se faire grâce à Leucothéa qui lui donna son *kredemnon*, c'est-à-dire son diadème ou son écharpe, à passer sous sa poitrine pour être soutenu à la surface de l'eau :
> (...)
> > *Prends ce voile divin ; tends-le sur ta poitrine ;*
> > *Avec lui, ne crains plus la douleur ni la mort.*
> > *Mais lorsque, de tes mains, tu toucheras la rive*
> > *Défais-le, jette-le dans la sombre mer,*
> > *Au plus loin vers le large.*

La même règle est érigée en précepte par les rhéteurs, de ne pas alléguer un fait impossible : ou s'il fallait à tout prix le faire, de l'atténuer au préalable par quelque prétexte (...), VI, 1[25].

Si le créateur de fables s'est abstenu d'introduire une invraisemblance, *a fortiori* le droit doit-il s'en garder. Certes, expliquer les réserves à observer dans le développement d'une *fictio legis* en sollicitant les remarques des interprètes sur le vraisemblable et l'invraisemblable, le possible et l'impossible, c'est confondre, au nom de la fiction et des principes auxquels elle doit satisfaire, un système de régulation sociale et une exégèse de la poésie. Mais c'est accorder à ces remarques et à ces règles une légitimité qu'elles n'ont pas ailleurs, en utilisant la Fable pour justifier le bon fonctionnement des affaires humaines. Pour le dire autrement, la fiction poétique intervient ici comme « témoignage » illustratif, et caution de la fiction légale. Ce n'est pas seulement un modèle formel, qu'on pourrait superposer au texte des *Essais*. C'est aussi le signe des croisements intellectuels possibles, dans les esprits du temps, entre fiction juridique et fiction littéraire.

Le travail de Montaigne s'élabore très certainement à l'intersection de plusieurs domaines de savoir, parmi lesquels le droit. Plus largement, on peut se demander si, avec un tel arrière-plan, les citations poétiques ne fournissent pas à l'écrivain des jalons privilégiés pour explorer les contrées les moins balisées de l'« humaine condition », tout en maintenant un rapport à la vérité lié au protocole qui régit les *Essais* dans leur ensemble. En substance, incluses désormais à une herméneutique de soi qui revendique en

---

[25] « *Fictio quid sit, & impossibilia non fungi [fingi?], nec a Poetis quidem.*
Fictio est legis adversus veritatem in re possibili ex iusta causa dispositio : etenim constat, nunquam extendi fictionem ad ea quae impossibilia sint, sive de iure, sive de facto id fieri nequeat : imitatur enim fictio naturam, nec facile lex fictionem aduersus fictionem [naturam?] inducit. Hincque receptum est in fictione translativa extremi, a quo incipit fictio, habilitatem aptitudinemque requiri, ne alias lex quicquam impossibile videatur inducere : quae omnia nos locis suis diligenter excussimus. Caeterum videmus & id quoque Poetis observatum esse, ne facile impossibilia inducant. Hinc traditum ab Homeri interpretibus est, cum naufragio facto descripturus esset Homerus Ulyssem per triduum in mari & fluctibus natantem, quod supra humanas vires id videretur, que ei 'kredemnon', id est, reniam, seu fasciam pectori subiiciendam dederit, quo interim sublauaretur, ne mergi posset :
   (...)
   Hanc autem accipiens tendes sub pectore vittam
   Diuinam, neque ferre time mortisve potiri.
   At postquam appuleris, manibus cum littora tanges,
   Confestim egrediens in nigrum coniice pontum,
   Quam procul a terra.
Idem videmus & inter praecepta Rhetorum fuisse traditum, ut scilicet impossibilia non dicerent : quo si omnino id faciendum esset, ut ea prius aliquo colore mollirent (...) ».

permanence la contingence de ses investigations et de ses acquis, les fictions sollicitent, plus que toute autre modalité, l'assentiment du lecteur. De la sorte, elles sont exemplaires du pacte de reconnaissance et de confiance mutuelle, qui seul peut prêter consistance à une « chasse de cognoissance » entreprise sur les décombres de la certitude objective.

Les configurations que nous venons de présenter appartiennent à une époque de synthèse et d'échanges vivaces entre les disciplines et les univers, qui se nourrissaient de leurs apports respectifs. De même que les légistes pouvaient utiliser les poèmes pour illustrer ou justifier leurs préceptes, de même les écrivains pouvaient-ils faire fructifier, sur le terrain de leur création, les points téméraires du droit, quitte à en accuser ou en infléchir les traits.
Nous avons vu chez Rabelais comment la fiction narrative pouvait intensifier les propriétés de la fiction juridique pour l'adapter à ses propres lois et à son propre régime. Moins que jamais, la fiction littéraire a ici valeur normative, étant le lieu du triomphe de la fantaisie, dans une sorte de logique du rien, de l'impondérable ou de l'immatériel, en totale cohérence avec elle-même. Chez Montaigne, les choses sont moins explicites et tangibles, mais de ce fait encore plus complexes. Il semble que les *fictiones legis* et les textes des juristes qui les traitent fournissent aux *Essais* non seulement un modèle formel, mais également et surtout un modèle intellectuel, qui permet de problématiser l'usage chez lui de la fiction poétique, en en déplaçant les usages et les enjeux, et en la démarquant en particulier des traditions poétique, rhétorique voire allégorique. A terme, s'expriment là les pouvoirs et les prestiges du « littéraire » - l'expression fût-elle anachronique à l'époque –, capable de jouer avec les normes ou de se jouer d'elles, même et surtout dans les éléments et les propriétés les plus téméraires qui les constituent.

Résistance imaginative et norme fictive[*]

ANNE REBOUL
Laboratoire sur le Langage, le Cerveau et la Cognition (L2C2) – CNRS – de l'Université de Lyon

1. Introduction
L'approche philosophique de la fiction la plus populaire à l'heure actuelle est probablement celle de Walton (1990), qui fait de la fiction un cas particulier du "faire-semblant", décrit sur la base de ce que font les jeunes enfants. Par exemple, un enfant fait semblant de téléphoner à sa mère en utilisant une banane en guise de combiné. De façon informelle, on peut décrire la situation de la façon suivante :
1. L'enfant croit que la banane est une banane.
2. L'enfant ne croit pas que la banane est un téléphone.
3. L'enfant fait semblant de croire que la banane est un téléphone.

Ceci suppose une double représentation de la banane : comme une banane ; comme un téléphone.

Ainsi, dans le jeu de faire-semblant, la représentation est *découplée* (cf. Leslie 1987). Mais le découplage ne se limite pas à la représentation elle-même. Elle concerne aussi l'attitude propositionnelle impliquée : la croyance vs. la quasi-croyance. Et elle s'étend même aux émotions suscitées par le faire-semblant : la peur vs. la quasi-peur. *Grosso modo*, ce qui distingue les attitudes propositionnelles et leurs contre-parties, ainsi que les émotions et leurs contre-parties, est leur efficacité en ce qui concerne l'action : les croyances et les émotions suscitent des actions (et entrent dans l'explication de ces actions), alors que les quasi-croyances et les quasi-émotions ne suscitent que des quasi-actions dans le jeu de faire-semblant, sans conséquence causale sur la réalité hors du jeu.

---

[*] Je remercie Juliele Sievers pour sa relecture attentive et notamment pour ses remarques sur la partie consacrée à la norme fondamentale de Kelsen. Toutes les erreurs qui pourraient subsister sont de mon entière responsabilité.

De même que, dans le jeu de faire-semblant, on peut distinguer la croyance (*Il est vrai* que la banane est une banane) et la quasi-croyance (*il est vrai dans le jeu de faire-semblant* que la banane est un téléphone), dans la fiction, on peut distinguer la croyance de la quasi-croyance :

4. **Croyance** : *Il n'est pas vrai* que Mme Bovary a trompé son mari (elle n'existe pas).

5. **quasi-croyance** : *Il est vrai dans la fiction* que Mme Bovary a trompé son mari (elle existe et les événements décrits se sont produits).

Ceci suscite évidemment une question : *Comment une proposition fausse dans la réalité devient-elle vraie dans la fiction ?* La vérité dans la fiction semble dépendre du bon-vouloir de l'auteur :

> Une proposition est vraie dans la fiction si et seulement si elle est exprimée explicitement dans la fiction ou si elle est impliquée par une ou plusieurs proposition(s) exprimée(s) explicitement.

En d'autres termes, *l'auteur (ou le narrateur) est* **omniscient** *en ce qui concerne la fiction*.

2. Résistance imaginative

La notion de *résistance imaginative* a été introduite par Hume dans un essai intitulé "Of the Standard of Taste". Hume note qu'il y a une asymétrie entre la facilité avec laquelle le lecteur imagine des états de chose sur la base de descriptions fictionnelles et la difficulté qu'il rencontre à imaginer des normes morales fictives qui vont contre ses convictions. Voici le passage concerné ("Of the Standard of Taste", I.XXIII.34. Je traduis) :

> Les choses sont bien différentes en ce qui concerne les principes moraux, que pour les opinions spéculatives de toutes sortes. Elles sont dans un changement et une révolution continus. Le fils adopte un système différent de celui du père. Non, il n'y pratiquement pas d'homme qui puisse se vanter d'une grande consistance et uniformité dans ce domaine. Quelles que soient les erreurs spéculatives que l'on peut trouver dans les écrits polis de quelque âge ou pays, elles ne retirent pas grand-chose à la valeur de ces compositions. Il suffit d'un certain tour de pensée ou d'imagination pour nous faire adopter toutes ces opinions, qui dominaient à l'époque, et accepter les sentiments ou les conclusions qui en découlent. Mais un effort très violent est requis pour changer notre jugement quant aux manières et exciter des sentiments d'approbation ou de blâme, d'amour ou de haine, différents de ceux avec lesquels l'esprit, par une longue familiarité,

s'est accoutumé. Et là où un homme est sûr de la rectitude du standard moral par lequel il juge, il en est jaloux à juste titre et ne pervertira pas une seconde les sentiments de son cœur par complaisance pour un quelconque écrivain.

Le problème a été ressuscité par Walton (1994), qui commence par noter que cette résistance n'est pas une résistance esthétique : on peut avoir une résistance imaginative relativement à la position morale d'une œuvre dont on reconnaît par ailleurs la valeur esthétique.

La question principale que pose Walton est la suivante: "Pouvons-nous accepter que ce qui serait une vertu dans le monde réel est, dans un monde fictionnel, un vice, ou *vice versa* ?" (Walton 1994, 38. Je traduis). Walton formule le problème en termes de *vérité dans la fiction* et lie cette dernière notion à la possibilité d'imaginer la proposition concernée : "Les propositions qui sont "vraies-dans-le-monde-d'une-histoire", celles que j'appelle *fictionnelles*, sont (pour le dire en un mot) des propositions que les lecteurs de l'histoire sont prêts à imaginer" (*Ibid.*, 42. Je traduis). En d'autres termes, l'imagination relative à la fiction conditionne la vérité dans la fiction (seules les propositions que nous sommes prêts à imaginer sont vraies dans la fiction).

De façon cruciale, la résistance imaginative concerne certaines propositions, mais pas d'autres :

6. "Lorsqu'elle a tué son bébé, Griselda a bien fait," dit Mme Smith. "Après tout, c'était une fille". [Il est vrai dans la fiction que Mme Smith a dit...]

7. Lorsqu'elle avait tué son bébé, Griselda avait bien fait, pensait le curé. Après tout, c'était une fille. [Il est vrai dans la fiction que le curé a pensé...]

8. Sur la planète X, tuer les filles dans leur première semaine est une bonne action. Les tuer après serait cruel. [Il est vrai dans la fiction que sur la planète X...]

9. Tuer les filles à la naissance est une bonne action. [Il est vrai dans la fiction que...]

Seules les propositions de premier ordre, comme (9), sont concernées : nous pouvons sans difficulté imaginer que des personnages, comme en (6) ou (7), (voire des cultures, comme en (8)) aient des convictions morales différentes des nôtres, mais nous n'imaginerons pas pour autant sans difficulté que les propositions correspondantes soient vraies dans la fiction. Ceci reflète l'asymétrie généralement considérée comme fondamentale dans la résistance imaginative, entre deux types de propositions :

- les propositions *descriptives* (comme (6)-(8)) qui sont faciles à imaginer ;
- les propositions *morales* (comme (9)) qui sont difficiles à imaginer.

La résistance imaginative semble aller contre un certain nombre de caractéristiques fondamentales de la fiction, notamment l'omniscience de l'auteur. Ce que semble montrer la résistance imaginative est que l'omniscience de l'auteur quant à la vérité dans la fiction s'arrête aux limites de la morale.

De façon plus générale, la résistance imaginative suscite un certain nombre de débats, quant à la relation entre imagination et vérité dans la fiction, tout autant qu'en ce qui concerne la nature de la résistance imaginative : s'agit-il d'un *refus* ou d'une *incapacité* à imaginer ?

3. La résistance imaginative est-elle une fiction ?

Pour qu'il y ait résistance imaginative, il faut (et il suffit) que :
- l'auteur communique dans la fiction une proposition morale qui est une "norme fictive" (l'auteur présente cette proposition comme vraie dans la fiction et elle est fausse hors de la fiction) ;
- dans la fiction, cette proposition est une proposition de premier ordre (pas une méta-représentation) ;
- le lecteur "refuse" de (ou "échoue" à) considérer que cette proposition est vraie dans la fiction.

Sur cette base, on peut penser à quelques exemples de normes fictives : des normes proposées, mais jamais appliquées, comme les règles sur la communauté des femmes et des enfants ou sur l'exclusion des poètes, proposées par Platon dans *La République* ; des normes exposées dans des utopies (*Utopia* de Thomas More, *The New Atlantis* de Francis Bacon, etc.) ; des normes décrites dans des romans (*1984* d'Orwell, *Brave New World* d'Huxley, *The Dispossessed* de Le Guin, etc.). On pourrait cependant argumenter que, au moins dans les deux derniers cas (utopies et romans), l'auteur cherche précisément à susciter la résistance imaginative. On peut par exemple penser à la *Modeste proposition* de Jonathan Swift, où Swift, après avoir décrit l'état lamentable de la population irlandaise, où des familles misérables ont trop d'enfants pour pouvoir les nourrir et les éduquer, fait la proposition suivante :

> Je propose donc humblement à la considération publique que des cent vingt mille enfants déjà comptés, vingt mille puissent être réservés à la reproduction dont un quart seulement de males, ce qui est davantage que ce que l'on autorise aux moutons, bovins ou cochons : et ma raison en est que ces enfants sont rarement le

fruit du mariage, une circonstance qui n'est pas très importante pour nos sauvages, et que donc un male suffira pour servir quatre femelles. Que les cent mille restant puissent, à l'âge d'un an, être offerts à la vente aux personnes de qualité et de fortune dans tout le royaume, en conseillant toujours à la mère de les laisser téter abondamment durant le dernier mois, pour qu'ils soient dodus et goûteux pour une bonne table. Un enfant fera deux plats à un diner avec des amis et quand la famille dine seule, le membre avant ou arrière ferait un plat raisonnable, et assaisonné avec du sel et du poivre sera très bon bouilli le quatrième jour, particulièrement l'hiver. (Swift, *A modest proposal*. Je traduis)

De fait, la modeste proposition est généralement interprétée comme une satire des choix politiques anglais en Irlande. L'intention ironique ou satirique, visible chez Swift, mais aussi détectable chez Orwell ou Huxley, peut être considérée comme correspondant au fait que l'auteur lui-même ne souhaite pas l'assentiment de son lecteur, ou, en d'autres termes, qu'il ne souhaite pas que le lecteur croie qu'il est vrai dans la fiction que, e.g., manger les enfants est une bonne solution au problème irlandais. Ainsi, dans de tels cas, l'auteur ne croit pas davantage que le lecteur à la vérité de la proposition dans la fiction. Dès lors, on peut douter que l'auteur présente cette proposition comme vraie dans la fiction, ce qui est la première condition de la résistance imaginative (cf. ci-dessus). Une réponse à cette objection est tout simplement de nier que tous les cas de norme fictive se réduisent à l'ironie.

Une autre objection a été proposée par Stock (2005). Elle commence par noter que le terme même de "résistance imaginative" incite à considérer que l'imagination est sous le contrôle de la volonté et que le lecteur *choisit* de résister. Elle propose une solution différente, en termes d'"échec" et non de "choix" : l'échec à la base de la résistance imaginative est un échec à *comprendre* la proposition concernée. Cependant, cette incompréhension n'est pas due à une incohérence conceptuelle, l'incohérence conceptuelle n'entraînant en général pas de difficulté pour l'imagination comme le montrent des exemples comme les images impossibles d'Escher (e.g., *Mouvement perpétuel*) ou des romans d'anticipation qui décrivent des paradoxes temporels. Plutôt, l'incompréhension serait due à l'impossibilité d'accéder à un contexte où la proposition est acceptable.

Cette approche de la résistance imaginative, qui tend à en faire un faux problème, dû à l'incompétence de l'auteur qui échoue à construire un contexte crédible, rencontre deux objections importantes :

- d'une part, il paraît difficile de considérer que la compréhension soit liée à la croyance : en d'autres termes, que l'on ne peut comprendre que ce que l'on croit ;

- d'autre part, il semble que certaines propositions qui donnent lieu à la résistance imaginative soient proposées dans un contexte parfaitement suffisant.

De ce point de vue, il est intéressant d'en revenir à la description initiale de Hume : Hume n'était pas spécifiquement intéressé par des normes fictives (vraies dans la fiction, fausses hors de la fiction), mais bien par le fait que l'évolution et la variation des normes morales rendent inacceptables certaines normes dans des environnements qui ne sont pas ceux où l'œuvre a été initialement produite. Dans une certaine mesure, on peut penser à l'analyse que propose Lewis (1983), où il fait de la fiction un récit raconté par un narrateur qui rapporte des faits vrais dans le monde possible correspondant à la fiction et qui raconte cette histoire relativement à un arrière-plan (*background*) de faits relevant du sens commun, parmi lesquels on peut supposer qu'il y a des normes morales, qui, dans un bon nombre de cas, sont aussi acceptées hors de la fiction, dans l'environnement culturel de l'auteur.

Dans de tels cas, la norme concernée n'est pas une norme fictive, mais elle peut néanmoins faire l'objet de résistance imaginative. Par exemple, les modifications récentes de la morale sexuelle dans les pays occidentaux nous conduiraient plus facilement à condamner l'ostracisme social dont est frappée Anna Karénine, qu'à la condamner pour son adultère. En d'autres termes, nous résistons imaginativement à la norme morale en vigueur lorsque Tolstoï a écrit le roman. Pour autant, il serait difficile de prétendre que le contexte est insuffisamment décrit ou qu'il nous est inconnu.

De fait, il semble que le contexte soit pertinent pour la vérité de la fiction lorsque cette proposition est une méta-représentation d'une opinion interne à la fiction dans le sens où il s'agit :

- de la position d'un personnage (par exemple, la mère infanticide de *Beloved* par Morrison), auquel cas cette proposition n'est généralement pas considérée comme vraie en dehors de la fiction ;
- de l'opinion de la société dans laquelle se déroule l'histoire (par exemple, la Russie de la fin du XIX° siècle dans le cas d'*Anna Karénine*), auquel cas elle peut aussi être vraie hors de la fiction.

Ainsi, la solution de Stock conduisant à la (dis)solution de la résistance imaginative, en termes d'insuffisance contextuelle conduisant à l'incompréhension de la proposition, ne paraît pas recevable. Je vais donc considérer que la résistance imaginative est un phénomène réel et non un artefact de l'incompétence des écrivains.

4. Extension et solution du puzzle de la résistance imaginative

Stokes (2006) distingue deux sortes de solutions au "puzzle de la résistance imaginative". D'une part, il y a les solutions portant sur le *contenu* (*content solution*) qui défendent l'hypothèse que la résistance est due à un échec à imaginer un contenu conceptuel impossible. D'autre part, les solutions portant sur la *nature* (*character solution*) qui défendent l'hypothèse que la résistance est due à la nature même des contenus à imaginer (le fait qu'ils soient moraux).

Selon Stokes, on peut distinguer la nature du contenu d'un état mental sous deux dimensions:

- sa *phénoménologie* particulière (la sensation que l'on a lorsque l'on est dans ce type d'état) ;
- son *rôle fonctionnel*, le rôle que joue l'état mental dans les actions et les états mentaux subséquents du sujet (désir, croyance, intention, etc.).

Stokes commence par exposer la solution de Curie (2007), qui passe par une distinction entre deux sortes d'états imaginatifs :

- les états imaginatifs "riches" qui vont au-delà de la simple supposition ou quasi-croyance ;
- les états imaginatifs "pauvres", limités à la supposition ou à la quasi-croyance.

Selon Curie, dans une fiction, à la différence de ce qui se passe pour l'antécédent d'une contrefactuelle, l'imagination est "riche" et implique d'autres états que la quasi-croyance, comme le quasi-désir. Dans cette optique, l'asymétrie caractéristique de la résistance imaginative entre contenus moraux et contenus non-moraux s'explique par le nature des états imaginatifs impliqués. En effet, alors que les contenus non-moraux ne nécessitent que des états imaginatifs pauvres, comme la quasi-croyance, les contenus moraux nécessitent des états imaginatifs riches, notamment les quasi-désirs.

Comme le note cependant Stokes, la solution de Curie n'est pas entièrement satisfaisante. D'une part, elle n'explique pas pourquoi les imaginations morales impliquent des quasi-désirs ; d'autre part, la résistance imaginative ne se limite pas aux contenus moraux et concerne plus largement les contenus évaluatifs. Qui plus est, les évaluations ne correspondent pas à des désirs de 1° ordre et réciproquement : je peux considérer qu'arrêter de fumer est une bonne chose sans désirer arrêter de fumer ; je peux désirer fumer, même si je pense que fumer est une mauvaise chose.

Selon Stokes, ce qui caractérise l'évaluation n'est pas le désir, mais la valeur. Ainsi, l'asymétrie caractéristique de la résistance imaginative ne concernerait pas les imaginations morales vs. non-morales, mais des imaginations de nature quasi-croyance vs. de nature quasi-valeur, ou, relativement aux propositions concernées, des propositions quasi-descriptives vs. quasiévaluatives. Stokes, s'appuyant sur cette caractérisation de la résistance imaginative en termes d'évaluation et de valeur, adopte la vision ludovicienne (cf. Lewis 1989) de la valeur, selon laquelle *attribuer une valeur à X* revient à *désirer désirer X*. Dans cette optique, la valeur peut être *de re* ou *de se* :

10. Si j'attribue une valeur positive au fait de ne pas fumer, *je* désire que [*ma fille* désire ne pas fumer]. (*de re*)

11. Si j'attribue une valeur positive au fait de ne pas fumer, *je* désire que [*je* désire ne pas fumer]. (*de se*)

Bien que les désirs de 1° ordre (entre crochets en (10) et (11)) soient respectivement *de re* et *de se*, toutes les valeurs, en tant que *désirs de 2° ordre*, sont nécessairement égocentriques, en 1° personne.

Comme les croyances, les valeurs sont soumises à des normes, mais la nature de ces normes est différente dans les deux cas, parce que le désir et la croyance ont des directions d'ajustement différentes: alors que la croyance a la direction d'ajustement monde → représentation (la représentation doit s'ajuster au monde), le désir a la direction d'ajustement inverse représentation → monde (pour que le désir soit satisfait, le monde doit s'ajuster à la représentation). En d'autres termes, dans la croyance, le monde produit la norme qui est, de ce fait, *indépendante de l'agent*. Dans la valeur, la norme est la consistance interne du *système de valeurs* de l'agent.

Un système de valeurs est l'ensemble des valeurs de l'agent, constitué de ses attitudes et dispositions évaluatives (morales, esthétiques, etc.). Ainsi, la normativité des valeurs est *dépendante de l'agent* : un désir est raisonnable s'il est consistant avec les propositions évaluatives qui pré-existent dans le système de valeurs de l'agent. On remarquera cependant, avec Stokes, que les systèmes de valeurs ne sont pas très efficaces lorsqu'il s'agit de réguler les désirs, mais qu'ils le sont bien davantage lorsqu'il s'agit de bloquer l'ajout de nouvelles valeurs, *d'où la résistance imaginative*.

Ainsi, l'asymétrie de la résistance imaginative, formulée de la façon suivante :
succès des imaginations de quasi-croyances vs. succès des imaginations de quasi-valeurs

découle d'une asymétrie fondamentale entre la normativité des croyances et la normativité des valeurs :
normativité des croyances indépendante de l'agent vs. normativité des valeurs dépendante de l'agent.

Sur le volant fictionnel, on retrouve en effet cette asymétrie entre normativité de la croyance et normativité de la valeur. La quasi-croyance (vérité dans la fiction) dépend de ce que dit la fiction (elle est *indépendante du lecteur*, même si elle est *dépendante de l'auteur*), alors que la quasi-valeur dépend

du système de valeurs du lecteur (elle est *dépendante du lecteur*), donnant lieu à une asymétrie parallèle à celle entre croyance et valeur :
> normativité des quasi-croyances indépendante du lecteur vs. normativité des quasi-valeurs dépendante du lecteur.

Une première conséquence que l'on peut en tirer est que, alors que la quasi-croyance se distingue de la croyance, la quasi-valeur ne se distingue pas de la valeur. Dès lors, on peut douter qu'il y ait des quasi-valeurs. On peut légitimement en déduire qu'il n'y a que des valeurs et que l'asymétrie caractéristique de la résistance imaginative s'explique tout simplement par l'impossibilité de l'existence de quasi-valeur. Comme nous allons le voir par la suite, l'inexistence de quasi-valeur a des conséquences sur l'existence même de normes fictives. Avant d'en arriver là, je voudrais toutefois introduire une autre possibilité quant à la notion de *norme fictive*.

5. Kelsen et la notion de norme fictive

Kelsen (1991) a introduit la problématique suivante dans le cadre de sa théorie législative : les normes légales doivent être "enracinées", avoir une base quelconque, pour être tout à la fois obéies et légitimes. Or la théorie législative de Kelsen s'appuie sur une distinction stricte entre *ce qui est* et *ce qui doit être* ou, en d'autres termes, sur une distinction entre le *naturel* et le *législatif*. Dès lors, l'enracinement des normes ne peut se faire dans la nature, mais doit découler d'une autre norme qui a pour objet les normes qu'elle fonde. Il s'agit d'une *méta-norme* : elle doit renvoyer aux normes qu'elle légitime. La question est, bien évidemment, ce qui fonde cette *norme fondamentale* elle-même.

Etant donné la rupture instaurée par Kelsen entre naturel et législatif, la norme fondamentale ne peut être fondée sur la nature (qui ne peut légitimer la loi) : il faut qu'elle s'appuie sur une norme d'ordre supérieur. Mais ceci ouvre bien évidemment la porte à une régression à l'infini, cette nouvelle norme qui justifierait la norme fondamentale étant elle-même en quête d'une norme ultérieure qui la justifie, et ainsi de suite. La "solution" de Kelsen consiste à considérer que la norme fondamentale est "fictive". Kelsen s'appuie sur la notion de *fiction authentique*, proposée par Vaihinger (2008). Vaihinger distingue en effet les "semi-fictions" qui sont fausses, mais pas contradictoires (et qui correspondent à ce que l'on appelle communément "fiction") et les "fictions authentiques", qui sont à la fois fausses et auto-contradictoires. Selon Kelsen, en effet, la norme fondamentale est une fiction authentique au sens de Vaihinger : non seulement elle n'a pas d'existence, elle est aussi auto-contradictoire ou nécessairement fausse puisqu'elle implique une régression à l'infini.

Cependant, on peut douter que la notion de fiction authentique soit cohérente et, de même, on peut douter que la notion de norme fondamentale, telle que Kelsen la présente et, à cause de la rupture qu'il instaure entre naturel et législatif, le soit davantage.

6. Norme fondamentale et résistance imaginative

Si on en revient à la notion de vérité dans la fiction (en ignorant le problème de la régression à l'infini), on peut formuler la notion de norme fondamentale de la façon suivante :

> Il est vrai dans la fiction qu'il existe une norme fondamentale selon laquelle les normes x, y et z sont légales.

On remarquera cependant que la norme fondamentale, parce qu'il ne s'agit pas d'une norme de 1° ordre, ne tombe pas dans le champ de la résistance imaginative (en d'autres termes, elle s'apparente aux exemples (6)-(8) ci-dessus, plutôt qu'à l'exemple (9)). La résistance imaginative ne concerne en effet que les normes de 1° ordre, qui seraient ici les normes x, y et z, mentionnées dans la norme fondamentale.

Une alternative évidente à la norme fondamentale comme moyen de légitimation des normes législatives de 1° ordre est le contrat social. Comme la norme fondamentale, il s'agit d'une fiction proposée au XVIII° siècle, notamment par Rousseau, et remise au cœur de la philosophie politique contemporaine par Rawls (1971). Le contrat social partage deux caractéristiques avec la notion de norme fondamentale : il est fictif (personne ne suppose qu'il y a eu un événement tel que le contrat social) ; il est supposé fournir une légitimité aux normes en vigueur dans la société. Il diffère cependant de la norme fondamentale en ce qu'il ne conduit pas à une régression à l'infini : ce n'est pas une méta-norme fictive, mais un *événement* fictif. Et, *en tant qu'événement*, il n'est pas non plus dans le champ de la résistance imaginative. Au-delà, et c'est une différence majeure relativement à la théorie législative de Kelsen, la norme fondamentale fonde des normes *législatives*, alors que le contrat social fonde des normes *éthiques* (de justice dans le sens moral du terme). Cependant, et malgré la coupure qu'instaure Kelsen entre normes législatives et normes éthiques, la relation entre le contrat social et la norme fondamentale passe par l'*efficacité* des nouvelles normes législatives émanant d'une révolution.

Il y a, en effet, selon Kelsen, un principe législatif de la loi internationale (inclus explicitement ou implicitement dans un bon nombre de législations nationales) selon lequel "un gouvernement révolutionnaire est légitime si ses règles générales sont *efficaces*, c'est-à-dire si la population en général les respecte" (Green 2003, 385. Je traduis. Les italiques sont de Green). Dans ce

cas, les nouvelles normes légales imposées par le gouvernement révolutionnaire sont *légales*.
Le principe d'efficacité n'est pas la norme fondamentale : la norme fondamentale renvoie aux normes de 1° ordre qu'elle fonde législativement ; le principe d'efficacité est universel et indépendant des normes législatives locales qu'il légitime. Il se contente de fonder la légitimité sur l'assentiment de la population. Le principe d'efficacité semble dépendre d'une forme de contrat social, qui est, dans sa forme fondatrice décrite par Rousseau et reprise par Rawls, une façon de produire un ensemble de normes éthiques, sur lesquelles fonder un ensemble de normes législatives, les unes et les autres faisant l'objet de l'assentiment de la population. De ce point de vue, on peut proposer le scénario suivant de ce qui se passe lors d'une révolution : le contrat social est violé par le gouvernement, conduisant à la perte de l'assentiment de la population. La population se révolte et l'ensemble des lois existantes (ou une partie d'entre elles) est remplacée par un nouvel ensemble de lois qui correspondent soit à une restauration de l'ancien contrat social, soit à un nouveau contrat social. On remarquera pour finir que ceci contredit, au moins en partie, la séparation posée par Kelsen entre normes législatives et normes éthiques.

7. Qu'est-ce qu'une norme fictive ?

Une norme fictive est un type particulier de *proposition fictionnelle*. Commençons donc par définir une proposition fictionnelle :
> Une proposition est fictionnelle si elle est vraie dans la fiction et peut être fausse hors de la fiction.

Les normes fictives, dès lors, peuvent correspondre aux possibilités suivantes :
  i. la norme fondamentale de Kelsen ;
  ii. les normes en vigueur pour un personnage ou une population fictifs ;
  iii. des normes de 1° ordre (proposition évaluatives) qui sont vraies dans la fiction et peuvent être fausses hors de la fiction.

Les deux premières possibilités correspondent en fait à un type particulier de propositions descriptives, respectivement une méta-norme (i), et des propositions méta-descriptives du type de celles en (6)-(8) (ii). En tant que propositions descriptives (vs. évaluatives), elles ne tombent pas dans le champ de la résistance imaginative. En revanche, la troisième possibilité tombe, bien évidemment, dans le champ de la résistance imaginative.
C'est précisément la relation entre résistance imaginative et fiction qui, me semble-t-il, jette une lumière intéressante sur la notion même de norme

fictive. En effet, étant donné l'absence de différence entre valeur et quasi-valeur (cf. ci-dessus § 4), la résistance imaginative peut être perçue comme indiquant les *limites de la fiction* :
- les propositions qui tombent dans le champ de la résistance imaginative ne sont pas fictives ;
- les propositions qui ne tombent pas dans le champ de la fiction sont fictives.

On peut en déduire que les normes de 1° ordre (possibilité iii ci-dessus) ne sont pas fictives et que, de fait, il n'y a pas de norme de 1° ordre qui soit fictive, puisqu'aucune norme qui tombe dans le champ de la résistance imaginative ne peut être à la fois vraie dans la fiction et fausse dans la réalité, puisque cette possibilité est exclue par la résistance imaginative.

Il ne reste donc plus comme norme fictive que la norme fondamentale de Kelsen, dont on a vu qu'elle paraît nécessairement fausse, et les normes rapportées dans des méta-représentations, comme les exemples (6)-(8). Cependant, ces méta-représentations ne sont pas elles-mêmes des normes et les normes de 1° ordre qu'elles rapportent tombent dans le champ de la résistance imaginative.

8. Conclusion

Ce que montre la notion de résistance imaginative, c'est qu'il ne peut y avoir de norme fictive au sens strict du terme, c'est-à-dire de proposition évaluative qui soit vraie dans la fiction et qui pourrait être fausse hors de la fiction. Les autres candidats au statut de norme fictive, à savoir la norme fondamentale de Kelsen ou les propositions descriptives méta-représentatives, échappent à la résistance imaginative, mais on peut douter qu'il s'agisse de normes, étant donné que ce ne sont pas des propositions évaluatives.

Ainsi, la notion de norme fictive pourrait se révéler sans extension, une notion elle-même fictive.

Bibliographie

Curie, G. [2007]: "Framing Narratives". In Hutto, D.D. (ed.), *Narrative and Understanding Persons*, Royal Institute of Philosophy Supplement. Cambridge : Cambridge University Press, 17-42.

Green, M.S. [2003]: "Hans Kelsen and the logic of legal systems". *Alabama Law Review* 54/2, 365-413.

Hume, D. [1974-1975]: Of the Standard of Taste. *The Philosophical Works of David Hume*, vol. 3. Londres : Longman, Green.

Kelsen, H. [1991]: "General Theory of Norms". Oxford: Clarendon.
Leslie, A.M. [1987]: "Pretense and representation: The origins of 'Theory of Mind'". *Psychological Review* 94/4, 412-426.
Lewis, D. [1983]: "Truth in fiction". *Philosophical papers, volume I*. New York : Oxford University Press, 261-280.
Lewis, D. [1989]: "Dispositional Theories of Value". *Proceedings of the Aristotelian Society*, 63 (supp): 113-37.
Ralws, J. [1971]: "A Theory of Justice". Cambridge, MA : The Belknap Press of Harvard University Press.
Stock, K. [2005]: Resisting Imaginative Resistance. *The Philosophical Quarterly* 55/221, 607-624.
Stokes, D.R. [2006]: "The Evaluative Character of Imaginative Resistance". *British Journal of Aesthetics* 46/4, 387-405.
Vaihinger, H. [2008] : "La philosophie du comme-si". Paris : Kimé.
Walton, K.L. [1990]: "Mimesis as make-believe: on the foundations of the representational arts". Harvard : Harvard University Press.
Walton, K.L. [1994]: "Morals in Fiction and Fictional Morality". *Proceedings of the Aristotelian Society, Supplementary Volumes* 68, 27-66.

Mondes décrits / mondes prescrits :
Sur la normativité des fictions littéraires

ANNE DUPRAT
Université Paris-Sorbonne (Paris IV)

> Borges remplit ses histoires d'objets impossibles et de situations contradictoires, pour qu'aucun retour au monde réel ne soit possible après l'*Aleph* ou la *Bibliothèque de Babel*. Ces nouveaux espaces fictionnels servent moins à faire prospérer le commerce en sagesse conventionnelle qu'à augmenter la somme des possibilités fictives. Il s'agit donc de bien distinguer les colonies fictionnelles fondées en vue du trafic conceptuel avec la métropole, des établissements qu'on a créés par goût d'aventure, après l'incendie des vaisseaux.
> T. Pavel (1986, p. 108).

Si la fiction est un voyage, sait-elle produire des mondes dont on ne puisse revenir — ou dont on ne puisse rien rapporter ? Pourtant, comme l'écrit aussi T. Pavel, « pour différents qu'ils soient des nôtres », ces mondes « sont eux-mêmes des univers pétris de rêves et de désirs, de biens et de normes » (2006). Aucun d'entre eux n'a sans doute été créé au départ pour servir de comptoir à ces normes et ces biens ; tous contribuent cependant, non seulement à répandre ceux et celles qui transitent par eux, mais aussi à en produire d'eux-mêmes une bonne part. Un phénomène propre à la fiction littéraire, et T. Pavel proposait de tirer les conséquences en s'appuyant sur l'inférentialisme de R. Brandom (2000). « Si l'on estime en effet », résume-t-il, « que ce qui compte dans notre langage, ce n'est pas la référence, mais l'inférence, dans la mesure où nous tirons des conséquences, des conclusions intéressantes de ce que nous disons et de ce que nous lisons, on peut voir là la caractéristique de la participation fictionnelle, en tant qu'elle dépasse le niveau purement cognitif et fait appel aux biens que nous désirons et aux normes que nous respectons [...] Une métaphysique adéquate doit identifier ce sur quoi portent les inférences qui incitent à l'action. » (Pavel 2005).

Poser à propos des textes littéraires la question de la fictionnalité des normes revient à interroger l'existence, mais aussi le fonctionnement d'une normativité qui serait propre aux textes capables de figurer un monde dont l'identification avec le monde réel n'est pas obligatoire, et dont les prescriptions ne soient pas faites pour être directement appliquées dans ce monde. Cette capacité suppose qu'en lisant, l'usager des fictions littéraires combine toujours deux gestes, très différents sur le fond, mais indissociablement liés dans l'effet produit sur lui par le monde dans lequel le texte l'invite à entrer. D'un côté il reconnaît (consciemment ou inconsciemment) l'ensemble des normes morales, sociales, scientifiques ou métaphysiques qui régissent le monde décrit, c'est-à-dire la normalité dans laquelle s'inscrivent objets, événements, pensées, propositions et personnages du monde fictif. De l'autre il perçoit (en l'acceptant ou non) l'ensemble des normes projetées ou proposées par la description particulière qui est faite de ce monde. Je voudrais montrer ici que c'est dans l'articulation de ces deux gestes que réside la normativité propre aux fictions littéraires, c'est-à-dire la capacité qu'elles ont, en tant qu'œuvres d'art, à intervenir dans la formation d'axiologies déterminant des comportements. En proposant de comprendre cette normativité comme le champ des effets produits par des normes fictionnelles (considérées comme relevant du régime des fictions littéraires) plutôt que par des normes fictives (considérées comme affectées d'un rapport particulier à la référence), je tenterai de décrire les rapports qui existent entre la nature esthétique de ces normes et leur efficacité propre.

1. Le propre de la normativité littéraire

Les quelques remarques qui suivent proposent de saisir la normativité propre aux fictions littéraires moins dans le rapport qu'elles entretiennent avec d'autres régimes du langage, à d'autres pratiques culturelles ou à d'autres formes de procès logiques, que dans le rapport des normes fictionnelles à la normativité poétique elle-même, c'est-à-dire à l'ensemble des règles qui régissent le fonctionnement interne de la fiction littéraire, en tant qu'elle est considérée dans l'ensemble de ses déterminations — depuis les caractéristiques liées à sa production par un auteur, à son organisation dans le cadre de la clôture du texte, et à ce qui passe dans sa réception par ses usagers.
Ce choix d'une approche qui serait interne et globale de la fictionnalité littéraire est tout d'abord motivé par l'idée selon laquelle la fiction littéraire n'est descriptible que dans le cadre d'une saisie de l'ensemble de ses propriétés, comprises comme solidaires les unes des autres. Une œuvre de fiction est à la fois un texte, un système de gestes culturels, une posture d'énonciation, une attitude épistémologique, une série de propositions, un support de spectacle, un monde possible, un objet d'art, et bien d'autres choses encore ; elle peut être l'un ou l'autre, l'un et l'autre tour à tour, ou un peu plus l'un que l'autre ; mais aucune œuvre n'est jamais uniquement l'une de ces choses, sinon lorsqu'elle est prise pour objet d'étude dans le cadre

d'une discipline particulière. La dissociation des propriétés de l'objet qui résulte de cette démarche est bien mise en évidence par le phénomène de la prise d'exemples extraits de textes littéraires. L'affectation d'une fonction paradigmatique à une proposition ou à un événement fictionnel implique, comme dans tous les contextes, la suspension conventionnelle de la pertinence locale de l'expression ou de l'événement « prélevés » par le discours scientifique. Dans le cas de l'œuvre littéraire, cette suspension engage cependant celle de l'ensemble des caractéristiques indispensables à son fonctionnement proprement littéraire : polysémie, fonctionnement paradoxal, capacité à déclencher l'émotion ou l'immersion, etc. C'est donc à partir d'une prise en considération non seulement interne, mais également globale — même si celle-ci est par définition toujours incomplètement réalisée — des caractéristiques de la fiction littéraire que l'on peut tenter de décrire les effets que peuvent produire les normes fictionnelles dans le champ des autres pratiques discursives, et formuler en particulier quelques propositions sur le caractère innovant ou conservateur du recours à la fiction dans la formulation des normes.

Pour aborder la question des caractéristiques qui pourraient être propres à la formulation de normes dans ou par des œuvres littéraires, il faut tout d'abord dire un mot de la spécificité, s'il y en a une, des usages littéraires de la fiction, par opposition notamment aux usages non verbaux de celle-ci (jeux de faire-semblant), aux autres formes de figuration artistique (arts visuels, danse, cinéma, jeux vidéo) (Schaeffer 2004, Caïra 2007), aux autres manifestations de la « compétence fictionnelle » (Schaeffer 1999), ou encore aux usages dits « naturels » du langage, et à ses usages spécifiques en droit, en mathématiques, ou plus généralement etc. Si la critique des emprunts faits par les sciences humaines, et en particulier par les spécialistes de littérature au vocabulaire des sciences dures apparaît comme un préalable nécessaire à l'emploi efficace de ces outils dans le domaine de l'analyse littéraire, cette critique doit en effet se doubler d'une attention équivalente aux conséquences des emprunts faits à la littérature et aux pratiques liées à la fiction littéraire non seulement par la psychologie, le cognitivisme ou les neurosciences (Lavocat 2011), mais également, et de façon beaucoup plus ancienne, par les différentes sciences de la communication et par le droit.

La difficulté de ces emprunts, mise en évidence par nombre de théoriciens de la fiction (en particulier Pavel 1986), réside dans le fait qu'une approche externe, c'est-à-dire effectuée dans le cadre d'une autre discipline que l'étude des textes littéraires, des effets produits par les fictions littéraires (effets de sens, de croyance, de prescription) a des conséquences sur l'idée que l'on se fait de la façon dont fonctionne la fiction littéraire : certains phénomènes vont s'y trouver privilégiés, d'autres plus signifiants qu'eux éliminés.

Ainsi, étudier la fiction dans le contexte d'une analyse des pratiques naturelles de la langue incite non seulement à caractériser systématiquement la fiction comme une pratique marginale ou déviante, mais aussi, plus essentiellement, à centrer l'enquête sur les procédés de spécification et de démarcation entre fiction et non-fiction au détriment d'autres méthodes d'approche des pratiques littéraires de la fiction — par exemple, l'étude de leur organisation structurelle, ou des usages culturels qu'elles induisent. Par ailleurs, dans la mesure où une partie des analytiques de la fiction (modèles russelliens en particulier) étaient guidées par une volonté d'isoler pour les neutraliser les effets produits par la fiction au sein du langage philosophique, les travaux qui en résultaient conduisaient à manquer la productivité de ces effets, de même que celle des zones d'indifférenciation et d'ambiguïté qui existent, par exemple entre fiction et possibilité (Ronen 1994). De même, le fait que les interrogations portant sur l'ontologie des objets fictionnels se concentrent sur l'échec du processus référentiel dans le cas des œuvres littéraires a contribué au développement *a contrario* de théories de la fiction fondées sur la théorie des actes de langage (Searle 1979, puis Todorov 1977), qui cependant ne rendaient pas nécessairement compte des phénomènes d'inférence suscitées par ces fictions (Brandom 2000), ni des modalités narratologiques de leur formulation (Genette 1991, 2004) ou des modalités rhétoriques (Eco 1979, Charles 1985, Reboul 1992) ou phénoménologiques de leur perception. Enfin, nombre d'enquêtes sur le fonctionnement logique des fictions — on pense notamment à l'un des volants de la sémantique des mondes possibles telle qu'elle est développée par Lubomir Dolezel en attribuant paradoxalement aux approches littéraires du problème un questionnement d'ordre exclusivement référentiel (mimétique), ont également abouti à disqualifier les techniques d'approche de la fictionnalité propres à la critique littéraire, dans la construction d'un discours sur la logique des fictions en général (Dolezel 1998 p. 8).

Or, ce phénomène de sélection des seules propriétés de la fiction littéraire qui apparaissent pertinentes dans le cadre de tel ou tel discours sur ses formes est important dans l'étude des normes fictionnelles, puisque c'est dans les effets *propres* au fonctionnement des textes littéraires, et qui ne sont pas nécessairement saisis par une conception générale des pratiques fictionnelles que l'on propose ici de repérer les principales caractéristiques de la normativité des fictions romanesques, dramatiques ou lyriques.

On peut rappeler tout d'abord que l'extension aux fictions littéraires du modèle de Kendall Walton (jeux de faire-semblant) ne permet de rendre compte que d'une partie des phénomènes propres aux œuvres de fiction. Dans nombre d'œuvres littéraires en effet la fictionnalité ne résulte pas d'un tel jeu, que ce soit l'auteur, le lecteur, ou les assertions elles-mêmes qui soient concernées. Ainsi, dire qu'Homère feindrait de faire appel à la Muse au début de l'*Odyssée* ne décrit pas le sens du geste par lequel s'instaure la fictionnalité du récit épique ; l'extension dans ce cas n'est pertinente ni du point de vue d'une histoire des pratiques et des théories de l'inspiration poétiques en Grèce, ni du point de vue de l'analyse des formes poétiques et de leur devenir en Occident par la suite. De même, dans l'ordre cette fois de la réception du texte, dire que les lecteurs de l'*Odyssée* faisaient autrefois/ et font aujourd'hui semblant de croire à l'existence de Nestor ou de Ménélas de la même façon que les lecteurs de *Guerre et paix* faisaient, et font encore semblant de croire à celle de Napoléon a pour effet d'écraser les unes sur les autres des attitudes fondamentalement différentes à l'égard du statut des êtres de fiction. Dans l'exemple utilisé ici, ces attitudes sont analysables avant tout dans le cadre d'une enquête sur la pratique culturelle et esthétique dans laquelle s'inscrivent les œuvres à l'origine (audition collective d'un poème épique/lecture privée d'un roman historique), ainsi que d'une prise en considération des modifications de ces usages dans le temps. L'une comme l'autre relèvent bien d'un rapport entre le lecteur, le texte et le monde que l'on peut qualifier de fictionnel ; mais il faut pour identifier ce rapport reconstruire préalablement les conditions (ici, culturelles) dans lesquelles il se met en place. C'est ce à quoi procède l'étude interne des œuvres littéraires, non seulement lorsqu'elle repose sur une reconstitution d'ordre historique des conditions de fonctionnement des fictions, mais aussi lorsqu'elle interroge la différence des protocoles de fonctionnement de la fiction, par exemple en analysant les nombreux types d'inactualité que propose l'œuvre d'art littéraire — de la fiction réaliste (Cohn 1999, Hamburger 1986) à la fiction contre-factuelle, en passant par les fictions pseudiques, énigmatiques, paraboliques ou mystificatrices.

Une telle étude fait notamment apparaître deux caractéristiques importantes pour le statut normatif des propositions fictionnelles d'ordre littéraire.

1. Pas plus que sa valeur référentielle, la valeur normative d'une proposition fictionnelle qui se trouve dans une œuvre littéraire ne peut être mesurée uniquement par rapport à la position de l'auteur, ou par rapport à la position du récepteur de cette proposition, parce qu'elle n'est compréhensible que dans le cadre d'une appréhension globale du rapport au réel engagé par une œuvre de fiction. Pour déterminer cette valeur il faut donc prendre en compte aussi, et au moins, l'organisation interne du texte et l'ensemble des pratiques qu'il engage chez ses usagers.

2. Plus précisément, la valeur de vérité des fictions ne se définit pas de manière récursive, à partir de la valeur de vérité des propositions individuelles qu'elles contiennent. T. Pavel (1986) peut ainsi montrer que les fictions fonctionnent sur ce point comme des théories, dont la validité est déterminée de façon globale et non à partir des propositions qui les composent. Il en est de même pour la valeur normative des propositions et des œuvres qui les contiennent.

Par exemple, le lecteur des *Confessions* de Rousseau ne fait pas l'addition, ni la moyenne des propositions vraies, fausses, vérifiables ou non vérifiables que contient l'ouvrage pour décider s'il est en train de lire une œuvre de fiction ou non. L'attitude adopte dépend d'une série de facteurs (Lejeune 1975), et notamment de la façon il comprend le contrat de lecture autobiographique de l'œuvre (il peut le refuser), et de la façon dont l'organisation du récit agit ensuite sur lui (il peut involontairement changer d'avis au cours de la lecture, par exemple lorsque la scénarisation d'un épisode déclenche en lui une réaction semblable à celle qu'il éprouve lors de la lecture d'un roman). De même, son attitude vis-à-vis de la valeur prescriptive de l'œuvre, en particulier sur le plan moral, n'est pas le résultat de son adhésion particulière à chacune des propositions morales que contient l'œuvre (nombre d'entre elles sont contradictoires, non formulées ou paradoxales). Cette résolution se forme à partir de l'effet globalement produit sur lui par le monde élaboré par le texte, et en particulier par le rapport qui existe dans ce monde entre le fait et le droit, entre ce qui est montré comme existant et ce qui est montré comme devant exister.

2. Valeur descriptive/prescriptive des propositions fictionnelles

Dire que la vérité des fictions n'est pas déduite de la valeur qu'on accorde aux assertions singulières qu'elles contiennent est en particulier signifiant si l'on considère, avec un certain nombre de théoriciens de la fiction, qu'il n'y a pas de propriété logique distinguant les propositions fictionnelles des autres. Or, c'est un des points sur lesquels l'étude traditionnelle des propositions normatives contenues dans les œuvres de fictions (par exemple, celle qui consiste à dégager le discours moral ou politique tenu par une œuvre) semble de son côté confirmer la réponse négative apportée par A. Reboul à la question de l'existence de « normes fictives ». De fait, pour être efficace, une proposition normative contenue dans une fiction doit se comporter exactement comme une proposition normative formulée en dehors d'une fiction : c'est ce que montre le phénomène de la « résistance imaginative », et les différentes solutions proposées à ce problème (Stokes 2006), telles que les évoque A. Reboul dans le présent volume ; j'y reviendrai plus loin. Cette constatation amène cependant d'emblée deux questions.
1. Il faut, pour pouvoir déterminer la valeur normative particulière qui pourrait être affectée à une proposition contenue dans un texte de fiction, commencer par faire la différence entre une proposition descriptive, qui serait bien acceptée par l'imagination même si elle décrit un état de choses absurde, et une proposition normative, qui serait refusée si elle est inacceptable. Dans le cas des œuvres littéraires cette différence est beaucoup moins facile à faire qu'il n'y paraît — que ce soit quant au statut de la proposition, ou quant à son traitement par l'imagination sous l'aspect de la quasi-croyance ou de la quasi-valeur.
Autant on peut distinguer facilement une proposition quasi-descriptive du type « La marquise sortit à 5 heures » d'une prescriptive du type « Il faut

tuer tous les enfants premiers-nés en Irlande », autant la valeur particulière d'une proposition du type : « Tout autre que mon père l'éprouverait sur l'heure », faisant suite à la question « Rodrigue, as-tu du cœur ? » est notoirement difficile à déterminer. Si la réponse semble dénoter simplement un état de choses, l'appréciation de son sens, et surtout celle de sa valeur esthétique requièrent que l'on perçoive le caractère normatif du propos — en d'autres termes, la réponse de Rodrigue a ceci de beau qu'elle exprime une norme morale et sociale : en montrant que la question l'offense, le personnage exprime de façon exemplaire l'une des maximes du code de l'honneur sur lequel repose la pièce.

Une première remarque sur ce point : ce n'est pas un hasard si l'exemple pris ici est extrait non d'un roman mais d'une pièce de théâtre, qui a pour propre de mettre en spectacle le fonctionnement du langage. Si la vocation représentative de la littérature la conduit forcément à inscrire ses propositions dans un champ normatif, on sait bien que cette fonction n'est pas limitée à la version *narrative* de la représentation ; elle peut être confiée à l'expressivité du texte, comme cela se produit dans l'ensemble des genres poétiques et en particulier dans le lyrisme — ou à la mise en spectacle de celui-ci. L'écriture dramatique met en évidence l'ambiguïté du statut des propositions fictionnelles, dans la mesure où au théâtre le caractère premier ou second des assertions est par principe impossible à déterminer ; c'est l'un des nombreux problèmes d'ordre idéologique que le théâtre a toujours posé. Ce statut premier ou second ne peut être que déduit d'une analyse sémantique du contenu des normes dégagées par les discours qu'ils soient attribués à des personnages incarnés ou par différentes instances textuelles ne sont pas directement constitués d'opinions assignables à l'auteur de la pièce ; ils ne peuvent l'être que moyennant un jugement, une décision d'interprétation accomplie par le public — pire encore, cette décision peut très bien n'être jamais prise, parce que le caractère premier ou second de la proposition peut ne jouer aucun rôle dans le fonctionnement normatif du texte.

2. D'où la seconde question que suscite l'idée de l'inexistence de « normes fictives », et qui est celle de la distinction entre norme fictive et norme fictionnelle. De même que la fictionnalité de l'œuvre littéraire ne dépend pas du statut fictif des propositions individuelles qu'elle contient, de même tous les effets normatifs produits par les fictions littéraires ne sont pas produits par les propositions individuelles qu'elles contiennent. A partir du moment où l'on reconnaît que la différence, parmi les propositions qui servent à projeter un monde fictionnel, entre celles qui sont prescriptives et celles qui sont descriptives est difficile à faire, on peut précisément suggérer de voir dans cette indistinction le principe même d'une normativité proprement fictionnelle. C'est ce que montre le fait que l'histoire de la poétique coïncide

presque avec celle d'un effort pour intégrer le normatif au descriptif, leur séparation étant systématiquement ressentie comme le signe d'un échec de l'œuvre à remplir sa fonction.

Là encore, c'est sans l'écriture dramatique qui met en évidence, plus clairement sans doute que l'écriture romanesque (dans laquelle la plupart des théories externes de la fiction puisent leurs exemples), le fonctionnement des normes dans la fiction littéraire.

La puissante fonction prescriptive attribuée au théâtre, notamment sur les plans politique, moral et religieux, aussi bien dans l'Antiquité qu'au moment de la recodification des genres classiques pendant la Renaissance européenne, et jusqu'au théâtre immédiatement contemporain, repose en effet tout d'abord sur la vocation du spectacle à mettre en scène des conflits de normes, et à montrer la production de nouvelles normes dans le cadre de conflits. Si cette vocation est trop connue pour qu'on y insiste en ce qui concerne le genre tragique, on peut rappeler qu'elle n'est pas moins présente dans la comédie, dont l'une des fonctions traditionnelles est explicitement morale, puisque le genre se définit en théorie par sa capacité à agir sur un public par la mise en spectacle des mœurs des gens comme tout le monde, par opposition au genre tragique qui agirait uniquement sur la sphère politique, par la mise en scène du malheur des princes. C'est ce qu'exprime le mot d'ordre autour duquel s'est construite la nouvelle dignité attribuée à la comédie, lors de sa redécouverte à la Renaissance : *castigat ridendo mores*. Or, c'est l'un des cas dans lesquels l'ambiguïté du fonctionnement moral des fictions peut être mise en lumière de la façon la plus évidente, dans la mesure où cette déclaration d'intention moralisante de la comédie peut être comprise comme une façon de neutraliser le fonctionnement effectif, traditionnel, des fictions comiques en Occident. La comédie depuis l'Antiquité y montre en effet le renversement de normes sociales établies, sanctionné typiquement par le dénouement comique (mariage d'amour), en tant qu'il consacre par convention l'impossible victoire des faibles sur les puissants. Quelle que soit la forme qu'il prend, ce renversement comique a dans tous les cas pour conséquence de faire apparaître la tension qui existe entre l'ordre des normes et l'ordre du réel. C'est ce que montre par exemple le fonctionnement à double tranchant de l'esthétique du ridicule chez un Molière, qui tout en sanctionnant comme a-normale l'extravagance de ses personnages principaux (« visionnaires » et monomaniaques) dénonce la présence de normes sociales, morales et religieuses existantes et agissantes au principe du pouvoir tyrannique que ces personnages déraisonnables exercent sur leurs proches.

A côté du fonctionnement de l'écriture théâtrale il faudrait bien sûr évoquer, même très rapidement, le mode d'action particulier de la parole lyrique, qui déploie encore un rapport différent entre prescription et description, en tant que son efficacité repose sur la fonction expressive du langage ; cette fonction met également en évidence un autre aspect de la production de normes propres à la littérature. Comme le faisait Nelson Goodman pour le langage poétique en général (1968, 1984), P. Ricœur montre que la capacité de redescription et de reconfiguration du monde propre à la métaphore poétique implique l'existence d'une puissance cognitive propre au discours fictionnel, par opposition au discours logique ou dénotatif (Ricœur 1990). La fiction poétique a le pouvoir de décrire la structure du réel par le biais de la métaphore, qui reconfigure autrement que ne le fait le discours logique ou dénotatif les rapports entre les choses ; cette constatation peut s'exprimer en termes phénoménologiques autant qu'en termes métaphysiques ou dans ceux d'une ontologie traditionnelle. Retenons ici que cette configuration propre à l'expression poétique peut donner lieu, par inférence, à une prescription dans la mesure où elle engage une modification de l'attitude du sujet face au monde, et en particulier un autre type d'engagement dans sa relation aux objets.

Sans entrer cependant dans la question des différentes façons dont une fiction littéraire peut formuler des normes, on peut retenir pour l'instant quelques-unes des hypothèses sur lesquelles repose à cet égard l'usage et l'analyse des textes littéraires – cette dernière étant considérée pour l'instant comme l'un des usages possibles des textes littéraires. En supposant qu'il y a bien une normativité propre aux fictions littéraires, on propose de penser que son efficacité repose d'abord sur une articulation complexe entre description et prescription, également propre à ces fictions. Cette articulation ne se jouerait pas nécessairement au niveau des propositions singulières que contiennent les fictions, mais plutôt

1. dans la cohérence du système fictionnel mis en place au niveau de l'œuvre entière tout d'abord (ce qui engage aussi les conditions de sa réception)

2. plus globalement ensuite au niveau de ce que P. Bourdieu appelait le champ littéraire – c'est à dire le monde constitué par les œuvres, les réflexions et les prises de positions auxquelles celles-ci donnent lieu, par opposition au monde social et culturel au sens large du terme, qui constitue à son tour le troisième domaine sur lequel intervient la normativité propre aux fictions.

3. C'est enfin dans le mode de transmission, puis d'application à ce champ non littéraire que se joue la spécificité du fonctionnement normatif des fictions.

Pour tenter de définir plus précisément leur efficacité propre, il faut cependant commencer par interroger l'idée de norme fictive, en montrant les limites de sa pertinence dans le cas de la littérature.

3. Normes fictives/ normes fictionnelles

Dans la mesure où les normes inscrites dans ou produites par les fictions sont saisies comme des propositions affectées de valeurs particulières quant à l'adhésion qu'elles peuvent susciter, ou aux actions qu'elles peuvent engager, on peut en effet les qualifier de normes fictives. L'analyse que fait A. Reboul du phénomène de la résistance imaginative (Stokes) montre alors qu'elles fonctionnent en fait comme des normes non fictives, produites en dehors du cadre de l'œuvre, dans la mesure où l'on observe que le lecteur d'une fiction répugne à accepter une proposition morale énoncée dans l'œuvre, lorsqu'elle diffère trop de celles qu'il accepte dans la réalité, alors qu'il accepte au contraire de suspendre le jugement d'inexistence ou d'absurdité qu'il devrait prononcer quant aux propositions descriptives dépourvues de référent dans la réalité.

Or, ce qui peut sembler le plus signifiant dans cette expérience de la résistance imaginative est peut-être moins l'existence d'une asymétrie entre la réaction qu'auraient les usagers des fictions aux propositions normatives d'un côté, et descriptives de l'autre, que la capacité qu'auraient les normes énoncées dans la fiction à agir dans l'ordre du réel. C'est bien parce qu'elles peuvent être considérées comme valables également dans notre monde que nous refusons d'imaginer comme acceptables (c'est-à-dire d'accepter) des propositions au contenu révoltant. C'est seulement si l'étanchéité entre les différents mondes est assurée — par exemple par l'attribution sans aucune ambiguïté de cette norme à l'opinion d'un personnage, où elle devra de plus se trouver verrouillée par toute une série de procédés d'exclusion (personnage contre-exemplaire et/ou explicitement blâmé, par exemple) — que l'on peut se risquer à adopter une norme comme fictive, c'est-à-dire à en faire un usage provisoire et restreint au monde de degré deux dans lequel elle est censée être valable. Mais ce procédé est extrêmement fragile, puisque le cloisonnement axiologique et ontologique des mondes fictionnels est par principe toujours instable, dans des systèmes aussi complexes que les œuvres littéraires, et dont l'interprétation est aussi mouvante. La quasi-croyance est donc toujours susceptible de se transformer en croyance véritable, la quasi-valeur en évaluation, l'adoption provisoire d'une norme toujours dangereusement proche de l'adhésion réelle à cette norme.

De plus, la normativité propre aux œuvres littéraires apparaît comme le produit de normes fictionnelles, plutôt que de normes fictives. Une norme énoncée dans le cadre d'une œuvre de fiction ne peut en effet être considérée comme fictive que dans la mesure où elle est abordée uniquement comme l'effet produit par une proposition. Si l'on considère que la fictionnalité des œuvres littéraires ne se réduit pas, en particulier dans les effets qu'elle peut produire, au caractère fictif des propositions qu'elles contiennent — en tenant compte du fait que les œuvres de fiction ont des enjeux épistémologiques, cognitifs, moraux, esthétiques qui ne sont en général pas saisissables séparément les uns des autres, ou sur un seul des différents plans de l'activité ou de la signification des œuvres littéraires – il convient alors de comprendre la normativité des fictions littéraires comme produite non seulement par plusieurs séries de normes, mais par la relation que propose l'œuvre entre les différents ensemble de normes qu'elle mobilise.

Ces ensembles comprennent bien sûr la série des propositions normatives effectivement énoncées dans le texte (saisies jusqu'ici comme normes fictives), mais également, et non exclusivement :

— les séries de normes qui peuvent être dégagées de celui-ci, explicitement ou non, par ses usagers (e.g.: interprétations morales anachroniques ou hétéronomiques)

— les séries de normes inférées de la description de comportements et d'actions dans le texte (e.g. obligations morales et doxales auxquelles obéissent les personnages sans qu'elles fassent l'objet d'une formulation)

— les séries de normes destinées à être déduites du fonctionnement défectueux du monde présenté (e.g. fictions ironiques ou engagées, persiflages).

C'est dans l'articulation de ces ensembles de normes que réside ce que l'on pourrait appeler le discours des fictions ; c'est aussi cette articulation que propose l'interprétation des œuvres. Or, comme on le voit dans les quelques exemples évoqués ici, c'est justement dans la capacité des mondes fictionnels à produire des normes, c'est-à-dire dans la capacité de leurs énoncés descriptifs à produire des effets normatifs que réside l'efficacité des fictions. Le monde projeté par un texte repose sur des lois et sur des constantes, qu'il décrit explicitement ou qu'il suppose implicitement ; il en formule d'autres ; il provoque chez ses lecteurs le désir ou le soupçon de l'existence de règles autres encore (autres que celles qu'il connaît et que celles sur lesquelles repose le monde fictionnel en question). C'est dans le contraste ou dans la tension que l'ensemble du système installe entre ces différentes séries de normes inférées, proposées, projetées, imaginées, ou déduites que réside l'effet normatif produit par une fiction. La nostalgie, l'idéalisation, la dérision, le sentiment du tragique, l'absurde, la peur, la séduction ou la déploration sont quelques-uns des modes dans lesquels peut se donner ce rapport entre normes réelles et normes imaginaires.

C'est dans cette tension (parfois insoluble – comme dans le cas du tragique par exemple) que résulte la normativité des fictions, qui a pour propre d'être toujours instable, parce qu'elle est toujours le produit d'une interprétation – dans la fiction comme en dehors d'elle. Cette instabilité est bien démontrée, *a contrario*, par les limites bien connues d'une certaine forme d'historicisme qui consistait à rabattre l'ensemble des normes selon lesquelles vivent et agissent les personnages d'une fiction sur celles qui fondent ou fondaient effectivement la société contemporaine de l'auteur de l'œuvre – que ce soit pour prétendre que l'auteur aurait proposé une série directement inspirée des normes réelles (étude de mœurs, réalisme social ou psychologique des années 1880) ou au contraire qu'il projetterait dans l'œuvre une série systématiquement opposée ou inversée à celle-là (littérature utopique, voyages imaginaires). Les résultats de ce type d'interprétation des textes ne peuvent être que partiels, puisqu'aucune œuvre littéraire réussie ne saurait fonctionner exclusivement comme la promotion, comme l'affiche publicitaire du monde dans lequel elle est née — ce qui correspondrait à l'hypothèse limite d'une littérature de propagande pure —, ni à l'inverse comme la dénonciation intégrale de ce monde — ne serait-ce que parce qu'aucun monde littéraire ne peut se construire dans une négation intégrale du monde actuellement existant ; il serait alors incompréhensible en même temps qu'inacceptable.

C'est ce qui fait que la dimension descriptive et la dimension prescriptive de ces mondes ne peut faire l'objet d'une différence de principe, la force signifiante d'un univers fictionnel se jouant nécessairement dans la tension que propose l'œuvre entre ces deux forces. C'est aussi de cette tension que résulte la capacité des fictions à proposer des ontologies/axiologies innovantes, dans la mesure où elle entraîne le lecteur à interroger symétriquement le lien qui existe entre les différentes séries de normes qui existent dans le monde actuel — justement par le biais de la fongibilité des univers, et de la capacité des normes fictives à produire dans l'ordre du réel des effets comparables à ceux qu'elles produisent dans l'ordre des mondes fictifs.

On peut ainsi proposer de voir dans la résistance imaginative ce qui vérifie l'efficacité des fictions, dans la mesure où un tel phénomène atteste justement de leur capacité à exporter leur normativité hors du cadre dans lequel elle a été produite ; c'est à partir de cette efficacité que je voudrais pour finir formuler quelques hypothèses sur la nature spécifique de ces normes.

4. Normes poétiques et axiologie

La normativité des fictions littéraires s'exprime tout d'abord dans le lien qui existe en littérature, et qui a été construit historiquement, entre la poétique et l'axiologie – c'est-à-dire entre ce que l'on a pu définir comme les normes esthétiques, techniques, propres à l'art littéraire (à « ce qui fait d'un message verbal une œuvre d'art »), et d'autre part l'intervention de la fiction littéraire sur le champ éthique, sous la forme des prescriptions qui sont formulées dans et surtout par la fiction. C'est donc en saisissant cette capacité normative des fictions littéraires à partir d'une théorie spécifiquement poétique de leur fonctionnement, au sens donné par exemple par Ricœur à ce terme, que l'on propose ici de décrire la portée effective des normes fictionnelles dans l'ordre du réel.

La construction historique de ce lien entre règle et règle de l'art s'est effectuée pour la littérature occidentale en tout cas à un moment particulier de l'histoire des poétiques, qui s'étend de la Renaissance au classicisme, c'est-à-dire pendant toute la période où l'on situe d'ordinaire la formulation progressive de l'autonomie du discours de la fiction par rapport aux autres discours sur le monde. Ainsi, lorsque les littératures vernaculaires d'Europe se dotent d'un art de fabriquer des fictions plus ou moins appuyé sur les modèles antiques de pensée de la poésie, deux procédés se croisent. D'un côté en effet, la réflexion part d'une conception de la littérature comme discours profane sur le monde, qui saisit l'œuvre de fiction exclusivement dans ses liens avec les autres branches de la rhétorique, c'est-à-dire avec les autres formes de discours persuasif (la poésie est l'un des moyens possibles de décrire le monde ; elle est au même titre l'un des instruments d'une philosophie morale, puisque c'est l'un des moyens de prescrire des comportements). De l'autre, elle est saisie dans ses rapports avec le discours religieux, en particulier par le néo-platonisme italien, entre le XIVe et le XVe siècle. Elle est à ce titre comprise comme le produit de l'inspiration divine, dans une série de formulations qui vont devenir de plus en plus rationnelles et de plus en plus psychologiques de l'idée d'inspiration. Dans tous les cas, le contexte dans lequel se développe une théorie autonome de la littérature est donc celui d'une défense de la capacité des fictions à dire le vrai — capacité qui est sans cesse menacée, d'un côté par l'autorité religieuse qui stigmatise le caractère hétérodoxe et moralement subversif des fictions poétiques, et de l'autre par les sciences modernes qui vont dénoncer de leur côté, en particulier à partir de a fin du 16e s l'illusion fictionnelle, ce pouvoir qu'ont les textes de fiction à brouiller la frontière entre le vrai et le faux, dans le cadre d'une critique plus vaste des pouvoirs de l'imagination, et dans le cadre d'une dénonciation du danger que représente pour le discours scientifique la présence de techniques littéraires de description du monde.

C'est dans ce contexte que naît la théorie de la littérature comme art de construire correctement des fictions – et en particulier la théorie des règles de la fiction autour de laquelle s'organise le classicisme esthétique français. Ce phénomène est central pour comprendre l'émergence au même moment de théories de la fiction qui formulent l'autonomie de celle-ci par rapport aux catégories du vrai et du faux. Loin d'avoir pour but de promouvoir la gratuité des productions littéraires, l'indépendance des produits de l'art humain par rapport à la morale ou au régime véridictoire des autres discours, celles-ci résultent donc avant tout de la nécessité de penser au contraire la capacité de vérité, et donc le pouvoir normatif des fictions. Fonder autrement que sur l'intention d'auteur d'un côté, et des bases métaphysiques ou ésotériques de l'autre le pouvoir des fictions à décrire le monde a permis d'exprimer la vocation morale, politique et scientifique des fictions, telle qu'elle se formule jusqu'à l'extension des théories esthétiques kantiennes d'un côté, et hégéliennes de l'autre au cas de l'œuvre d'art littéraire.

Cette exigence de véridicité met en évidence la façon dont la fiction littéraire intervient dans le champ normatif. Contrairement aux normes simplement formulées dans la fiction — c'est-à-dire aux normes « imitées » du langage courant et que l'on rencontre dans les mondes fictionnels, au même titre qu'on y rencontre des personnages ou des objets — les normes formulées par la fiction sont toujours le produit d'un processus double : elles sont à la fois poétiques et morales, ou à la fois poétiques et logiques, à la fois poétiques et politiques. Elles apparaissent donc comme le produit d'un mode spécifique de signification, qui est d'ordre esthétique, et qui détermine leur valeur prescriptive propre.

De plus, l'histoire de la poétique comme art de construire des fictions montre que l'une des conditions de la réussite de l'œuvre réside précisément dans le caractère poétique de sa normativité. Plus elle se désincarne, plus elle se rapproche de la leçon de morale, et moins l'œuvre est efficace ; plus la normativité de l'œuvre apparaît comme portée directement par le monde qu'elle projette, sans perdre pour autant sa capacité de transfert vers le monde tel que le perçoit le lecteur, et plus elle est idéologiquement puissante. C'est ce que montre par exemple un travail sur la norme tel que celui qui est fait par une certaine forme de théâtre contemporain, de H. Pinter à E. Bond ou B. Strauss, qui utilise l'extrême violence (sa représentation, mais aussi sa mise en spectacle) comme moyen d'agir sur la perception des normes, en exposant sur scène une transgression permanente et hyperbolique de celles-ci. Mais c'est aussi ce que montrait déjà la thématisation du problème posé par la norme fictionnelle à laquelle procédait le théâtre classique : l'exemple du *Misanthrope* de Molière est particulièrement évocateur à cet endroit.

Dans le *Misanthrope* comme dans la plupart des œuvres classique explicitement fondées sur la représentation de conflits d'ordre moral, social ou politique, on trouve des normes fictives, sous la forme de maximes énoncées par différents personnages : Alceste, l'a-normal, passe en effet son temps sur scène non seulement à prescrire des comportements (e.g. « Je veux que l'on soit homme, et qu'en toute rencontre/ Le fond de notre cœur, dans nos discours se montre»), mais également à prendre au pied de la lettre les préceptes qu'il énonce, et qui s'avèrent impraticables dans la réalité. En face de lui, Philinte est chargé de dire au contraire ce qui se passe dans le monde *normal*, et à en tirer la formulation de la norme praticable par opposition à la norme juste (e.g. « Et, parfois, n'en déplaise à votre austère honneur/Il est bon de cacher ce qu'on a dans le cœur »). On sait que la réussite de l'œuvre vient du fait qu'elle ne « donne raison » à aucune des deux positions, tout jugement sur ce point étant présenté, comme souvent dans la poétique de Molière, comme le produit d'une interprétation du texte et donc d'un engagement du spectateur d'un côté ou de l'autre, avec les effets d'ironie qu'implique le report d'une telle responsabilité sur le public. Le propos dialectique que tiendrait le *Misanthrope* sur ce conflit entre les deux états de la norme n'aboutit donc pas à une suspension du jugement, mais au constat d'une ambivalence structurelle : on peut considérer que la pièce montre l'application de la norme juste comme impossible dans la réalité, tout comme on peut juger qu'elle montre la vérité persécutée dans le monde des apparences.

L'intérêt du dispositif ne réside pas dans l'ambiguïté morale de ce propos qui serait tenu par les propositions fictives contenues dans la pièce. N'importe quel discours non fictionnel peut en effet nécessiter le même effort d'interprétation ; de fait, le débat mis en scène par Molière est bien représenté par ailleurs, au même moment, chez les moralistes et chez les romanciers classiques. L'effet normatif spécifiquement produit par le système ne repose donc pas sur l'affrontement d'attitudes théoriques opposées, mais sur leur incarnation dans une situation jouée par des personnages, selon des codes esthétiques et dans le cadre d'un protocole d'efficacité particulier, dont le comique d'un côté, et l'adhésion sentimentale de l'autre sont en l'occurrence des éléments importants. Pris à part, aucun des conflits de normes exprimé dans la pièce ne constitue en lui-même une prescription ; comme le montre l'analyse qu'en fait Rousseau dans la *Lettre à d'Alembert* c'est l'effet comique produit par la formulation de la norme abstraite qui produit le caractère scandaleux du texte. De fait, parmi les différents modes poétiques – c'est-à-dire ici esthétiques de fonctionnement de la norme fictionnelle, le mode comique s'impose de façon paradigmatique dans la mesure où la réussite de l'œuvre dépend de sa perception par le public, alors même que son effet sur l'interprétation de l'œuvre s'avère par principe incontrôlable. Aucun des effets de sens produits par le texte n'est pensable en dehors de la nature comique de sa formulation ; partant, la puissance normative de ceux-ci en dépend également. De même, l'effet d'adhésion sentimentale est inséparable de la façon dont le texte signifie, puisque l'opposition des comportements est codifiée à l'intérieur d'une intrigue amoureuse — le problème du misanthrope étant qu'il hait les hommes et qu'il est tombé amoureux d'une femme, c'est-à-dire d'un être cumulant tous les défauts de tous les hommes, auxquels elle ajoute celui d'être unique et d'être une femme, ce qui n'arrange pas les choses. Dans les querelles qui opposent Alceste à Célimène, le spectateur voit donc avant tout des gestes et des comportements efficaces à l'intérieur d'un protocole, et signifiants dans le cadre d'un code bien particulier : ici, celui des querelles d'amoureux de la comédie classique, dont le cadre normatif lui laisse espérer une fin heureuse qui ne se produira pas.

L'effet normatif produit sur le spectateur par l'œuvre — c'est-à-dire la reconfiguration du monde et de la façon dont il convient de s'y comporter, à laquelle la vision de l'œuvre lui permet de procéder — est donc produit par le mode de signification particulier de ce type de fiction qu'est la comédie classique. La norme fictionnelle n'est pas pensable dans ses effets en dehors de la norme poétique : c'est en tant qu'objet d'art que le système « Misanthrope » agit sur le monde.

Les œuvres littéraires ne peuvent produire de normes qu'en tant qu'elles se codifient comme fictions, comme le montre l'étude historique du moment où cette codification a eu lieu. D'autre part, l'effet normatif produit par les fictions ne semble pouvoir être apprécié qu'à partir d'une prise en considération globale, et avant tout interne à ses effets dans le champ littéraire, des usages de la fiction, c'est-à-dire des conditions dans lesquelles une œuvre d'art littéraire trouve sa pertinence.
Cet effet peut reposer sur une stratégie de séduction comme sur une logique de régulation ; Pavel propose ainsi, à la suite de C. Larmore (1993), d'opposer deux formes de morale, respectivement attractive et normative, dans l'analyse des œuvres littéraires. Enfin, il peut se révéler innovant aussi bien que conservateur —une ambivalence constitutive de l'effet normatif produit par les fictions, et que manifestait bien l'opposition que l'on empruntait au début de ce propos aux *Univers de la fiction*, entre les espaces fictionnels qui « servent moins à faire prospérer le commerce en sagesse conventionnelle » et ceux qui au contraire se fixeraient pour but d'« augmenter la somme des possibilités fictives ». Ce problème, qui domine le débat sur l'usage des fictions dans la formation des civilisations modernes, entre le XVIe et le XVIIIe siècle, trouve un écho intéressant dans la proposition faite par S. Chassagnard-Pinet dans ce même volume : la persistance de la fiction dans le droit serait une forme d'archaïsme nécessaire, inévitable, dans la mesure où elle serait la trace des adaptations successives d'un système juridique à l'évolution des sociétés et des pratiques. Au contraire, la normativité des fictions littéraires a en elle-même vocation à projeter des mondes nouveaux, en engageant le lecteur dans des états alternatifs des choses, dans lesquels tout serait à peu près pareil et pourtant un peu différent, et qui déconstruiraient la relation d'implication nécessaire entre ce qui est et ce qui doit être.
Ce phénomène peut certes servir à renforcer, par le biais de l'immersion fictionnelle, cette relation, en la faisant assumer par le lecteur — la littérature française classique se comporte à cet égard un peu comme le cinéma hollywoodien au moment de l'âge d'or des studios, c'est-à-dire comme un système très puissant de justification, de fondation en droit d'états de choses dont on veut affirmer qu'ils ne sont pas dépendants des circonstances, des volontés et des usages. Mais il peut servir aussi à

l'ébranler profondément, en engageant le lecteur à reconfigurer sa vision du monde. De fait, ce sont sans doute les périodes d'absence d'un exercice réel de cette fonction innovante de la littérature, qui signalent le mieux, en creux, l'étendue de la puissance normative des fictions littéraires.

Bibliographie

Brandom R. [2000] : "L'articulation des raisons. Introduction à l'inférentialisme", trad. fr. Paris, Le Cerf, 2009.
Charles M. [1985] : "L'Arbre et la Source", Paris, Seuil, coll. *Poétique*.
Dolezel L. [1998]: "Heterocosmica", Baltimore.
Eco U. [1985] : "Lector in fabula. Le rôle du lecteur ou la coopération interprétative dans les textes narratifs", [1979], trad. fr. Paris, Grasset.
Genette G. [1991] : "Fiction et diction", Paris, Le Seuil, coll. *Poétique*.
— [2004] : "Métalepse", *De la figure à la fiction*, Paris, Seuil.
Goodman N. [1968] : "Langages de l'art", (1968), trad. fr. J. Denizot, Nîmes, Jacqueline Chambon, 2e éd.
Hamburger K. [1986] : "Logique des genres littéraires" ("Logik des Dichtungs", 1957), Paris, Le Seuil, coll. *Poétique*.
Larmore C. [1993] : "Modernité et morale", Paris, P.U.F.
Lavocat F. [2011] : "Fait, fiction, cognition", conférence dans le cadre du séminaire *Où commence la fiction* du CLAM-ECLAT (dir. C. Murcia, Université Paris-VII D. Diderot), 21 juin 2011.
Pavel T. [1986] : "Univers de la fiction", trad. fr. Paris, Le Seuil, coll. *Poétique*, 1988.
Pavel T. [2005] : "Leçon inaugurale", Collège de France, Paris.
Pavel T. [2006] : "Mondes possibles, normes et biens", Ateliers de théorie littéraire, Fabula, 27 fév. 2006.
Reboul A. [1992] : "Rhétorique et stylistique de la fiction", Presses de l'Université de Nancy.
Ricœur P. [1990] : "La métaphore vive", Paris, Le Seuil.
Ronen R. [1994]: "Possible Worlds in Literary Theory", Cambridge.
Schaeffer J-M. [1999] : "Pourquoi la fiction?", Paris, Le Seuil, coll. *Poétique*, 1999.
Stokes D.R. [2006]: "The Evaluative Character of Imaginative Resistance", *British Journal of Aesthetics* 46/4, p. 387-405.

Valeur modale, valeur normative de la fiction ?

NANCY MURZILLI
Università degli Studi di Genova

Selon Hans Vaihinger, toute idée susceptible de faciliter la réalisation d'une opération, quelle qu'elle soit, possède une valeur « pratique ». C'est selon lui la fonction générale des fictions dans les différents domaines où il y est fait appel. Toutefois, le recours à la fiction est-il comparable dans des disciplines aussi diverses que les sciences, la philosophie, le droit, la morale ou, dans celle où elle règne par excellence, la littérature ? Encore faudrait-il pour qu'il le soit, au-delà d'une évidente divergence d'objectifs, que les formes sous lesquelles elle s'y présente soient elles-mêmes comparables et que leur diversité n'ait aucune incidence sur le rôle qu'elle joue dans ces disciplines. Or, quel rapport peut-on établir entre une fiction, comme les « Terres jumelles » de Putnam, élaborée à des fins conceptuelles dans le cadre d'un discours argumentatif ; une fiction juridique de droit civil forgée dans le but de soumettre une situation à une règle juridique non conçue pour elle ; et une fiction narrative qui prend son sens dans ce qui caractérise les codes de l'institution littéraire ?
On s'interroge généralement sur la fonction des fictions, en philosophie ou dans les sciences, quand il s'agit d'en tirer des connaissances sur le monde réel. Mais qu'en est-il dans un champ comme celui du droit et de la morale où l'objectif visé est non pas cognitif mais normatif ? La fiction y accomplit-elle le même office ? Le recours à ce que l'on appelle dans le droit et la morale les « fictions normatives » suppose-t-il que la fiction possède elle-même des caractéristiques normatives ? En quoi le pouvoir normatif de la fiction peut-il consister ? N'y a-t-il pas précisément une contradiction interne à parler de fiction normative ? Pour pouvoir affirmer le caractère normatif de la fiction, il faudrait en effet déjà pouvoir s'accorder sur le fait que son domaine d'action puisse se situer au-delà de celui de l'imagination ou du monde de la fiction, dans le champ de la pratique. Or ce passage est, pour beaucoup, loin d'aller de soi[1]. Comment fonder la pratique et, de surcroît, une prescription d'ordre pratique, sur une fiction ? Il est en effet communément admis que l'usage de la fiction prend sa source et sa définition dans les pratiques littéraires où la frontière entre le réel et l'imaginaire importe peu. C'est en cela que la fiction littéraire offre un terrain

---

[1] La question de la nature des rapports entre fiction et réalité telle qu'elle se pose déjà chez Platon et Aristote intéresse encore aujourd'hui philosophes et théoriciens de la fiction.

d'étude privilégié. Si, du point de vue de l'usage des fictions, on peut rapprocher le champ du droit et de la morale de celui de la littérature à laquelle on reconnaît parfois une commune visée pratique, peut-on considérer pour autant que la fiction occupe dans ce domaine la même fonction ? Si la littérature possède un pouvoir normatif en quoi cette normativité résiderait-elle dans sa fictionnalité ?

L'héritage de Hans Vaihinger : la valeur pratique des fictions

L'un des premiers philosophes a avoir cherché à systématiser la notion de fiction est Hans Vaihinger dans son ouvrage *La philsosophie du comme si*, publié en 1911[2]. Il y définit comme « fictions », aussi bien ce que l'on nommerait aujourd'hui des expériences de pensée, qu'il nomme plus exactement « fictions scientifiques » (les fictions mathématiques, juridiques, etc.) que les fictions contenant des termes tels que « Pégase » ou le « Père Noël » – bien qu'il isole ces fictions des fictions scientifiques, précisément parce qu'elles contiennent des termes fictionnels. Nous savons toutefois que les « fictions scientifiques », ou expériences de pensée, font généralement appel aussi bien à des termes fictionnels qu'à des situations contrefactuelles. Concernant un énoncé contrefactuel comme « la Tour Eiffel est à Londres », Nelson Goodman parle, lui, de circonstance fictive[3]. Ne peut-on considérer les énoncés contrefactuels comme des énoncés fictionnels ? La question est de savoir si le qualificatif de « fictionnel » doit être réservé à des entités physiques (lieux, objets, individus) ou s'il peut être également attribué à des événements, des circonstances, des situations. Une réponse positive à cette question[4] réduit la frontière entre les « fictions scientifiques » et les « fictions esthétiques »[5].

L'usage que fait Vaihinger du terme de « fiction » a permis de légitimer en quelque sorte la question des rapports entre expériences de pensée et fictions littéraires. Son influence se retrouve en théorie de la littérature, chez des théoriciens comme Frank Kermode, Käte Hamburger, Dorrit Cohn, Wolfgang Iser ou Lamarque et Olsen, mais presque toujours néanmoins

---

[2] Hans Vaihinger, *La philosophie du comme si*, traduit de l'allemand par C. Bouriau, Paris : éd. Kimé, 2008 (nous nous référons ici à la version anglaise de cet ouvrage : *The Philosophy of « As if »*, (1911), Londres : Routledge & Kegan Paul, 1965)

[3] Nelson Goodman, *Faits, fictions et prédictions* (1954), trad. de l'anglais (Etats-Unis) par M. Abran, Paris : Éditions de Minuit, 1985, p. 73 n. 17.

[4] C'est la réponse de Goodman, voir *Manières de faire des mondes* (1978), traduit de l'anglais (États-Unis) par M.- D. Popelard, Nîmes : Éd. Jacqueline Chambon, coll. « Rayon art », 1992.

[5] Cela vaut bien entendu aussi bien pour les fictions littéraires que pour les fictions cinématographiques – et pourquoi pas aussi pour certaines œuvres plastiques – dans la mesure où elles comprennent également des éléments narratifs.

accompagnée du refus d'appliquer sa définition générale des fictions aux fictions littéraires. Vaihinger définit les fictions, au sens général, comme de fausses hypothèses contredisant la réalité ou contradictoires en elles-mêmes, mais intentionnellement ainsi formées afin de surmonter les difficultés de la pensée. On objecte généralement à cette définition que les fictions littéraires ne sont pas déterminées dans leur construction par la réflexion théorique, et l'on autorise ainsi une séparation entre fictions littéraires et fictions théoriques ou scientifiques. Ce reproche tient à l'idéalisme de Vaihinger, qui le conduisit en effet à ne pas assez distinguer entre tous les modes du « comme si ». Malgré la diversité des catégories de fiction qu'il distinguait (abstraites, schématiques, paradigmatiques, utopiques, symboliques, juridiques, pratiques, mathématiques, etc.), il entrevoyait en effet une logique unificatrice dans une philosophie du « comme si » pour les lier ensemble. Lamarque et Olsen considèrent que la conception de la fiction en « comme si » de Vaihinger n'est pas adéquate pour expliquer les fictions littéraires, dans le sens où, selon eux, il n'existe pas de réelle conception unitaire de la fiction recouvrant à la fois les domaines généraux qui la concernent, en particulier le rôle des fictions en logique et cognition, et la notion plus courante d'œuvre de fiction telle qu'elle est employée par les écrivains, éditeurs et critiques littéraires. Ils soulignent à cet égard les dangers de la surgénéralisation et de l'assimilation des différentes sortes de productions de l'imagination et de la diversité de leurs objectifs [6]. Bien que la conception de Vaihinger ait en effet le défaut de tendre à uniformiser le fonctionnement de choses diverses sous la même catégorie de fiction, nous retiendrons toutefois l'intérêt de considérer le caractère fictionnel du « comme si » comme trait commun entre les divers types d'expériences de pensée, fictions littéraires y compris, tout en reconnaissant la diversité de leurs usages et de leurs fonctions.

Selon Vaihinger la description de la réalité est une fiction utile, non une connaissance réelle. Pour passer du chaos de la sensation à la description du monde nous avons besoin de faire appel à des fictions. Le rôle méthodologique d'une fiction n'est pas d'obtenir un savoir direct sur le monde. Elle n'est pas sensée asserter un fait réel mais quelque chose au moyen duquel la réalité pourrait être traitée et comprise[7]. Le critère de sélection des fictions est l'utilité et la pertinence. Elles ont selon lui une valeur pratique. Il reprend en partie cette idée de Kant, selon lequel certaines idées dépourvues en elles-mêmes de valeur théorique peuvent néanmoins se justifier dans une perspective pratique. Mais, tandis que Kant prenait le terme « pratique » en un sens restreint, le reliant au domaine moral

---

[6] Peter Lamarque et Stein H. Olsen, *Truth, Fiction and Literature*, Oxford : Clarendon Press, coll. « Clarendon library of logic and philosophy », 1994, p. 16.
[7] Hans Vaihinger, *op. cit.*, chapitre XXI, p. 87.

et juridique, Vaihinger l'entend en un sens large. Les nombres imaginaires par exemple, ou encore l'infinitésimale, en mathématiques, reçoivent une justification « pratique » : bien qu'il s'agisse selon Vaihinger de «monstres» logiques, recélant une impossibilité interne, ces « fictions » permettent néanmoins de résoudre efficacement certains calculs[8]. Vaihinger définit la fiction comme un pur concept auxiliaire, une approche détournée ou indirecte, un échafaudage destiné à être démoli. Son objectif, en science est pratique ; elle ne crée pas de nouvelle connaissance, elle fait surgir des contradictions logiques. Dans une expérience de pensée, la supposition ne doit pas être réellement possible et l'expérience s'accorder avec elle. Pour Vaihinger seule importe l'utilité de l'expérience de pensée et non sa probabilité. La souplesse de l'expérience de pensée tient au fait que le critère d'utilité est plus lâche que celui de probabilité. Mais cela ne signifie pas que rien ne doit venir régler l'usage de la méthode fictionnelle. Vaihinger remarquait qu'à l'exigence de *vérification* de l'hypothèse entendue au sens d'un empirisme logique, correspond l'exigence de *justification* de l'expérience de pensée : l'expérience de pensée doit être justifiée par les services qu'elle rend à la science de l'expérience[9]. La justification d'une expérience de pensée dépend de son utilité pour la pensée discursive. Les expériences de pensée n'ont pas pour fonction de fournir une description vraie de la réalité. L'erreur qui tend à discréditer les expériences de pensée pour leur caractère contradictoire – c'est-à-dire pour le fait qu'elles entrent en contradiction avec l'expérience – provient de l'inclination à inférer de ces contradictions ce qu'on croit être un modèle du monde et à oublier qu'elles ne sont que des fictions.

La plupart des logiciens défendent l'exigence de non-contradiction comme motif de scientificité, considérant que les expériences de pensée qui violent ce principe n'ont pas de valeur cognitive. Mais c'est une erreur d'imaginer que seul ce qui est logiquement non-contradictoire est logiquement fécond. Les expériences de pensée dévient arbitrairement de la « réalité» et la contredisent, voire sont contradictoires en elles-mêmes. Cette contradiction tient à la structure en « comme si» des expériences de pensée. Une expérience de pensée peut être définie comme l'invention d'un cas fictif dans lequel on observe la modification possible d'un élément et les conséquences que peut engendrer la modification de cet élément sur le contexte dans lequel il évolue. Une expérience de pensée se présente généralement sous la forme d'une description d'une situation contrefactuelle. Par exemple, une phrase contrefactuelle telle que : « si les kangourous n'avaient pas de queue, ils tomberaient à la renverse » (D. Lewis)

---

[8] Hans Vaihinger, *La philosophie du comme si,* traduit de l'allemand par C. Bouriau, Paris : éd. Kimé, 2008, préface, p. 10.
[9] *Ibid.*, p. 88-89.

devient une expérience de pensée à partir du moment où l'on imagine le type de dispositif auquel la nature devrait faire appel pour que les kangourous tiennent debout sans queue. La proposition contrefactuelle est lue comme un conditionnel : « Si les kangourous n'avaient pas de queue, ils tomberaient ». Elle affirme que l'antécédent, qui est la conjonction de l'implication et de la situation imaginée, a une conséquence étrange. L'élément fictionnel de l'expérience de pensée réside dans le fait que nous sommes invités à procéder « comme si » « les kangourous n'avaient pas de queue ». Le « comme si » est l'élément fictionnel de l'expérience de pensée qui *compare* la réalité comme donnée avec quelque chose dont l'impossibilité ou l'irréalité est en même temps admise. Dans la clause conditionnelle quelque chose d'irréel ou d'impossible est affirmée, et des inférences sont néanmoins tirées de cette irréalité ou de cette impossibilité. En dépit de cette irréalité ou de cette impossibilité la supposition reste formellement maintenue. Vaihinger remarque qu'en dehors de l'irréalité et de l'impossibilité de la supposition dans la proposition conditionnelle, le « comme si » implique clairement une décision de maintenir la supposition *formellement, en dépit de* ces difficultés[10]. Si, dans le cas d'une fiction scientifique, nous disons que la matière doit être traitée comme si elle était constituée d'atomes, cela signifie que la matière empiriquement donnée doit être traitée *comme* elle serait traitée *si* elle était constituée d'atomes. De la même façon, pour une fiction juridique, si nous disons que le mari de la mère doit être traité comme s'il était le père de l'enfant qu'elle porte, cela signifie que dans le cas particulier où le lien génétique du mari de la mère à l'enfant qu'elle porte reste indéterminé, le mari doit être traité *comme* il serait traité *si* il était le père de l'enfant à naître. L'intérêt d'une expérience de pensée tient dans le fait que son cadre fictionnel nous pousse à faire des suppositions que notre contexte habituel ne nous aurait pas suggérées.

Bien que Vaihinger semble supposer l'existence d'une réalité objectivement donnée, sa définition instrumentaliste des fictions contraste, par sa souplesse, avec un point de vue réaliste qui considère les propositions contradictoires comme systématiquement fausses et qui refuse par conséquent qu'elles puissent participer à une description valide de la réalité. Pour Vaihinger il ne s'agit pas de savoir si une supposition est valide, mais plutôt si elle est utile. Il estime que « c'est une erreur d'imaginer que seul ce qui est logiquement non-contradictoire est logiquement fécond. »[11].

Vaihinger envisageait la parenté des « fictions esthétiques » et des « fictions scientifiques » du point de vue de leur utilité pratique et de leur commune structure en « comme si ». Il précise cependant dans une note[12] qu'afin de

---

[10] *Ibid.*, p. 93.
[11] *Ibid.*, p. 65.
[12] *Ibid.*, n. 1 p. 81.

faciliter les distinctions et d'éviter les malentendus concernant l'utilité pratique des fictions, il préfère désigner les fictions esthétiques du nom de « figment » et réserver le terme de « fiction » au domaine du discours théorique et scientifique. Cette distinction terminologique vise à préserver les fictions scientifiques des détracteurs de la fiction qui n'y voient qu'une pure illusion. Il ajoute que dans sa terminologie juridique, le terme de « fiction » a *déjà* acquis le sens secondaire d'utilité pratique. Il semblerait donc que Vaihinger concède cette distinction en vertu de l'usage conceptuel acquis, plus qu'il ne la croie ontologiquement pertinente, puisqu'il affirme que les fictions esthétiques « comme les fictions scientifiques, ne sont pas des fins en elles-mêmes mais sont des moyens pour atteindre des fins plus élevées ». Elles ont pour but, dit-il « d'éveiller en nous une certaine élévation d'esprit et de grands sentiments »[13]. Il n'est donc pas du tout sûr, en dépit de ce qu'en dit Dorrit Cohn dans *Le Propre de la fiction*[14], que Vaihinger dissocie les fictions littéraires de sa conception des fictions comme des outils essentiels à la pensée humaine. Certes, il distingue les fictions esthétiques des fictions scientifiques, mais c'est pour souligner que leurs applications divergent selon les domaines dans lesquels elles sont pratiquées. En outre, il n'est pas tout à fait exact de dire, comme le fait Dorrit Cohn, que la fiction littéraire brille par son absence dans le livre de Vaihinger. Il est vrai que seul un paragraphe lui est explicitement consacré, mais elle apparaît chaque fois qu'il est question de l'éthique et d'un idéal pratique, notamment dans le chapitre IX, et les deux dernières sections de la troisième partie. Selon Vaihinger, « fictions scientifiques » et « fictions esthétiques » sont donc les unes comme les autres des « aides conceptuelles »[15] et leur structure en « comme si » les caractérise comme des déviations délibérées relativement à des faits connus en vue d'une fin pratique. Il remarque qu'« en science comme en littérature les fictions ont été largement dénigrées, et cela a souvent conduit à des réactions basées exactement sur les mêmes raisons que celles qui résultent du mauvais usage des fictions scientifiques »[16] : lorsqu'on demande de quel degré la faculté d'imagination peut se permettre de dévier de la nature, on prend le risque d'éliminer des fictions pertinentes en les jugeant trop fantaisistes. Pour Vaihinger, « le fait que la fiction soit une déviation délibérée de la réalité, un pur produit de l'imagination, n'est pas l'élément essentiel dans la fiction », mais il « souligne le caractère utile de cette déviation »[17].

Lamarque et Olsen remarquent toutefois à juste titre que cette conception

---

[13] *Ibid.*, p. 82.
[14] Dorrit Cohn, *Le Propre de la fiction*, (1999), traduit de l'anglais (États-Unis) par C. Hary-Schaeffer, Paris : Seuil, 2001, p. 17.
[15] Hans Vaihinger, *op. cit.*, p. 177.
[16] *Ibid.*, p. 83.
[17] *Ibid.*, p. 99.

de la fiction en un « comme si » se prononce sur la valeur de vérité des fictions, qui sont considérées comme des « mensonges délibérés » (*conscious falsehoods*), et se distingue par là d'une conception de la fiction comme « faire-semblant », où la question de la valeur de vérité des propositions fictionnelles ne se pose pas. Mais ils notent cependant une similarité entre ces deux conceptions puisque, selon eux, « les propositions fictionnelles sont intentionnelles (*purposive*) et invitent les lecteurs à agir *comme s'*ils lisaient des récits véridiques, tout en sachant qu'ils ne le sont pas ». La position de Vaihinger le conduit, selon eux, à mettre l'accent sur les relations de correspondance entre fait et fiction plutôt que sur l'idée de création (*making*). Ils observent que d'un point de vue métaphysique, les fictions envisagées de la sorte, ne reposent sur « aucun engagement concernant la nature des faits, le monde objectif, ou les théories de la vérité. Elles présupposent manifestement une distinction entre fiction et réalité, bien que sans aucune suggestion sur le caractère de cette réalité. Elles invoquent la notion de « faits connus », en supposant qu'ils ne sont pas eux-mêmes des fictions, mais laissent ouverte la question de savoir quelle quantité de « création » (*making*) peut être impliquée dans la « connaissance » (*knowing*). »[18]. Ils jugent finalement que la conception de la fiction comme un moyen en vue d'une fin déterminée, défendue par Vaihinger, n'est pas appropriée pour expliquer les fictions littéraires, parce qu'il leur semble étrange de penser les fictions littéraires comme quelque chose que l'on construirait pour servir un objectif précis[19].

De la fiction à la pratique : le pouvoir normatif de la fiction ?

En effet, si l'on admet une parenté des expériences de pensée avec les fictions littéraires par leur recours à la fiction, on les oppose généralement en ce qui concerne leurs objectifs. On objecte généralement que les fictions littéraires n'ont pas été intentionnellement forgées à des fins d'ordre théorique ou pratique, qu'elles ne sont pas déterminées dans leur construction par la réflexion théorique, et l'on autorise ainsi une séparation entre fictions littéraires et fictions théoriques ou scientifiques.
Toutefois, bien que les fictions littéraires ne soient en effet généralement pas forgées dans un but théorique ou pratique, elles peuvent, du fait même de leur structure en comme si, nous permettre, en guidant notre imagination, d'explorer différentes sortes de possibilités logiques et conceptuelles et ainsi nous aider à améliorer notre compréhension. Cela suppose évidemment que le progrès dans la compréhension soit autre chose que la découverte de nouvelles connaissances. En ce sens, la fiction exprime un genre de savoir

---

[18] Peter Lamarque et Stein H. Olsen, *op. cit.*, p. 188.
[19] *Ibid*.

autre que le savoir propositionnel.

Nous pouvons toutefois nous interroger sur la valeur d'un savoir reposant sur la fiction. Qu'est-ce qui nous permet en effet de nous assurer que la fiction ne nous induit pas en erreur dans la façon dont elle conduit notre imagination ? Le problème se pose en fait de la même façon pour toutes les disciplines ayant recours à la fiction pour faciliter la réalisation d'une opération. Il est ici intéressant de se souvenir de la façon dont Vaihinger envisage la fonction de la fiction : l'emploi de la fiction se justifie par son utilité pour la pensée discursive et non parce qu'elle fournirait une description vraie de la réalité. Selon Vaihinger, nous devons faire comme si telle fiction était vraie, parce qu'elle est pratiquement féconde. Ceci est particulièrement frappant dans le cas des fictions juridiques. Dans le domaine du droit, la logique juridique admet de considérer comme existante une situation manifestement contraire à la réalité afin de parvenir à une régulation sociale. La fiction de la continuation de la personne du défunt par ses héritiers autorise ainsi le transfert de propriété des biens du défunt vers ses héritiers. Les raisons de croire à une fiction juridique n'ont aucun fondement objectif, mais elles ont pourtant un effet sur les conduites et les comportements sociaux. La norme juridique requiert les fictions pour être plus efficace et en retour celles-ci renforcent la puissance de la règle juridique. Dans le cas des fictions juridiques, la norme juridique emprunte à la fiction non pour mieux décrire la réalité, mais pour traiter plus efficacement un fait relevant de la réalité et parvenir à un résultat jugé socialement adapté. La question de la confirmation des fictions juridiques ne se pose donc pas, le critère permettant de justifier l'emploi de telles fictions étant celui de leur utilité et non celui de leur véracité. Le pouvoir des fictions juridiques ne repose donc pas sur leur capacité de décrire fidèlement des situations réelles possibles, mais d'induire, voire également d'entériner, des comportements et des pratiques sociales. Les fictions juridiques possèdent ainsi un caractère normatif qui, loin d'être fondé sur la réalité des faits, se situe du côté de leurs effets. Le cas des fictions juridiques permet de comprendre comment, bien que ces fictions soient contraires à la réalité, nous pouvons néanmoins en faire un motif déterminant de notre action dans la réalité. Citons notamment l'exemple de l'adoption qui, en faisant de l'enfant adopté celui des parents adoptifs, induit de part et d'autre d'assimiler cette situation à un lien de filiation, avec les comportements afférents que cela implique.

Faut-il de là en déduire que la normativité est un caractère inhérent au fonctionnement des fictions ? Si l'on admet avec Vaihinger que les fictions n'ont pas pour fonction d'asserter un fait réel, mais sont quelque chose au moyen duquel la réalité pourrait être traitée et comprise, dont l'usage se justifie du point de vue de l'utilité pratique, on peut alors entrevoir leur proximité avec le fonctionnement des normes. En effet, les normes n'ont pas pour objet de fournir une description vraie de la réalité, comme les fictions elles ne sont ni vraies ni fausses, tout au moins si on les envisage du point de vue de la connaissance propositionnelle. Les normes sont prescriptives, elles ont pour fonction d'inciter à agir d'une certaine façon. Mais comment une norme peut-elle prescrire quand elle est fictionnelle ? Une telle question suppose de s'interroger, pour reprendre des termes wittgensteiniens, sur ce que signifie « suivre une règle ». Selon Wittgenstein, les règles ne sont pas prescrites par la « nature des choses », mais elles ne sont pas non plus purement conventionnelles et parfaitement arbitraires :

> « Ce que nous appelons "suivre une règle", est-ce quelque chose qu'un seul homme pourrait faire une seule fois dans sa vie ? — Il s'agit là naturellement d'une remarque sur la grammaire de l'expression "suivre la règle".
> Il n'est pas possible qu'une règle ait été suivie par un seul homme, une fois seulement. Il n'est pas possible qu'une information ait été transmise, un ordre donné ou compris, une fois seulement, etc. — Suivre une règle, transmettre une information, donner un ordre, faire une partie d'échecs sont des coutumes (des usages, des institutions).
> Comprendre une phrase veut dire comprendre un langage. Comprendre un langage veut dire maîtriser une technique. »[20]

Il n'y aurait tout simplement pas de règles s'il n'y avait pas de pratiques habituelles communes. Ces pratiques communes, lentement façonnées dans l'histoire des peuples, adoptées par des générations d'hommes, finissent par se ritualiser voire se rigidifier autour de règles précises. Ce sont ces pratiques que Wittgenstein appelle « formes de vie »[21]. Ce qui permet ainsi de juger de l'efficacité d'une norme fictionnelle ce sont les pratiques sociales qui s'inscrivent au sein de formes de vie. La normativité n'appartient donc pas proprement à la fiction, mais lui est plutôt conférée par l'ensemble des pratiques et le jeu de langage auxquels elle correspond et qui en déterminent le fonctionnement.

Si le fonctionnement de la fiction n'est pas en lui-même normatif, il reste toutefois, comme nous l'a montré le cas des normes juridiques, qu'elle possède le pouvoir de renforcer la norme. La question est de savoir comment. Nous avons vu que l'intérêt de recourir à la fiction tient généralement dans le fait qu'elle nous pousse à envisager des possibilités que

---

[20] *Recherches philosophiques*, § 199, p. 126.
[21] Bruno Leclercq, «Des actes aux règles : aller (Wittgenstein) et retour (Austin)», *Dissensus*, N° 3 (février 2010) http://popups.ulg.ac.be/dissensus/document.php?id=586 [consulté le 12 juin 2011].

notre contexte habituel ne nous aurait pas suggérées. Le rôle de la fiction devient alors important dans la mesure où elle permet de développer nos capacités modales. La fiction n'est pas en soi normative, mais elle présente des possibles.

Roger Pouivet, dans un article où il défend la pratique de ce qu'il nomme une « esthétique modale »[22], souligne l'importance de nos raisonnements hypothétiques aussi bien dans la vie quotidienne, que dans les sciences, la philosophie et la littérature. Mais il nous met en garde contre la faillibilité de ces raisonnements. « Nous avons une connaissance modale et non inférentielle du monde autour de nous, de ce qui est possible, impossible ou même nécessaire. Mais il ne faut pas trop nous en demander dès que nous nous éloignons des circonstances ordinaires »[23]. Il remarque que nous tendons souvent à exagérer notre connaissance modale, en particulier lorsque nous imaginons d'autres possibilités existentielles que celles que nous vivons réellement. Nous raisonnons alors en terme de contrefactuels du type : « Si j'étais un moine dans un monastère, j'aurais du temps pour travailler et écrire des livres extraordinaires, tout en vivant une vie de prières et de méditations ». Or, précise-t-il, pour que quelque chose soit une possibilité logique, existentielle, physique, biologique, etc., encore convient-il que ce soit une possibilité[24]. La difficulté est que dans le domaine de la vie pratique, nous n'avons pas les moyens d'introduire des procédures expérimentales comme dans les sciences empiriques, nous ne pouvons pas aisément tester ces possibilités. Les fictions esthétiques (les romans, les films, le théâtre, etc.), du fait notamment du déploiement que leur contexte narratif autorise, sont un moyen de tester des possibilités, d'acquérir et d'entraîner notre disposition modale. Nous pouvons même ainsi « devenir modalement vertueux, en acquérant une excellence dans la capacité à déterminer ce qui est vraiment possible »[25]. Cela ne signifie pas que les fictions puissent déterminer ce qui est possible ou non dans des mondes possibles qui attendraient seulement d'être actualisés. Mais elles peuvent améliorer la confiance en nos intuitions modales, les confirmer ou au contraire les réformer, même lorsque nous y opposons une résistance imaginative[26].

En effet, nous pouvons résister aussi bien à imaginer la possibilité de certains faits que de certaines actions. Dans ce cas notre incapacité à imaginer les possibilités qu'une fiction nous présente comme telles, possède

---

[22]Roger Pouivet, « Esthétique modale », in *Ce que l'art nous apprend. Valeurs cognitives dans les arts*, R. Pouivet et S. Darsel (dir.), Rennes : Presses Universitaires de Rennes, 2009, p. 35-48.
[23]*Ibid.* p. 45.
[24]*Ibid.* p. 47.
[25]*Ibid.* p. 47-48.
[26]*Ibid.* p. 44.

autant de valeur que lorsque nous parvenons à entrer dans le jeu de faire semblant, du point de vue de l'entraînement de notre disposition modale. Les fictions fonctionnent alors comme des expériences de pensée qui nous aident à développer cette disposition sans avoir à subir la sanction de l'expérience réelle. C'est en retour grâce au développement et à l'affinement de cette disposition que les fictions peuvent nous convaincre d'une possibilité à laquelle nous n'avions pas pensée ou que nous avions écartée, ou parfois au contraire nous laisser imperméables à leurs contenus modaux. Cette disposition modale se retrouve à l'œuvre dans la pratique des fictions artistiques comme dans celle des fictions normatives. Notre connaissance modale du monde étant généralement limitée, les fictions nous permettent de distinguer entre ce qui est possible et ce qui ne l'est pas, de mieux rendre présent à l'esprit certains possibles ou encore d'élargir l'horizon du réel. Les fictions morales, les fictions juridiques permettent de prévoir et d'intégrer à la règle, dans la limite de ce qu'autorise un principe moral, un principe de justice ou d'équité, les divers cas possibles qui n'entreront pas dans le cadre d'une règle morale ou juridique trop étroite ou trop rigide. Les fictions artistiques, en exerçant notre disposition modale, peuvent contribuer à améliorer notre capacité de jugement et jouer ainsi, quoiqu'indirectement, un rôle déterminant dans notre action pratique. C'est en tous les cas à leur valeur modale que les fictions peuvent devoir leur valeur normative.

Bibliographie

Bouveresse, J. [2008] : "La Connaissance de l'écrivain. Sur la littérature, la vérité Et la vie."Marseille : Agone.

Carroll, N. [1998]: "Art, narrative and moral understanding", in *Aesthetics and Ethics*. Essays at the intersection, Jerrold Levinson (éd.), Cambridge (U. K.), New York : Cambridge University Press, p. 126-160.

Carroll, N. [2002]: "The wheel of Virtue: Art, Literature and Moral Knowledge", *The journal of Aesthetics and Art Criticism*, 60 : 1, Winter 2002, p. 3-26.

Elgin, C. Z. [1992] : "Les fonctions de la fiction", traduit de l'anglais (États-Unis) par J.-P. Cometti, *Les Cahiers du Musée National d'Art Moderne*, "Nelson Goodman et les langages de l'art", n°41, automne, p. 33-44.

Goodman, N. [1985] : "Faits, fictions et prédictions" (1954), trad. de l'anglais (Etats-Unis) par M. Abran, Paris : Éditions de Minuit.

Lamarque, P. & Olsen, S. H. [1994]: "Truth, Fiction and Literature", Oxford : Clarendon Press, coll. *Clarendon library of logic and philosophy*.

Laugier, S. (dir.) [2006] : "Éthique, littérature, vie humaine", Paris : PUF, coll. *Éthique et philosophie morale*, 372 p.

Murzilli, N. [2004] : "La possibilisation du monde. Littérature et expérience de pensée", *Critique*, n°682, Paris : éd. de Minuit, mars 2004, p. 219-234.

Murzilli, N. [2010] : "La vie comme un roman. Sur la fiction littéraire et les expériences de pensée", *La Licorne*, n° 88, Rennes : Presses Universitaires de Rennes, janvier 2010.

Murzilli, N. [2011] : "De l'expérience de pensée littéraire à l'expérience de la lecture", in F. Bort, O. Brossard, W. Ribeyrol dir.), *L'expérience*, Michel Houdiard Editeur, 2011, *à paraître*.

Pouivet, R. [2009] : "Esthétique modale", In *Ce que l'art nous apprend. Valeurs cognitives dans les arts,* R.Pouivet et S. Darsel (dir.), Rennes : Presses Universitaires de Rennes, p. 35-48.

Stampfel, B. [1998] : "Hans Vaihinger's ghostly presence in contemporary literary", *Criticism*, vol. 40, été 1998, URL : http://findarticles.com/p/articles/mi_m2220/is_n3_v40/ai_21182132/?tag=content;col1 [consulté le 12 juin 2011].

Vaihinger, H. [1965] : "La philosophie du comme si", traduit de l'allemand par C. Bouriau, Paris : éd. Kimé, 2008 (nous nous référons ici essentiellement à la version anglaise de cet ouvrage : *The Philosophy of « As if »*, (1911), Londres : Routledge & Kegan Paul, 1965).

Wittgenstein, L. [2004] : "Recherches philosophiques", traduit de l'allemand par F. Dastur, M. Élie, J.-L. Gautero, D. Janicaud, É. Rigal, Paris : Gallimard.

« Aliquid » : Etre quelque chose.

FOSCA MARIANI ZINI
Université de Lille (UdL 3)

L'une des questions premières de la métaphysique est la détermination de ce qu'est une chose, bien avant de savoir ce qu'est un étant. Puisque tout, ou presque, semble rentrer dans la classe de "chose", à savoir aussi bien des choses concrètes que des êtres d'imagination comme le centaure, ou des concepts, voire des actes intentionnels avec leur corrélat noématique, une telle interrogation se traduit par une réflexion sur les *normes* établissant ce qui peut être défini comme un quelque chose. Car, sis entre l'être et le non-être, le quelque chose semble comprendre ce qui est pensable, ainsi que ce qui est réel ou effectif. En particulier, le quelque chose n'existe pas proprement mais subsiste. Il signifie donc une modalité d'être qui caractérisent les fictions mentales ainsi que les concepts, d'autant plus si l'on songe qu'au Moyen Age, "ficta" est un terme désignant aussi ce qui est concevable, sans tomber en contradiction. De surcroît, le réseau conceptuel qui circonscrit l'espace normatif du quelque chose s'appuie sur des oppositions largement thématisées par la tradition philosophique: signification/référence, existence/essence et naturellement la plus significative, après Kant, entre la chose et l'objet. Bien qu'"aliquid" ait été relativement négligé dans la tradition métaphysique, qui lui a préféré "res" ou "ens", le quelque chose est un élément central pour définir, d'une part, les normes de ce qui est au-delà des critères de la réalité et de l'effectivité et, d'autre part, le statut de ce qui est pensable et, partant, des fictions.

A cet égard, je voudrais proposer les remarques suivantes, afin de suggérer comment la notion d'"aliquid" permet de sortir des contradictions qui sont traditionnellement liées aux concepts plus répandus d'"étant" et de "chose".

Or, des études récentes ont mis en relief le rôle joué par la pensé médiévale dans la transformation de l'ontologie, et partant de la chose en soi, en "tinologie", à savoir en doctrine de quelque chose en tant qu'objet général d'une conception ou représentation[1]. On a regretté trois conséquences majeures de cette évolution: la transformation de la métaphysique en philosophie transcendantale; le remplacement de l'analogie de l'être par une conception générique et univoque de l'être; le primat de l'activité cognitive,

---

[1] Selon des perspectives différentes, débitrices sans doute du diagnostic heideggérien, cette évolution est soulignée par de Muralt, (1995), pp. 18-56; Courtine (1990), p. 537, *passim*; Boulnois (1999), pp. 512-514, *passim*. Bien qu'*aliquid* s'oppose au pur néant, il est à la fois quelque chose de concevable, mais indifférent à l'être ou au non-être.

voire subjective sur le contenu réel. Dans ce cadre, on pourrait même suggérer que *aliquid*, à savoir "quelque chose" s'impose comme le sur-transcendantal exprimant tout objet possible ou pensable, et non pas un rien, même s'il n'existe pas nécessairement comme réalité ou effectivité.
Pourtant, un des aspects problématiques de cette interprétation me semble être le recoupement entre deux transcendantaux, *res* et *aliquid*, qui engendre quelques confusions. Dans ce qui suit, je voudrais, de manière succincte, procéder en deux temps. Je rappellerai, d'abord, les traits majeurs de la conception d'*aliquid* dans les deux lieux majeurs où il a été thématisé, à savoir dans la réflexion stoïcienne sur le "quelque chose" et dans la théorie médiévale des transcendantaux. Ensuite, je suggérerai que le néoplatonisme et son héritage présentent une conception d'*aliquid* qui permet de ne pas réduire la chose à un objet de représentation. Ceci faisant, je ne cherche ni à détacher des notions particulières de l'histoire de la philosophie, ni à forcer la pertinence au nom d'une soi-disant actualité. Plus modestement, il me semble que les différentes traditions de pensée présentent des ressources conceptuelles dont l'étude ne consent pas seulement de corriger telle ou telle lecture de leur évolution, mais aussi de renouveler la réflexion sur les questions cruciales de leur histoire.

Le quelque chose et l'étant.

Tout d'abord, la critique de deux aspects significatifs du *Sophiste* de Platon, à savoir la nouvelle théorie des formes et des grands genres[2] ainsi que l'absence de distinction entre l'étant et le quelque chose[3], conduisent les Stoïciens à élaborer une conception originale du quelque chose comme genre suprême. D'une part, contre le présupposé selon lequel être quelque chose signifie exister[4], les Stoïciens remarquent que, par exemple, les déterminations de lieu n'existent pas, bien qu'elles soient un quelque chose qui "subsiste", sans pour autant exister[5]. Par conséquent, le "ti" (quelque chose) est le genre suprême, comprenant les choses effectivement existantes comme les corps ainsi que les incorporels qui subsistent (à savoir: le vide, le lieu, le temps, le "lekton")[6]. D'autre part, contre la thèse platonicienne, selon laquelle les formes sont des entités universelles, les Stoïciens rétorquent qu'elles ne sont pas quelque chose, puisqu'elles manquent d'individualité et de détermination, qui sont cependant les traits caractérisant aussi bien des

---

[2] Cf. Brunschwig (1988), pp. 21ss. où l'auteur montre le "rôle germinal" du *Sophiste* pour l'ontologie stoïcienne, p. 76ss. Cf. aussi Long et Sedley (1987, tr. fr. 2001), II, pp. 16-24.
[3] Cf. Aubenque (1991). Cf. Platon, *Sophiste*, 237d.
[4] Qu'ils pensent trouver chez Platon, cf. par exemple *Parménide*, 132b-c.
[5] Sextus Empiricus, *Contre les professeurs*, X, 3-4.
[6] Sextus Empiricus, *Contre les professeurs*, X, 218.

entités existantes que non-existantes[7]. De la sorte, les formes ou les idées, identifiées avec les concepts ("ta ennoemata"), voire les "phantasmata", sont "non-quelque-chose" ("outina").

A ce propos, les néoplatoniciens, notamment Plotin, contestent que le quelque chose soit le genre suprême pour trois raisons principales. D'abord, que tout être soit quelque chose, c'est là une affirmation qui va de soi. Toutefois, cette détermination ne convient pas à l'Un originaire, qui n'est pas[8]. Ensuite, si le quelque chose était au-dessus de l'être et du non-être, il faudrait supposer qu'il est ou n'est pas, en aboutissant à des conclusions contradictoires[9]. Surtout, on ne peut pas supposer un trait commun aux corps et aux incorporels[10].

Or, ce qui préoccupe en particulier les néoplatoniciens est le statut des idées, réduites par les Stoïciens à des concepts, caractérisés comme non-quelque-chose. Toutefois, des hésitations troublent la réflexion stoïcienne sur le statut des concepts[11], qui sont caractérisés parfois comme des "phantasmes", parfois comme "quasi-quelque-chose" ou "quasi-qualifiés". Ces glissements conduisent Sénèque à distinguer, à l'intérieur de la même classe des non-étants, les incorporels des concepts fictifs[12], un rapprochement qui n'est pas conforme au canon stoïcien. Dans la *Lettre* 58, Sénèque accomplit en fait deux opérations[13]. D'une part, il classe sous la catégorie de non-existant aussi bien les faux concepts que les fantasmes de l'esprit, qui semblent donc constituer le domaine de ce qui n'est pas au sens de fallacieux; d'autre part, il considère que ces non-étants font cependant partie du quelque chose qui subsiste. Sénèque semble rapporter de manière critique l'opinion des Stoïciens, mais tel n'est pas le cas, puisque pour eux les concepts sont des "non-quelque-chose" ou, à la limite, des "quasi-quelque-chose".

Il y a donc, chez Sénèque, un élargissement du quelque chose aux concepts ainsi qu'aux "phantasmata", voire aux fictions. Ainsi Sénèque peut-il déplacer l'attribution de quelque-chose-non-étant des incorporels aux concepts et aux fictions. La raison d'une telle conception, qui se fraie un chemin au milieu de certaines ambiguïtés dans la réflexion stoïcienne, peut être sans doute repérée dans la difficulté de représenter le sage. Au lieu de supposer l'impossible existence du sage, Sénèque invite à se forger par l'imagination des représentations fictives possibles, de même que tout

---

[7] Simplicius, *Sur le catégories d'Aristote*, 105, 8-16, cité par Long et Sedley (2001) II, p. 53.
[8] Plotin, *Ennéades*, V, 3 (49), 12, 50-53. En fait, l'Un n'est pas quelque chose, car s'il était quelque chose, il serait quelque chose d'unitaire, mais non l'Un lui-même.
[9] Plotin, *En.*, VI, 1 (42), 25, 5-12.
[10] Plotin, *En.*, VI, 1 (42), 25, 6-8.
[11] Cf. V. Castor (1999).
[12] Sextus Empiricus, *Contre les professeurs*, III, 40.
[13] Sénèque, *Ep.*, 58, 13-15.

individu engagé dans la voie de la sagesse doit devenir le spectateur de soi, en mettant en scène le dédoublement de soi.

Selon une tout autre exigence, à savoir la défense du caractère réel des universaux, les néoplatoniciens reprennent de tels glissements entre les classes du non-quelque-chose et du non-étant pour critiquer, on pourrait dire de l'intérieur, la théorie stoïcienne des concepts. En particulier, on pourrait déceler dans l'*Isagoge* de Porphyre un horizon d'interrogation stoïcienne[14], dans la mesure où la question est ici posée de savoir si les "prédicables" sont des concepts fictifs et, si tel n'est pas le cas, si ce sont des corps ou des incorporels, ces derniers renvoyant surtout au modèle des "lekta". On établit alors la distinction entre les concepts vides de l'imagination ou les concepts fictifs, héritiers des "phantasmata", et les concepts véritables de choses, dans la mesure où ils ont un corrélat réel[15].

Tandis que, chez Sénèque, le quelque-chose-non-étant comprend aussi bien les concepts que les fictions, Poprhyre refuse, suivant Plotin, de concevoir une classe commune aux non-étants et aux étants, c'est pourquoi il distingue les fictions des concepts véritables par leur référence vide sans corrélat réel ou pleine avec un corrélat réel. Les concepts ne sont donc pas non-quelque-chose-non-existant. Mais est-ce que les fictions sont des "non-quelque-chose" ou bien simplement des "non-étants"? Dit autrement: si leur référence est vide, faut-il conclure nécessairement qu'ils sont des non-quelque-chose? Même si Plotin reconnaissait que tout être est quelque chose, et puisque le domaine de l'être coïncide en première instance avec l'intellect et l'intelligible, force est de reconnaître que les concepts faux, ou les fictions, en tant que concevables, demeurent des "quelque-chose"[16].

Quelque chose et chose.

Ce n'est donc pas un hasard si *aliquid* semble définir, notamment dans le Moyen Age tardif, le statut de *l'esse objectivum*, de l'objet pensé, intentionné ou connu par et dans l'intellect. Il s'agit d'un être diminué, *deminutum*, par rapport à l'être réel ou à l'être effectif, mais il n'est pas rien, tant et si bien qu'*aliquid* décrit, pour Grégoire de Rimini, exactement le statut du signifié propositionnel, lequel reprend en quelque sorte le *lekton* stoïcien.

---

[14] Cf. Courtine (1980), pp. 33-87; A. de Libera, "Introduction" à Porphyre, pp. XLV-LXII.

[15] Cf. Hoffmann (1987), sp. pp. 69-76.

[16] On dirait sans tomber en contradiction, ce qui est la première signification de la *res* pour Duns Scot, *Quodlibet*, qu. 3, qui reprend en partie le propre d'*aliquid*, à savoir ce qui n'est pas rien au sens où il n'inclut pas de contradiction, qu'il s'agisse d'un *ens reale* ou *d'un ens rationale*. Ici se situe le premier objet de l'Intellect, ce qui est *conceptibile*.

Toutefois, dans l'histoire de la conception des transcendantaux[17], *aliquid* ainsi que *res* sont ajoutés à la liste originaire *ens, unum, verum, bonum* par Thomas d'Aquin[18]. Dans ce cadre, *aliquid* a tout un autre sens par rapport à sa connotation ultérieure. Car, pour Thomas, tout étant ou *ens* est d'abord, par son actualité, différent des autres, puisqu'il a une détermination essentielle spécifique (*res*). *Aliquid* signifie, de manière négative, que tout étant est "autre quelque chose" (*aliud quid*, donc *aliquid*). Pourtant, si tout étant est un quelque chose[19] et si tout étant est ce qui tombe sous l'intellect[20], cela ne signifie pas, pour Thomas, que tout étant soit un quelque chose que l'on puisse concevoir aussi bien véritablement que faussement. L'intelligibilité de l'étant trouve, en fait, son fondement dans sa relation à l'intellect divin qui en est la cause[21]. L'actualité est donc prioritaire, de sorte que le fait d'être un quelque chose dépend d'être tout d'abord un *ens* actuel[22], c'est pourquoi le quelque chose est surtout un *autre* quelque chose.

A cet égard, on doit rappeler d'abord que la réflexion sur la *res* au Moyen Age se développe à partir de la distinction entre la chose et l'étant, élaborée par Avicenne[23], ainsi que de son influence[24]. Chez Avicenne, la *res* comme essence ou quiddité, indifférente dans son identité eidétique aussi bien à l'existence qu'à la non-existence[25], a toutefois l'existence comme concomitante. Par conséquent, la *res* a plusieurs modalités d'existence[26], ou bien comme unité en plusieurs individus, ou bien comme universel dans l'âme[27]. Que l'existence soit concomitante (*concomitans*), advienne, ou

---

[17] A savoir des modes généraux de l'étant, les premières conceptions de l'intellect, dont l'extension est identique, mais non l'intension. Cf. Aertsen (1996), pp. 25-70; Aertsen (2002), pp. 139-156.
[18] Thomas d'Aquin, *De veritate*, qu. 1, art. 1.
[19] Cf. Rosemann (1996), pp. 48-71.
[20] Thomas d'Aquin, *De veritate*, qu. 2, art. 1.
[21] Thomas d'Aquin, *De veritate*, qu. 1, art. 6.
[22] Comme le souligne de manière succincte Aertsen (2002), pp. 148-149, l'horizon d'actualité prédomine chez Thomas, de sorte que la "res", en tant que quiddité, est le seul transcendantal fondé sur une composante non actuelle. Ainsi ne doit-on pas être surpris si la déduction des transcendantaux, dans les qu. 21-26 du *De Veritate*, ne comprend que la série "un", "vrai", "bien".
[23] Avicenne, *Liber de philosophia prima*, I, 5, §23. Cf. Jolivet (1984), pp. 11-28.
[24] Selon de Libera (1999), pp. 555ss. la notion de *res* avicennienne a été l'objet d'un malentendu au Moyen Age, notamment chez Henri de Gand, lequel aurait négligé l'intention d'exister et d'actualité de l'essence, en supposant par là un "esse essentiae".
[25] Cf. Marmura (1992), pp. 77-87.
[26] Cf. Rashed (2004), pp. 107-171.
[27] Avicenne, *Liber de philosophia prima*, I, 7, §§ 8-9.

accompagne la *res*, ce sont là des notions problématiques, l'une des difficultés majeures consistant dans l'évaluation d'une telle intention d'être[28]. Quoi qu'il en soit, sur ce point pourrait se greffer le recouvrement problématique entre la chose et le quelque chose, bien que celle-là soit caractérisée tendanciellement par un tropisme vers l'être réel, sinon effectif tandis que celui-ci est marqué par son indifférence par rapport à toutes les modalités d'être, n'étant pourtant pas rien et n'étant pas contradictoire[29]. Car la chose (*res*) assume trois significations: *aliquid*, qui s'oppose au néant et peut être conçu sans poser son existence actuelle ou possible; l'essence d'un être réel, non imaginaire, bien qu'il n'exige pas l'actualité; et finalement l'actualité[30]. Toutefois, il faut remarquer que, dans les classements médiévaux, la *res* est considérée davantage dans son rapport avec *ens* qu'avec *aliquid* afin de distinguer les modalités concevable, réelle et actuelle de l'étant[31]. Toutefois, la question centrale porte sur ce qui est premier et fondamental[32]. La réponse n'est sans doute pas la même, si l'on examine,

---

[28] Pour de Libera (1999), p. 596 ainsi que pour Druart (2001), pp. 125-142, Avicenne se situe dans un horizon d'actualisme, ce qui est contesté par Aertsen (2002), p. 145.

[29] On retrouve à nouveau le problème de la classification stoïcienne! Car il n'est pas un hasard si Long et Sedley (1987, tr. fr. 2001), p. 21 rapprochent la consistance du quelque chose au *bestehen* de l'objet meinongien, exprimant un "troisième royaume" au-delà de l'être et du non-être (la référence à Frege est moins utilisée), et si A. de Libera (1996) a, au moins en partie, interprété la chose avicennienne dans la même perspective, pour revenir sur cette lecture dans de Libera (1999), pp. 601ss., où Avicenne est rapproché davantage de Bolzano, dans la mesure où les deux auteurs estimeraient qu'on puisse viser un objet en tant qu'il est pas, sans supposer toutefois qu'il n'existe point. Dans ce cadre, il faut souligner deux aspects qui témoignent d'une certaine confusion entre la chose et le quelque chose. D'une part, de Libera (1999), pp. 595-596, reconnaît que l'objet meinongien correspond, au Moyen Age, davantage à l'étant ou au quelque chose, compris comme ce qui n'est pas rien. Ainsi pourrait-on confirmer la thèse d'une évolution au Moyen Age de l'ontologie en métaphysique générale de l'objet, en tinologie, acquise en partie sur la mécompréhension de la *res* d'Avicenne. D'autre part, cependant, de Libera rapproche la *res* d'Avicenne d'un *certain* quelque chose ("ein gewisses Etwas") de Bolzano, comme dans l'expression" l'animal existant dans l'individu est un certain animal". Que le quelque chose soit "un certain" change certes la signification du quelque chose, mais renvoie toutefois à un horizon d'*objectualité* propre au concept, qui n'est pas loin de la perspective stoïcienne, comme le reconnaît de Libera lui-même, *L'art des généralités*, p. 605. Sur ce point, cf. aussi la prise de position de P. Porro (2002), pp. 10-50.

[30] Henri de Gand, *Quodlibet VII*, qq. 1-2, t. XI, pp. 26-27.

[31] Car si l'ontologie devient une tinologie, il le devient surtout par les vicissitudes de l'*ens* ou de la *res*, qui sont considérés comme des super-transcendantaux. Cf. Kobusch. (1996), pp. 345-366.

[32] Cf. Aertsen, (1998), pp. 303-321.

d'une part, les significations premières de la *res* et, d'autre part, les objets premiers de la métaphysique. Il est légitime de douter que le concevable, comme premier objet de l'intellect, *ens rationis*, recouvre nécessairement *l'ens reale* de la métaphysique[33]. Autrement dit: *aliquid*, comme ce qui est concevable sans contradiction et n'étant pas rien, peut être considéré comme "premier" sans être tenu pour "fondamental". Le recouvrement entre le premier et le fondamental est sans doute une tendance de la pensée médiévale tardive, mais il concerne surtout les rapports entre la *res* et *l'ens*. L'enjeu n'est pas seulement de distinguer l'être et l'essence, mais de faire le départ entre ce qui est l'être propre et définissable de quelque chose et ses modalités d'existence (dans l'âme ou dans les instances individuelles).

Ainsi pourrait-on suggérer qu' *aliquid* résiste à sa réduction aussi bien à la *res* qu'à l'*ens*: il est presque une chose, sans être vraiment un étant, ni un rien. Son statut ontologique, et non seulement transcendantal, comme objet de représentation, a été analysé dans une tout autre tradition, la pensée néoplatonicienne et son héritage. C'est en puisant à ces ressources que l'on peut éviter de faire de l'ontologie une tinologie.

Aliquid: le non-être de l'un-qui-est.

Le *Parménide* de Platon a joué un rôle considérable dans la tradition néoplatonicienne[34], puisqu'il présente une réflexion sur l'un et le multiple, qui permet de déduire de manière dialectique les mouvements de descente et de remontée au premier principe[35]. Un des traits significatifs de la lecture néoplatonicienne, notamment avec Proclus, est la distinction entre une première formulation de l'Un-qui-est, où l'un est pris en sens absolu et ineffable, assume en sens relatif, correspondant à l'un-multiple de l'Intellect[36].

Or, la déduction des quatre dernières conséquences, tirées de la formulation: "Si l'un n'est pas", circonscrivent l'espace théorique où la pensée néoplatonicienne a progressivement établi la place d' *aliquid*. Il s'agit ici de déterminer le non-être de l'un-qui-est (donc non de l'Un ineffable) ou, en d'autres termes, de défendre la participation réelle du non-être à l'être. Car, d'une part, il faut distinguer les multiples acceptions de non-être, pour surmonter le traumatisme produit par le non-être du sophiste; d'autre part, on doit rendre raison du statut ontologique des images, des songes, des simulacres, non seulement parce que l'univers néoplatonicien est caractérisé

---

[33] Cf. Kobusch, (1996a), pp. 157-175.
[34] Cf. Barbanti et Romano (2002).
[35] Proclus, *In Parm.*, VI, 1051.34-1064.12.
[36] Proclus, *In Parm.*, VI, 1085.4-1086.7

par la continuité, mais aussi parce qu'il admet, après Plotin, la théurgie et sa manipulation des images.

Dans ce cadre, les réflexions de Proclus et de Damascius jouent un rôle décisif. D'abord, chez Proclus, la déduction des quatre conséquences négatives peut être résumée de la sorte. Si l'un-qui-est n'est pas, alors existent seulement *le monde sensible comme objet et la perception comme faculté*, puisque la suppression de l'un-qui-est implique la suppression du monde intelligible. Si, ensuite, l'on assumait le non-être de manière plus radicale, on devrait conclure que *toute faculté ainsi que tout objet de connaissance seraient supprimés*. C'est le propos de la septième conséquence, conduisant manifestement à une impossibilité ou à une conclusion absurde. Dans la huitième hypothèse on établit que, si l'un n'est pas, alors *seulement les songes et les ombres sont*, ce qui est encore une conclusion impossible, supprimant la possibilité même des formes dans la matière. Enfin, si l'un n'était radicalement pas, alors *il n'y aurait même pas des songes*: c'est la conséquence déduite de la neuvième hypothèse[37].

Pourtant, est-il légitime de considérer la déduction de l'être à partir du non-être de l'Un-qui-est comme une simple *reductio ad absurdum*? Est-ce que toutes les conséquences des dernières hypothèses conduisent à des impossibles? Mais les ombres, les songes, les simulacres sont quelque chose, même s'ils semblent être *presque-rien*. Ne doit-on pas alors poursuivre la déduction jusqu'aux dernières manifestations, fussent-elles fallacieuses? Sinon, comment pourrait-on capturer le sophiste?

Ces difficultés ont été affrontées directement par Damascius, qui en a développé les implications[38]. Car Damascius estime que les déductions négatives explorent l'un-non-être, à savoir l'être qui appartient en quelque sorte au non-être de l'être[39], en tant que *principe de l'apparaître*. Ainsi la sixième hypothèse ne correspond-elle pas tant à la réalité sensible qu'au *phénomène*. Celui-ci n'est pas un simple apparaître à la surface des choses, mais le principe réglant la procession de l'un-être, lorsqu'elle se poursuit jusqu'à s'abaisser dans l'un-non-être, lequel n'est pourtant pas une simple privation, puisqu'il a la propriété d'être l'un-être dans le non être de l'un.[40] Ainsi les quatre dernières conséquences ne conduisent-elles pas toutes à des conclusions impossibles ou absurdes: la sixième et la huitième concernent les principes du *phénomène*, des *simulacres* et des *ombres*, qui ont une forme de consistance ontologique, n'exprimant donc point une absurdité[41]. Dans ce cadre, l'âme humaine, sises entre les facultés supérieures (comme l'intellect et la raison) et les facultés inférieures (comme la perception et l'imagination),

---

[37] Proclus, *In Parm.*, VI, 1060, 25-1061, 6.
[38] Cf. l'étude matricielle de Combès (1989).
[39] Damascius, *Dubit.*, II, 435, 292, 19-21.
[40] Damascius, *Dubit.*, II, 435, 292, 19-21.
[41] Damascius, *Dubit.*, II, 460, 322, 7-11.

peut rendre compte de ce qui est un quelque chose, un *presque-rien*, comme un simulacre, une ombre ou un songe. Ce presque quelque chose, en fait, se soustrait au néant, bien qu'il soit frappé par une altérité brute ou par le non-être de l'un-qui-est.

Par conséquent, pour Damascius, "Si l'un n'est pas", alors la sixième hypothèse concerne le *phénomène*, déduit à partir du caractère relatif de l'un-qui-n'est-pas, ou du non-être de l'un-qui-est. C'est l'Un dans la nature des autres. La septième hypothèse constitue, sur le mode du non-être absolu, le principe de l'impossibilité de l'Un: elle exprime la vacuité du non-être et conduit à l'absurde. La huitième hypothèse concerne les simulacres et les ombres: ce sont les autres de l'un phénoménal, ou les autres de l'un-non-être. La neuvième hypothèse interroge les conséquences de la suppression radicale en analogie avec la septième hypothèse et se trouve en contradiction avec la huitième hypothèse. Elle conduit à une conclusion impossible. Somme toute: si l'un n'est pas, alors il apparaît être tout, à savoir même le phénomène et le simulacre, ou en un mot le presque rien (comme dans la sixième et la huitième hypothèses), ou bien il paraît n'être rien (comme dans la septième et la neuvième hypothèses).

On voit clairement comment se constituent peu à peu les conditions de possibilité d' *aliquid*, à partir de la perception de Proclus et du phénomène de Damascius. La contribution décisive est apporté par Marsile Ficin, le traducteur humaniste de tous les dialogues de Platon, mais aussi de nombreuses œuvres des néoplatoniciens. Ficin, en effet, remplace le phénomène de Damascius par *aliquid*. Tandis que Damascius met l'accent sur l'un-non-être, à savoir sur *l'un-être dans le non-être de l'un*[42], Ficin insiste davantage sur *le non-être de l'un qui peut être attribué à l'un-qui-est*[43]. Si les deux auteurs partagent le souci de distinguer les conséquences absurdes ou impossibles de celle qui expriment les dernières manifestations du non-être, leurs conceptions du non-être propre à l'un-qui-est divergent. Pour Damascius, il s'agit d'analyser surtout la *transformation* de l'un-être dans l'apparaître, essentiellement mensonger, dans le cadre de l'hypothèse du non-être. Par contre, Ficin cherche à saisir *ce qui reste* de l'un-qui-est dans les manifestations de son non-être, qui ne sont pas essentiellement mensongères, c'est pourquoi il établit que la déduction des conséquences de l'hypothèse négative révèle d'abord le *quelque chose (aliquid)* et non le phénomène. Celui-ci est superficiel, voire trompeur, tandis que le quelque chose est étranger aux critères de vérité ou de fausseté, du non-être et de l'être. Le caractère principal d' *aliquid* est le *mélange* entre le même et l'autre, l'être et le non-être, ce qui correspond à la conception platonicienne, puis

---

[42] Damascius, *Dubit.*, II, 435, p. 292, 19-21.
[43] Ficin, *In Parm.*, chap. 1 (= 103) (=*Op.*, p. 1119v); chap. 4 (=106), (=*Op.*, 1200v): *passim*.

ficinienne du non-être relatif comme altérité[44]. Ainsi Ficin établit-il une échelle entre *aliquid*, qui n'est pas faux, et les simulacres, les songes et les ombres fallacieuses. Non seulement *aliquid* est quelque chose, comme les incorporels pour les Stoïciens et les concepts véritables pour Porphyre, mais il *a un certain esse (quoddam esse)*, qui est le lien (*vinculum*) entre l'un et le non-esse[45]. La présence d'un tel non-être interdit de reconnaître ici l'être *perfectum ou integrum*, mais on peut supposer, en lieu et place, un certain être diminué (*remissum*) par lequel il est légitime de prédiquer l'un du non-être[46].

On serait sans doute tenté d'identifier *l'esse remissum* avec l'*esse deminutum*, à savoir l'esse *objectivum*, le corrélat objectif de toute intention de pensée, indépendamment de son contenu extramental. Ficin semblerait distinguer à l'intérieur de la même classe, à savoir du quelque chose qui est concevable, les concepts fictifs (de la huitième déduction) et les conceptions possibles, comprises comme les objets quelconques de la représentation propre à l'âme (*aliquid* de la sixième déduction). De la sorte, l'écart entre les fictions et les concepts ne sera si profond que chez Porphyre, et laisserait ouverte la voie pour une acception positive des représentations imaginaires, comme chez Sénèque.

Toutefois, tel n'est pas le cas, puisque *l'esse remissum* n'est pas diminué par rapport à l'être réel, à savoir à l'essence, mais par rapport à l'Un, engageant par là une autre conception de non-être. Ce qui peut être conçu comme *aliquid*, en effet, n'est pas, à la différence de sa définition comme transcendantal, la signification la plus *commune* de l'étant, mais son acception la plus *restreinte*, ce qui *reste* de l'un-être lorsqu'on lui attribue le non-être dans la fiction de l'hypothèse négative du *Parménide*. Dans ce cas, *aliquid* est encore ce qui peut être pensé sans que le dénivellement de l'un-être se résolve dans la dissipation non pas de l'être, mais de l'un qui en est la condition nécessaire. C'est pourquoi le quelque chose n'est pas encore le lieu du faux: il ne s'agit certainement pas d'une totalité cohérente, propre à la réalité des espèces naturelles, mais de la multiplicité encore unie sous la modalité minimale d'*un* quelque chose. Ce n'est donc pas un hasard si les simulacres, les ombres et les visions de la huitième hypothèse doivent leur fausseté ainsi que leur proximité au néant à leur indigence d'unité et non d'être[47]. En un mot, le non-être frappe l'un plus que l'être.

C'est pourquoi *aliquid* est étroitement lié à la pensée de l'âme. A partir de la sixième déduction, ce qui est conçu n'est plus l'essence réelle, saisie par et dans l'intellect, mais la représentation de l'âme[48]. Celle-ci pense tout objet mental selon ses modalités discursives, à savoir selon le mélange d'être et de

---

[44] Ficin, *In Soph.*, chap. 31, p. 233 et chap. 37, p. 265.
[45] Ficin, *In Parm.*, chap. 4, (=106), (*Op.*, 1200v).
[46] Ficin, *In Parm.*, chap. 4, (=106), (*Op.*, 1200v).
[47] Ficin, *In Parm.*, chap. 1, (=108), (*Op.*, 1201v).
[48] Ficin, *In Parm.*, chap. 2, (=104), (*Op.*, 1200r).

non-être qui lui est propre, en tant qu'altérité produite par le flux du temps et du mouvement[49]. Ainsi l'altérité spécifique à l'âme de la troisième déduction se retrouve-t-elle dans le quelque chose de la sixième conséquence[50]. Tous deux s'écartent de la plénitude de l'essence intelligible, de l'un-être pris dans son unité multiple. Par l'âme, la multiplicité intelligible se décline, voir *dégénère*[51], dans des modalités de multiplicité toujours moins unies[52], jusqu'à l'impossibilité même de concevoir le vide et le néant, puisque la notion même de multiplicité, fût-elle éparse, ne peut pas être *imaginée*, donc feinte, sans une forme quelconque d'unité[53].

A cet égard, Ficin considère de manière originale que le non-être à l'intérieur de l'un-être ne conduit pas seulement au dénivellement de l'être véritable et stable de l'intellect, mais surtout à sa *transformation dans l'âme*, notamment à ses représentations, soumises aux conditions du temps et du mouvement[54]. Le quelque chose n'est donc pas ce qui peut être conçu par l'intellect, fût-il humain et non divin, mais par l'âme, laquelle peut penser le non-être dan l'un-qui-est encore comme *un* quelque chose, sans présupposer cependant un étant. C'est par cette forme diminuée d'unité que *aliquid* peut être l'objet en quelque sorte (*quodammodo*) d'une science possible[55].

Somme toute, Ficin tente de définir un statut ontologique et non seulement conceptuel d'aliquid, tout en lui faisant correspondre des modalités spécifiques de représentation dans l'âme. Ce qui est, ou presque, et ce qui est concevable sont pensés ensemble, sans réduire l'un à l'autre. Dans ce cadre, les "phantasmata" trouvent leur place. Il ne s'agit pas, pour Ficin, des images ou des concepts fictifs, mais des images illusoires et évanescentes du sophiste[56]. Comme pour les Stoïciens, les "phantasmata" ne sont pas, pour Ficin, les véritables images, mais les images auxquelles l'empreinte fait défaut. Le non-quelque-chose commence ici, mais il s'agit toutefois pour Ficin d'un *quasi-quelque-chose*, puisque l'âme peut encore se le représenter. Car seule la neuvième déduction établit que la multiplicité désordonnée, mais en quelque sorte unie de la huitième conséquence, se dissipe complètement, puisque l'âme est dans l'impossibilité même de la concevoir. La représentation d'un quelque chose est devenue impossible, l'unité ayant désertée son pouvoir même de feindre[57]. A ce moment, mêmes les images illusoires se dispersent.

---

[49] Ficin, *In Parm.*, chap. 2, (=104), (*Op.*, 1200r).
[50] Ficin, *In Parm.*, chap. 2, (=104), (*Op.*, 1200r).
[51] Ficin, *In Parm.*, chap. 2, (=104), (*Op.*, 1200r).
[52] Ficin, *In Parm.*, chap. 2, (=104), (*Op.*, 1200r).
[53] Ficin, *In Parm.*, chap. 1, (=109), (*Op.*, 1201).
[54] Ficin, *In Parm.*, chap. 2, (=104), (*Op.*, 1200r).
[55] Ficin, *In Parm.*, chap. 1 (=104), (=*Op.*, 1200r).
[56] Ficin, *In Parm.*, chap. 1 (=109), (=*Op.*, p., 1201)
[57] Ficin, *In Parm.*, chap. 1 (=111), (=*Op.*, p. 1202).

Néoplatonisme et transcendantaux.

A ce point, on pourrait rétorquer, à cet égard, que le néoplatonisme développe cependant une philosophie transcendantale de l'un. Il remplacerait, en fait, la réduction transcendantale de tout ce qui est à une raison univoque d'intelligibilité par une métaphysique univoque de l'un, selon laquelle tout ce qui est n'est pas seulement un, mais est l'Un même. Le défaut majeur présumé de cette approche serait, d'une part, de ne plus pouvoir distinguer entre le mot, le nom, le concept, la chose, tout étant l'un absolument; d'autre part, de proposer une métaphysique qui, axée sur la valorisation positive du non-être et la coïncidence des contraires, dépasserait la portée de la pensée humaine, qu'il s'agisse de Nicolas de Cues, de Hegel, de Marx, d'Heidegger ou de Teilhard de Chardin[58].

Pourtant, l'ampleur historique d'une telle "structure de pensée" néglige le fait que l'analogie de l'être est essentiellement une matrice de pensée néoplatonicienne, laquelle ne réduit pas toute entité à l'Un absolu, puisque son point de départ est, au contraire, la césure entre l'un ineffable et l'un-qui-est. De la sorte, si tout être demeure cependant un quelque chose d'uni, ce n'est pas au nom d'une identité entre les noms, les choses, les concepts et encore moins grâce à une confuse coïncidence des contraires. La condition d'unité est remplie par un processus dialectique qui implique une médiation à chaque niveau entre le non-être et l'être, jusqu'au moment où l'être, quelque que soit, se trouve saturé, et déterminé, par les propriétés qu'il a acquis le long le parcours de procession et de conversion.

A cet égard, afin de répliquer à cette lecture négative du néoplatonisme, compris comme une métaphysique transcendantale de l'un[59], on voudrait rappeler brièvement la conception hégélienne de quelque chose[60] en tant que catégorie de la logique, notamment de la théorie de l'être-là[61]. Hegel en effet reprend des éléments de la théorie transcendantale d'*aliquid*, en les interprétant dans un horizon néoplatonicien. Naturellement, le contexte de réflexion hégélien est bien différent et suit une logique propre. Toutefois, je voudrais ici seulement suggérer comme les ressources conceptuelles néoplatoniciennes pour penser à nouveau frais le statut ontologique d'*aliquid*, sans le réduire à un objet concevable. D'abord, la définition d'aliquid

---

[58] Cf. de Muralt (1995), pp. 37-40.
[59] Cf. au moins Halfwassen (2005).
[60] B. Bourgois traduit ainsi *Etwas*, en l'écrivant "quelque-chose". Nous éliminons le tiret.
[61] G. W. F. Hegel, *Wissenschaft der Logik=Science de la logique*, I, chap. 2, pp. 82-95; G. W. F. Hegel, *Enzyklopädie der philosophischen Wissenschaften im Grundrisse=Encyclopédie des des sciences philosophiques, La science de la logique*, I, 1, §§ 39-51.

chez Hegel révéle manifestement sa matrice néoplatonicienne. Car, pour Hegel, *l'être du quelque chose consiste dans le non-être de l'être-autre*[62].

Pour comprendre la signification d'une telle définition il faut expliciter ce qu'elle présuppose. Hegel souligne d'abord comme la proposition initiale de la logique: "l'être et le néant sont la même chose" apparaît paradoxale à ceux qui ne savent pas faire le départ entre le savoir nécessaire à la vie courante et le savoir philosophique[63]. Dans celui-ci, on doit comprendre, d'une part, que l'être et le néant s'opposent seulement dans leur *immédiateté*, c'est-à-dire sans que dans l'un d'eux ait été déjà *posé* une détermination qui contiendrait sa relation à l'autre[64]. D'autre part, le devenu est l'être-là[65] du fait de la contradiction que le devenir porte en lui-même[66]. Ainsi la chose, dans son commencement, n'est pas le *néant*, mais elle *n'est pas encore* et pourtant elle est *déjà son être*[67].

Par conséquent, l'être-là est l'unité de l'être et du non-être, dans laquelle l'immédiateté et, partant, la contradiction de ces déterminations sont supprimées, étant donné qu'elles en deviennent des moments[68]. Toutefois, puisque le fondement de la détermination de l'être-là demeure le néant, ce qui est posé est un non-être relatif de l'être-là, impliquant donc un être-autre. Ainsi l'être-là est-il la *qualité*, à savoir la relation à un autre[69]. A ce propos, il faut distinguer deux moments, car l'être-là est la différenciation ainsi que la nouvelle unité en lui-même de l'être-en-soi et de l'être-pour-autre-chose, chacun de ces déterminations contenant l'autre. Toutefois, si l'on considère l'être-là en tant qu'être-dans-soi[70], indifférent à l'égard de l'être-autre[71], il est quelque chose. Cela signifie que l'être-là, en tant qu'être-dans-soi est encore séparé de l'être-pour-autre-chose. Seulement dans la mesure où l'être-pour-autre-chose passe dans l'être-en-soi[72], lequel s'unit de la sorte à l'être-autre, s'accomplit la détermination *réelle* de l'être-là comme être-dans-soi[73].

Réalité peut exprimer aussi l'être-là extérieur (ou être-pour-autre-chose) que l'être-en-soi, mais il s'agit pour Hegel d'une seule signification, de telle sorte

---

[62] Hegel, *Science de la logique*, I, 1, §59, p. 95.
[63] Hegel, *Encyclopédie*, I, §41, p. 205.
[64] Hegel, *Encyclopédie*, I, §41, p. 204.
[65] Traduction française de *Dasein*.
[66] Hegel, *Encyclopédie*, I, §41, p. 204-206.
[67] Hegel, *Encyclopédie*, I, §41, p. 206.
[68] Hegel, *Encyclopédie*, I, §41, p. 207.
[69] Hegel, *Encyclopédie*, I, §43, p. 207.
[70] Trad. fr. pour *Insichsein*. Cf. Hegel, *Science de la logique*, I, 1, §§58-59, pp. 93-94.
[71] Hegel, *Encyclopédie*, I, §41, p. 207.
[72] Tr. fr. de *Ansichsein*. A distinguer de l'être-dans-soi. Cf. Hegel, *Science de la logique*, I, 1, §§58-59, p. 94.
[73] Hegel, *Science de la logique*, I, 1, §§58-59, p. 94.

que si l'une des deux est omise, c'est la réalité elle-même qui manque[74]. Par conséquent, même si quelque chose est l'unité négative de l'être-dans-soi, indifférente à l'égard de l'être-autre, la déterminité est une avec son être[75]. Ainsi le quelque chose porte-t-il en lui cette relation à un autre, de sorte que quelque chose est déjà lui-même un autre par rapport à cet autre[76]. Il est un être de *passage*, qui se transforme dans une autre chose, tout en se rejoignant à soi-même dans le déploiement de son contenu. C'est en ce passage qui réside la véritable infinité, d'autre en autre, par laquelle l'être est "restauré", en tant que négation de la négation, devenant alors le véritable être-pour-soi[77]. On comprend donc finalement pourquoi Hegel considère, comme nous l'avons signalé ci-dessus, que l'être du quelque chose consiste dans le non-être de l'être-autre.

Or, il est manifeste que la réflexion de Hegel est sur ce point débitrice de la tradition médiévale des transcendantaux, est manifeste. *Aliquid* est ici, en effet, étroitement lié, d'une part, avec la négation et le rapport à "autre", d'autre part, avec des conditions de pensabilité dans une conception de l'être en trois temps: en tant que conçu, dans son essence réelle et dans son effectivité. Pourtant, c'est justement la matrice néoplatonicienne qui caractérise la conception hégélienne d'*aliquid*. D'abord, la différence la plus évidente par rapport à la notion médiévale, réside dans la nature processuelle d'*aliquid*. Car le quelque chose n'est ni un mode d'être général de l'étant, convertible avec les autres, ni un sur-transcendantal auxquelles tous les autres pourraient se réduire. Il s'agit, au contraire, d'une des premières déterminations de la logique de l'être, notamment de l'être-là comme qualité. De la sorte, il ne constitue pas un des trois niveaux de la *res*, puisque, d'une part, il n'est pas encore une chose, tout en étant déjà un certain être et d'autre part, il traduit un moment de la nature processuelle de l'être.

Ensuite, on ne doit pas réduire quelque chose à tout ce qui peut être conçu sans contradiction. *Aliquid* est, en fait, une détermination de la logique en tant que science spéculative, laquelle prend la place de la métaphysique traditionnelle. Celle-ci se bornait, selon Hegel, à séparer le sujet et l'objet, au lieu de partir des modes de leurs relations, se condamnant aux concepts isolés et rigides de l'entendement[78]. Comme pour les néoplatoniciens, également pour Hegel, l'être est saturé lorsqu'il atteint la plénitude de son contenu dans le déploiement opéré par le retour sur soi. De la sorte, la véritable universalité logique, qui pense les concepts dans leur fondement,

---

[74] Hegel, *Science de la logique*, I, 1, §§54-55, p. 90.
[75] Hegel, *Encyclopédie*, I, §44, p. 207.
[76] Hegel, *Encyclopédie*, I, §48, p. 208.
[77] Hegel, *Encyclopédie*, I, §48, p. 208. L'être-pour-soi traduit en fr. das *Fürsichsein*.
[78] Hegel, *Encyclopédie*, I, §17, p. 190.

reçoit la signification de *théologie spéculative*[79]. Ainsi Hegel considère-t-il le criticisme kantien comme un idéalisme subjectif (*via* les conditions transcendantales): il demeurerait pris dans une connaissance subjective qui se donne, de manière contradictoire, comme condition une extériorité, une chose-en-soi abstraite et dépourvue de forme, voire "un au-delà vide"[80].

Quelque chose montre, par contre, que ce qui est pensable comme détermination de l'être-là implique un rapport constitutif à son être-autre, de telle sorte qu'*aliquid* exprime déjà une forme de réalité, laquelle signifie l'unité, opérée par la médiation du non-être relatif, entre l'être-pour-autre et l'être-en-soi. Bien que la logique de l'être soit le premier moment d'un procès, pendant lequel la pensée immédiate se réfléchit et s'achève dans sa réalité, le simple quelque chose contient aussi bien le déploiement de soi-même et, par là, son accomplissement. Car la qualité, en tant que nature du quelque chose, ne demeure pas en elle-même, mais elle implique sa propre manière de se déterminer, par le rapport constitutif qu'elle entretient avec autre-chose[81].

La source néoplatonicienne n'est pas la seule composante de la conception hégélienne d'*aliquid*, tant s'en faut. D'ailleurs, une différence fondamentale, en effet, saute aux yeux. Tandis que Hegel conçoit le quelque chose comme une première détermination de l'être, se déployant à partir de son immédiateté en tant que non-être de l'être-autre, Ficin estime qu'*aliquid* est la *dernière* manifestation de l'être-un, lorsque l'altérité relative du non-être lui est attribuée. Par la conception du quelque chose et du presque quelque chose comme ce qui demeure de l'être-qui-est selon les modalités relative ou absolue du non-être, Ficin défend un projet d'une métaphysique dans laquelle les fictions, les ombres, les images ne sont pas un simple rien méprisable.

Pourtant, le réseau de préoccupations et de notions qui en déterminent la nature en montre un héritage non négligeable. En particulier, les ressources conceptuelles néoplatoniciennes sont employées par Hegel, dans une perspective qui présente une conception d'*aliquid* alternative aussi bien à sa réduction à un sur transcendantal qu'à l'oubli présumé de l'analogie de l'être par une vague coïncidence des opposés.

Bibliographie

Sources primaires
Avicenne [1977-1980] : "Liber de philosophia prima sive scientia divina", éd. de

---

[79] Hegel, *Encyclopédie*, I, §17, pp. 190-191.
[80] Hegel, *Encyclopédie*, I, §37, p. 197.
[81] Hegel, *Science de la logique*, I, 1, §103, 67, p. 103.

S. Van Riet, intr. de G. Verbeke, 2 vols., Louvain-La-Neuve.
Damascius [1889] : "In Parmenidem commentarius", in *Damascii successoris Dubitationes et solutiones de primis principiis*, éd. de C. A. Ruelle, Paris.
Duns Scot Jean [1968] : "Quodlibet", qu. 3, éd. de L. Vivès, *Opera omnia*, Paris, 1891-1895, vol. XXV, p. 114 (=reprint Hildesheim)
Ficino Marsilio [1999]: "In Parmenidem", in *Opera Omnia*, Basel, 1576 (2 vols., 4 t.), repr. anast. par P. O. Kristeller et M. Sancipriano, Torino, 1959 (=réimpr. Ivry sur Seine, intr. de S. Toussaint)
Hegel G. W. F. [1972] : "Wissenschaft der Logik", Heidelberg, 1812, tr. fr. de P. J. Labarrière et G. Jarczyk, *Science de la logique*, Paris.
Hegel G. W. F. [1986]: "Enzyklopädie der philosophischen Wissenschaften im Grundrisse", Heidelberg 1830, tr. fr. de B. Bourgois, *Encyclopédie des des sciences philosophiques, La science de la logique*.
Henri de Gand [1991] : "Quodlibet VII", qq. 1-2, éd. de G. A. Wilson, *Henrici de Gandavo Opera Omnia*, t. XI, Leuven.
Platon [1923] : "Œuvres complètes", éd. d'A. Diès, Paris.
Plotin [1924-1928] : "Enneadi=Plotini opera", éd. de P. Henry et H.-R. Schwyzer, V.1 (*En.*, I-III), Paris, 1951; V. 2 (*En.*, IV-V), Paris, 1959; V. 3 (*En.*, VI), Paris, 1973 ; tr. fr. d'E. Bréhier, *Ennéades*, Paris.
Porphyre [1998] : "Isagogé", tr. fr. d'A. Ph. Segonds, Paris.
Proclus [2008] : "In Platonis Parmenidem", éd. et tr. de G. R. Morrow, J. M. Dillon, *Proclus' Commentary on Plato's Parmenides*, Princeton, 1987; cf. aussi *Proclus, Commentaire sur le Parménide*, éd. de C. Luna et A. Ph. Segonds, Paris, 2007; nouvelle éd. et tr., *Procli In Platonis Parmenidem Commentaria*, t. 1, livre I-III, éd. de C. Steel, C. Macé et P. d'Hoine, Oxford, 2007; éd. C. Steel, A. Gribomont, P. d'Hoine, Oxford.
Seneca (=Sénèque) [1993] : "Ad Lucilium epistulae morales", éd. de L. D. Reynolds, Oxford, 1965; tr. fr. de P. Veyne *et al.*, *Sénèque. Entretiens. Lettres à Lucilius*, Paris.
Sextus Empiricus [2002] : "Contre les professeurs", éd. et tr. fr. sous la dir. de P. Pellegrin, Paris.
Thomas d'Aquin [1996] : "De Veritate", tr. fr. et intr. de Ch. Brouwer, *Première question disputée. La vérité*, Paris, 2002; *Questions disputées sur la vérité. Question II. De la vérité ou de la science en Dieu*, tr. fr. et comm. de S.-Th. Bonino, préface de R. Imbach, Fribourg/Paris.

Sources secondaires

Aertsen J. A. [1996]: "Medieval Philosophy and the Transcendentals. The Case of Thomas Aquinas", Leiden.
Aertsen J. A. [2002]: "'Res' as Transcendental. Its Introduction and Significance", in G. Federici Vescovini (éd.), *Le problème des transcendantaux du XIV au XVII siècle*, Paris, pp. 139-156.
Aertsen J. A. [1998]: "What is First and Most Fundamental? The Beginnings of Transcendental Philosophy", in J. A. Aertsen et A. Speer (éds.), *Was ist Philosophie im Mittelalter?*, Berlin/New York, pp. 303-321.

Aubenque P. [1991] : "Une occasion manquée: la genèse avortée de la distinction entre l'"étant' et le 'quelque chose'", dans P. Aubenque (éd.), *Etudes sur le "Sophiste" de Platon*, Naples.
Barbanti M. et Romano F. (éds.) [2002]: "Il Parmenide di Platone e la sua tradizione", Catania.
Boulnois O. [1999] : "Etre et représentation.Une généalogie de la métaphysique moderne à l'époque de Duns Scot (XII-XIV)", Paris.
Brunschwig J. [1988] : "La théorie stoïcienne du genre suprême et l'ontologie platonicienne", in J. Barnes et M. Mignucci (éds.), *Matter and Metaphysics*, Naples.
Castor V. [1999]: "Somethings and Nothing: the Stoics on Concepts and Universals", *Oxford Studies in Ancient Philosophy* 17, 1999.
Combes J. [1989]: "Etudes néoplatoniciennes", Paris.
Courtine J.-F. [1980] :"Note complémentaire pour l'histoire du vocabulaire de l'être. Les traductions latines d'"ousia" et la compréhension romano-stoïcienne de l'être", in P. Aubenque (éd.), *Concepts et Catégories dans la pensée antique*, Paris, pp. 33-87.
Courtine J.-F. [1990] : "Suarez et le système de la métaphysique", Paris.
Druart T.-A. [2001]: "Shay or Res as Concomitant of Being in Avicenna", *Documenti e Studi sulla tradizione filosofica medievale* 12, pp. 125-142.
Halfwassen J. [2005]: "Hegel und der spätantike Neuplatonismus", Hamburg, 2e éd.
Hoffmann P. [1987] : "Catégories et langage selon Simplicius. La question du *skopos* du traité aristotélicien des *Catégories*", in I. Hadot (éd.), *Simplicius. Sa vie, son œuvre, sa survie*, Berlin/New York, pp. 61-90.
Kobusch T. [1996]: "Das Seiende als transzendentaler oder supratranszendentaler Begriff. Deutungen der Univozität des Begriffs bei Scotus und den Scotisten", in L. Honnefelder/R.Wood/M. Dreyer (éds.) "John Duns Scotus. Metaphysics and Ethics", Leiden, pp. 345-366.
Kobusch T. [1996]: "Ens inquantum ens und ens rationis. Ein aristotelisches Problem in der Philosophie des Duns Scotus und Wilhelm Ockham", in J. Marenbon (éd.), *Aristote in Britain during the Middle Ages*, Turnhout, pp. 157-175.
Libera A. de [1996] : "La Querelle des Universaux", Paris.
Libera A. de [1999] : "L'art des généralités", Paris.
Long A. A. et Sedley D. N. [2001]: "The Hellenistic Philosophers", Cambridge, 1987; tr. fr. de J. Brunschwig et P. Pellegrin, *Les philosophes hellénistiques*, Paris, II, pp. 16-24.
Jolivet J. [1984] : "Aux origines de l'ontologie d'Ibn Sina", in J. Jolivet et R. Rashed (éds.), *Etudes sur Avicenne*, Paris, pp. 11-28.
Marmura M. E. [1992]: "Quiddity and Universality in Avicenna", in P. Morewedge (éd.), *Neoplatonism and Islamic Thought*, Albany, pp. 77-87.
Muralt A. de [1995] :"La métaphysique des transcendantaux", *Néoplatonisme et aristotélisme dans la métaphysique médiévale*, Paris.

Porro P. [2002] : "Universaux et 'esse essentiae': Avicenne, Henri de Gand et le '3ème Reich'", in *Le réalisme des universaux*, *Cahiers de Philosophie de l'Université de Caen* 38-39, pp. 10-50.

Rashed M. [2004] : "Ibn' Adi et Avicenne: sur les types d'existants", in V. Celluprica, R. Chiaradonna et C. D'Ancona (éds.), *Aristotele e i suoi esegeti neoplatonici. Logica e ontologia nelle interpretazioni greche e arabe*, Napoli, pp. 107-171.

Rosemann Ph. W. [1996] : "Omne ens est aliquid. Introduction à la lecture du "système" philosophique de saint Thomas d'Aquin", Louvain-Paris, pp. 48-71.

Seconde section

Le rôle de la fiction dans la constitution des normes

Les fictions jurisprudentielles et le raisonnement défaisable en droit[1]

ANA DIMISKOVSKA
Université Saints Cyrille et Méthode – Skopje

Introduction

Parmi les piliers conceptuels et axiologiques de tout ordre juridique, et surtout de l'institution judiciaire, l'idée de la vérité occupe une place particulièrement importante. De nombreuses procédures d'investigation et de reconstruction des situations factuelles qui ont généré les controverses juridiques, l'obligation des témoins de dire la vérité et rien que la vérité devant les tribunaux, les règles strictes de l'administration des preuves dans les contextes juridiques, la tâche du juge de prononcer la vérité du droit sur le cas – tous ces éléments et beaucoup d'autres convergent dans l'instauration et la maintenance du « culte de la vérité » sur le terrain du droit (Billier 2005). Étroitement liée avec une autre valeur fondamentale du système de droit – celle de la sécurité juridique, la recherche impartiale de la vérité dans le contexte du droit représente la garantie ultime contre l'intrusion de l'arbitraire et de toute sorte de manipulation illégitime avec les instruments du pouvoir judiciaire.

Partant de cette prédominance de l'intérêt pour la vérité, en particulier la vérité factuelle, dans le cadre des procédures juridiques (et surtout judiciaires), il pourrait sembler que chaque écart d'elle serait tout à fait contraire à la recherche des solutions justes et objectives des controverses en droit. Cependant, depuis les temps antiques jusqu'à présent, le droit connaît des situations et des exemples spécifiques qui témoignent justement l'opposé. À savoir, parfois, c'est précisément par l'écart de la vérité factuelle,

---

[1] Ce texte reprend et prolonge les réflexions présentées dans l'article « 'Truth and Nothing but the Truth?' The Argumentative Use of Fictions in Legal Reasoning », accepté pour publication dans les Proceedings from the 7th ISSA Conference on Argumentation (29 juin - 2 juillet 2010, Amsterdam), qui doit paraître en 2011. Un des réviseurs anonymes de la version préliminaire de l'article « 'Truth and nothing but the truth...' » a remarqué que le lien entre le phénomène des fictions juridiques et le concept du raisonnement défaisable, qui était brièvement traité dans le texte, devrait être élaboré et justifié d'une manière plus extensive. Dans l'article présent, on a essayé de respecter, autant que possible, cette suggestion, pour laquelle on remercie à son auteur.

par la mobilisation des ressources de l'imaginaire et du fictionnel dans le raisonnement juridique, que la lutte pour la justice et pour le traitement équitable des sujets du droit est menée d'une manière plus efficace que par les moyens conventionnels, « réalistes ». Les fictions juridiques, conçues en tant qu'instruments spécifiques de la technique judiciaire, introduisant une qualification fictionnelle des faits existants afin de parvenir à la solution juridique désirée, sont l'une des instances paradigmatiques de ce phénomène.

Suscitant d'attitudes ambivalentes parmi les théoriciens du droit quant à la légitimité de leur emploi dans les cas concrets de l'adjudication, les fictions juridiques montrent toute la complexité de la relation entre les normes et les faits, entre l'idéalité et la réalité dans le cadre du droit, entre la vérité et les autres valeurs en tant que composantes inextricables du raisonnement juridique. En même temps, elles représentent un véritable défi pour les capacités explicatives des théories logiques qui étudient les structures et les mécanismes du raisonnement juridique. À savoir, il semble que, afin d'expliquer la fonction et la force justificatrice des fictions juridiques dans le contexte judiciaire, il est nécessaire de prendre en compte non seulement les théories classiques, « déductivistes », du raisonnement juridique, mais aussi les théories contemporaines du raisonnement « défaisable » en droit.

Le développement de cette intuition sera la préoccupation principale de cet article. Dans son corpus sera élaborée l'idée que la fiction juridique (ou, mieux, la fiction jurisprudentielle, c'est-à-dire la fiction juridique utilisée par le juge dans l'adjudication d'un cas concret) représente un procédé complexe de raisonnement juridique, qui puise sa force justificatrice du schéma classique subsomptif selon lequel son présentés ses résultats finals, mais qui, derrière cette façade, cache des opérations spécifiques du raisonnement défaisable, surtout en ce qui concerne le balancement des raisons pour et contre certaine conclusion.

Cette idée principale détermine la structure de l'argumentation présentée dans le texte. Tout d'abord, sera précisé la notion de « fiction juridique », en la distinguant d'un autre phénomène avec lequel elle est souvent confondue – la présomption juridique, en particulier la présomption irréfragable (« juris et de jure »). Puis, on élaborera la notion du raisonnement défaisable, en mentionnant aussi la confrontation de différentes positions par rapport à la question si les théories contemporaines du raisonnement défaisable en droit offrent des modèles à des capacités explicatives supérieures à celles des modèles de la logique déductive classique. Finalement, on essayera de dégager les éléments de la défaisabilité caractéristiques pour le raisonnement juridique dans le mécanisme de construction des fictions juridiques et de discuter leur statut logique, mais aussi leur fonction justificatrice.

1. La notion de la fiction juridique

« Vérité fausse » (Alciat ; d'après Thomas 2005, 127[2]), « mensonge de la loi » et, en même temps, « bienfaite de celle-ci », (Cornu; d'après Lamberterie 2003, 5), « mensonge blanche » (Ihering) qui n'est pas créée afin de décevoir et qui, en effet, ne déçoit personne (d'après Fuller 1967, 5-6), « consécration d'une irréalité naturelle » (Delgado-Ocando 1974, 82), « refus délibéré de la réalité » (Rivero 1974, 102) – ce ne sont que quelques formules célèbres par lesquelles différent auteurs ont essayé d'exprimer la nature paradoxale de la fiction juridique. En synthétisant les éléments de quelques définitions classiques, on pourrait dire que la fiction représente un procédé de technique juridique, fondé sur la qualification des faits qui est contraire à la réalité, c'est-à-dire, qui suppose quelque situation différente de la réalité, afin de produire certain effet de droit, en lui attribuant des conséquences juridiques qui découlent de cette qualification fictive (Perelman 1999, 62; Salmon 1974, 114; Foriers 1974, 16; Delgado-Ocando 1974, 78, 82; Rivero 1974, 102; de Lamberterie 2003, 5; Smith 2007, 1437, Moglen 1998, 3, part 2 A).

Cependant, en proposant cette définition, il est nécessaire de souligner l'ambiguïté dont sont imprégnés quelques uns de ses concepts-clés. À savoir, l'utilisation des termes « faits » et « réalité » dans sa formulation déclenche le conflit implicite entre le concept naïf, irréfléchi, de la réalité factuelle comme donnée objective, non-problématique, facilement accessible par des méthodes empiriques, et la conception plus sophistiquée des « faits » et de la « réalité », appropriée pour le contexte légal. Celle-ci prend en compte notamment la capacité constructive des normes et des règles institutionnelles de produire de formes complexes des réalités légales, comme, par exemple, « vol », « homicide », « mariage », « contrat », etc., qui représentent un mélange spécifique des éléments factuels « crus » et des éléments « institutionnels » (Searle 1999, 122–134).

C'est pourquoi certains théoriciens du droit travaillant sur le sujet des fictions juridiques soulignent que l'élément constitutif de la fiction juridique n'est pas son écart de la réalité factuelle conçue dans le sens ordinaire de ce mot, mais sa contrariété à la réalité *légale* existante. D'après Perelman (1999, 62), « la fiction juridique ... est une qualification des faits toujours contraire à la réalité juridique ». Selon Perelman, si cette réalité est déterminée par le législateur, comme, par exemple, dans le cas des associations et d'autres groupements des individus auxquels on accorde le statut des personnalités juridiques, on ne pourrait pas les traiter comme exemples des fictions juridiques, malgré le fait qu'ils s'écartent « de la réalité psychologique et

---

[2] Pagination d'après la version « pdf » de l'article disponible en ligne.

morale », dans laquelle les personnalités sont identifiées comme des êtres humaines individuels. Néanmoins, si le juge accorde le droit d'ester en justice à quelque groupement qui n'a pas la personnalité juridique, alors que la loi garantie ce droit seulement aux personnes juridiques, il recourt, en fait, à une fiction. (Perelman 1999, 62-63). Une position similaire est soutenue aussi par Delgado-Ocando, qui partage la conviction de Dekker que la fiction juridique ne devrait pas être considérée comme une « contravention aux faits naturels » mais plutôt « comme un emploi sciemment inexact » des catégories légales en vigueur (Delgado-Ocando 1974, 82). Donc, on pourrait conclure que le cible véritable de la reconfiguration conceptuelle par l'emploi des fictions juridiques est la réalité *légale* existante, qui, tout en comprenant des composantes factuelles, n'est pas, cependant, réductible à elles.

Le recours aux fictions juridiques, en tant que « lieux où le savoir juridique sollicite explicitement l'imaginaire », ou « zones où la science juridique se rend elle-même perméable à des modes de raisonnement et des données qui ne reposent pas sur un référent réel » (Guerrier s.a., 1), était une pratique habituelle de la jurisprudence depuis l'Antiquité, surtout dans le cadre du droit romain. D'après les mots d'Olivier Guerrier (ibid.),

> [l]es juristes ont depuis longtemps mis en évidence un ensemble de règles en vigueur dans le droit romain, par lesquelles on pose faussement la présence d'une qualité chez un sujet existant, on postule une existence qui n'est pas advenue, ou encore on nie un fait qui existe, en connaissance de cause. Effet délibéré et agréé, déterminé par le principe de l'équité, qui décide de produire sciemment une contre-vérité afin de permettre au droit d'améliorer sa prise empirique sur les situations. Pour garantir à un pérégrin les droits de propriété réservés d'ordinaire au seul citoyen, on use ainsi d'une formule qui instaure une fiction de citoyenneté ; pour assurer la succession testamentaire d'un citoyen mort en captivité, on intente à la réalité en faisant comme si ce dernier était mort à Rome. (…) Par ce phénomène se trouve préservé un corps systématique d'institutions qui renforce pourtant son efficacité sur le monde. Les apparences sont sauves, même si l'audace est grande, puisqu'elle va jusqu'à faire fi des obstacles logiques ou naturels.

La tradition de l'utilisation des fictions continue aussi dans le contexte juridique médiéval, renforcée par les efforts des interprètes médiévaux de repérer systématiquement les fictions formulées dans le Corpus du droit romain et puis de les classer selon les genres de l'être, en utilisant le schéma aristotélicien des catégories. Comme le souligne Yan Thomas, « ainsi voit-on Azon (fin XIIe siècle) plaquer sur cette foisonnante matière les catégories d'Aristote, et trouver que les fictions postulaient – et que par là le droit contribuait à modifier – l'être et le non-être, la quantité, la qualité, la relation, le temps, le lieu, etc. Exemple de «fiction sur la substance»: le droit confère l'existence à qui ne l'a pas encore, tel l'enfant à naître (…) » (Thomas 2005, 115). Dans la tradition du « common law » l'utilisation des fictions juridiques était un des traits les plus distinctifs de la pratique judiciaire ; à savoir, jusqu' au milieu du XIXᵉ siècle, dans le cas civils, l'invocation de fausses allégations de la part du demandeur, que les juges ne permettaient pas au défendeur de contester, était une pratique habituelle (Klerman 2009, 1).

La jurisprudence anglaise du XIXᵉ siècle est aussi la source d'un exemple paradigmatique de l'emploi de cette technique juridique particulière qui utilise les suppositions factuelles fausses en service d'autres objectifs consacrées par le droit (Smith 2007, 1). Il s'agit du recours multiple à la fiction dans l'adjudication de toute une série de cas de vols devant être qualifiés comme *grand larceny*, décrite par Perelman (1999, 63) de manière suivante :

> Un exemple connu, et caractéristique, est celui de la révolte générale des juges anglais, opposés à la législation en vigueur au début du XIXᵉ siècle, qui prévoyait la peine de mort pour tous les coupables de *grand larceny*, c'est-à-dire de crime majeur, la loi énumérant parmi les crimes majeurs tout vol d'une valeur de 40 shillings au moins. Pendant des années, les juges ont estimé à 39 schillings, au plus, tout vol quel qu'il soit, pour ne pas devoir punir le vol de la peine de mort. Jusqu'au jour où, dans un procès plaidé en 1808, ayant évalué à 39 shillings le vol de 10 livres sterlings, c'est-à-dire de 200 shillings, la fiction devint éclatante, et la loi fut modifiée peu après.

Malgré le fait que, comme le souligne Peter J. Smith, dans l'époque contemporaine de la loi positive les fictions « classiques » sont plus rares qu'auparavant, elles ne sont pas, en tant que phénomène, disparues des contextes légales d'aujourd'hui. Tout au contraire, transformées en « fictions juridiques nouvelles » (« new legal fictions ») adaptées à des circonstances complexes de la vie juridique moderne, elles continuent à remplir leurs fonctions multiples, dans plusieurs segments du champ du droit : technique normative, interprétation des normes, justification des décisions judicaires, doctrine juridique (Stanković 1999). C'est pourquoi la notion de la fiction juridique, quoi qu'elle soit « classique » ou « nouvelle », n'est pas homogène, mais plutôt différentiée en fonction du champ de son application et des autorités légales qui l'utilisent.

a) Types de fictions juridiques et la spécificité de la fiction jurisprudentielle

Partant du critère de l'origine ou de la source des fictions en droit, on pourrait distinguer trois types principaux : fiction légale ou législative, fiction « négocielle » ou doctrinale et fiction jurisprudentielle (Delgado-Ocando 1974, 92; Foriers 1974, 16).

La fiction législative, consistant en l'utilisation du procédé fictionnel par le législateur, pourrait, selon Foriers, générer au moins une sous-distinction : la distinction entre la fiction terminologique et la fiction normative.

En utilisant la fiction législative terminologique, le législateur qualifie quelque situation factuelle qui est manifestement contraire « à la réalité conceptuelle communément admise », comme, par exemple, dans le cas où la loi stipule que certains objets mobiles – animaux, semences, ustensiles etc. – sont censés immeubles, comme il est prévu, par exemple, par l'article 524 du Code civil français et du Code civil belge.

Quant aux fictions législatives normatives, leur particularité consiste dans le fait qu'elles demandent, à part la stipulation terminologique, l'adjonction d'une norme complémentaire, sans laquelle il ne serait pas possible d'obtenir le résultat visé par l'emploi de la fiction. Un exemple de cette situation peut être trouvé dans l'article 587 du Code civil dans lequel le législateur définit les droits et les obligations de l'usufruitier, c'est-à-dire, de la personne qui a le droit « de jouir des choses dont un autre a la propriété, comme le propriétaire lui-même, mais à la charge d'en conserver la substance ». Néanmoins, afin de pouvoir appliquer ce droit aussi aux choses « dont on ne peut faire usage sans les consommer, comme l'argent, les grains, les liqueurs, etc. », le législateur est obligé d'introduire une norme supplémentaire, « à savoir qu'à la sortie de l'usufruit, l'usufruitier aura la charge de rendre à la place des choses consommées, des choses de pareille quantité, qualité et valeur ou à défaut leur estimation » (Foriers 1974, 19-20). De cette manière, dans ce cas, l'assimilation fictionnelle des choses consomptibles dans la catégorie des objets légitimes de l'usufruit est rendue possible par l'introduction d'une « métarègle » qui devrait justifier ou contrebalancer la violation de la nature fondamentale de l'institution de l'usufruit faite par l'extension de ce droit.

En ce qui concerne les fictions « doctrinales », il pourrait être constaté que leur différence par rapport aux fictions législatives n'est pas toujours très facile à identifier. Cependant, un des traits fondamentaux des fictions doctrinales est leur capacité d'être utilisées comme des instruments théoriques pour faciliter la réception des nouvelles catégories juridiques ou pour justifier les fondements idéologiques implicites du système juridique. Telles sont, par exemple, les théories de la « fonction déclarative du juge », d'après lesquelles les juges ne doivent pas créer ou interpréter la loi, cela étant la fonction du législateur. Ainsi, l'article 5 du Code civil français prévoit que « Il est défendu aux juges de prononcer par voie de disposition générale et réglementaire sur les causes qui leur sont soumises ». Cependant, d'après Delgado-Ocando, le « mécanisme effectif de la production jurisprudentielle » du droit, accentué notamment dans les théories du réalisme juridique, selon lesquelles « c'est avec le sens établi par les juges et non pas avec d'autre, que les lois sont imposées en tant que telles à la communauté », conteste la fonctionnalité pratique et l'applicabilité universelle du dogme de la séparation des pouvoirs, duquel émane la fiction doctrinale de la fonction seulement déclarative du juge (Delgado-Ocando 1974, 99).

Aussi, parmi les exemples des fictions doctrinales on cite souvent la thèse de la non-existence des « lacunes de la loi », implicitement contenue dans la formulation de l'article 4 du Code civil, selon lequel « Le juge qui refusera de juger, sous prétexte du silence, de l'obscurité ou de l'insuffisance de la loi, pourra être poursuivi comme coupable de déni de justice. » Cette provision de la loi obligeant, en effet, le juge de traiter le système de la loi comme complet, consistant et clair, capable de régler d'une manière non-ambigüe toute controverse juridique, nonobstant les nombreuses situations pratiques qui témoignent l'existence des lacunes, antinomies et ambiguïtés dans la loi, représente une fiction doctrinale dont le but est d'assurer la stabilité théorique et systématique de l'ordre légal en vigueur. (Perelman 1999, 25; Delgado-Ocando 1974, 99).

Cependant, pour les objectifs de cet article, les plus importantes et les plus intéressantes pour une analyse théorique seront les fictions du troisième type – les fictions jurisprudentielles. Il s'agit des fictions utilisées dans le raisonnement judiciaire en tant qu'instruments stratégiques afin d'atteindre l'objectif visé par le juge, par l'utilisation « sciemment inexacte » des catégories légales et des techniques existantes de la qualification juridique. D'après Foriers, la fiction jurisprudentielle représente « un processus opératoire qui fait progresser le droit et qui est utilisé par le juge lorsqu'il désire créer une assimilation évidemment inexacte mais nécessaire pour obtenir un résultat souhaité. » (Foriers 1974, 23).

En les comparant avec les autres types de fictions – c'est-à-dire avec les fictions législatives et doctrinales, on pourrait conclure que la spécificité des fictions jurisprudentielles réside dans leur nature dynamique et imprévisible ; à savoir, il ne représentent ni stipulations terminologiques et normatives intégrées dans les textes légaux, ni thèses doctrinales explicites ou implicites, mais dispositifs « ad hoc », crées afin de pouvoir résoudre quelque cas particulier, d'habitude bien difficile et complexe. La pratique judiciaire montre que leur emploi est courant notamment dans l'application de la loi pénale, ou les membres du jury ou les juges cherchent des moyens d'éviter l'application de la loi qu'ils trouvent injuste dans les circonstances du cas particulier. Des exemples pour cela peuvent être trouvés non seulement dans le cas classique de « 39-schillings », décrit par Perelman, mais aussi dans la pratique judiciaire française et belge du XXe siècle, où, dans quelques cas d'euthanasie, le jury n'a pas trouvé les accusés coupables pour la mort des personnes décédées, malgré le fait qu'à l'époque, les législatives nationales correspondantes n'avaient pas établi la distinction entre l'euthanasie et le meurtre pur et simple (Perelman 1999, 63).

Néanmoins, les fictions jurisprudentielles ne sont pas limitées seulement au champ de la loi pénale; elles peuvent être utilisées aussi dans d'autres segments, comme la loi civile, administrative, internationale, constitutionnelle, etc. Un exemple particulièrement instructif pour l'emploi contemporain des fictions jurisprudentielles peut être trouvé dans le cadre de la pratique judicaire ex-yougoslave et, subséquemment, macédonienne, du droit des contrats des années soixante du vingtième siècle. À savoir, à l'époque, la loi en vigueur sur la vente de terrains et de bâtiments ne reconnaissait la validité juridique qu'aux contrats conclus sous forme écrite, en la refusant explicitement aux accords non-écrits. Cependant, pour décider les cas pratiques dans lesquels les sources du conflit ont été des accords conclus oralement, et pour empêcher les manipulations avec leurs conséquences (par exemple, les tentatives, de la part des vendeurs, de nier l'existence du contrat à l'issue du transfert de la propriété et de l'argent), le tribunal a décidé d'assimiler les accords oraux dans la catégorie des accords écrits et de leur accorder le même statut juridique, à condition qu'ils aient été effectués (décision de la Cour suprême de la Yougoslavie R. no. 1677/65 de 18.03.1966; cité d'après Чавдар 2001, p. 155).

Bien que les fictions jurisprudentielles soient d'habitude utilisées dans le processus d'adjudication des cas pratiques difficiles, elles peuvent aussi représenter des sources pour la création des nouvelles règles législatives. C'était, en effet, le cas avec la décision des juges anglais dans le cas des « 39-shillings » ou la décision de la Cour suprême yougoslave concernant les accords non-écrits mais néanmoins effectués - décisions judiciaires concrètes dont les principes étaient, subséquemment, intégrés dans la loi dans la forme des règles générales. Cette capacité normative est un des aspects les plus importants du phénomène des fictions juridiques, qui sera élaborée au cours du développement de l'argumentation dans l'article.

b) Fictions, présomptions et défaisabilité

Les fictions juridiques ne sont pas les seuls moyens au service du droit qui établissent une relation ambiguë avec la notion de la vérité, prenant pour vraie, dans un sens légal, quelque chose qui n'est pas, ou qui pourrait ne pas être vraie dans le sens factuel. À savoir, c'est aussi le trait distinctif des présomptions juridiques. En général, la présomption représente un fait « putatif », qui, bien qu'il soit seulement probable dans les circonstances concrètes, est néanmoins accepté comme vrai d'une manière provisoire, c'est-à-dire, jusqu' à ce que l'évidence contraire ne se présente pas (Rescher 2006, 4). Plus spécifiquement, la présomption *juridique* pourrait être définie en tant que « Affirmation, d'origine légale ou non, que le magistrat tient pour vraie jusqu'à preuve du contraire ou même dans certains cas nonobstant la preuve du contraire » (cf. Goltzberg 2010, 98). Par exemple, la personne accusée est tenue pour innocente jusqu' à ce que sa culpabilité ne soit prouvée ; l'enfant né dans un mariage est présumé être enfant biologique du mari da sa mère ; un acte de l'administration de l'état est présumé être légal, etc., malgré le fait que, dans certains cas, il peut s'avérer que ces présomptions ne correspondent pas à l'état factuel des choses.

Afin de déterminer la relation précise entre les fictions et les présomptions juridiques, il est nécessaire de prendre en compte la distinction théorique, déjà devenue classique, entre les présomptions *juris tantum* et présomptions *juris et de jure*, c'est-à-dire entre les présomptions « simples », réfutables, qui admettent la preuve du contraire, et les présomptions « absolues », irréfutables, n'admettant pas la preuve du contraire. Par exemple, la présomption de la paternité peut être renversée, parce qu'il est possible de prouver que le père biologique de l'enfant né de l'union maritale n'est pas, en effet, le mari légal de la femme. D'autre côté, la présomption que « chacun connait la loi », ou, dans la formulation Latine « nemo censetur ignorare legem » (« nul n'est censé ignorer la loi ») est d'habitude traitée comme exemple d'une présomption irréfutable, parce qu'il n'est pas possible d'éviter la responsabilité pour l'infraction de la loi dans les poursuites criminelles ou civiles seulement en plaidant l'ignorance de ses provisions.

De ces deux catégories, plus intéressante et plus importante pour notre propos est la catégorie des présomptions irréfutables (juris et de jure), pour deux raisons principales.

Premièrement, il est opportun de se poser la question – comme le fait, par exemple, Rescher, si le concept de la « présomption irréfutable » ne se réduit pas, proprement parler, à une espèce de « contradio in adjecto ». À savoir, selon Rescher, l'idée da la defaisabilité potentielle est constitutive pour la notion de la présomption, parce que la présomption, par définition, garde sa plausibilité seulement en l'absence de la preuve du contraire, et sa nature est indissociablement liée à la possibilité du défaite dans un moment ou autre. Il s'en ensuit qu'il n'y a pas, en fait, de présomptions « pas défaisables » (« indefeasible presumptions ») et que ce qu'on nomme, à tort, « présomptions irréfutables » sont simplement des stipulations, issues du *fiat* juridique (Rescher 2006, 5). Sans prétention d'arbitrer sur la question si la catégorie des « présomptions irréfutables » est authentique et conceptuellement bien fondée, parce que cela n'entre pas dans les objectifs théoriques de cet article, on voudra seulement souligner l'importance de la notion de défaisabilité introduite à l'occasion de la définition de la présomption *sensu stricto*, parce qu'elle s'avérera très pertinente aussi pour le traitement de la problématique des fictions juridiques.

La seconde raison pour laquelle il est important d'élaborer précisément la nature et le statut des présomptions, en particulier des présomptions irréfutables, est le fait que les fictions juridiques sont parfois, dans les explications théoriques, assimilées dans la catégorie de ces dernières. Telle est, par exemple, la position de Wróblewski, selon qui «…la source des fictions se trouve dans les présomptions irréfragables, *praesumptiones iuris et de iure*, car elles ne peuvent être écartées, elles formulent donc des assertions dont la fausseté n'est pas démontrable par une référence à la réalité » (Wróblewski 1974, 67).

Malgré le fait que, à première vue, cette opinion pourrait sembler convaincante, les raisons pour son acceptation ne sont pas conclusives.

Tout d'abord, il parait que les présomptions irréfutables et les fictions juridiques établissent une relation tout à fait différente par rapport à l'élément de la vérité factuelle impliquée dans la controverse légale. À savoir, dans le cas des présomptions irréfutables, la vérité factuelle est simplement traitée comme étant hors de sujet, parce que cette espèce de présomption ne permet pas que les revendications de la vérité factuelle contraires à la vérité présumée soient même prises en considération pour décider le cas. À la différence de cela, la fiction juridique commence par l'identification de la réalité factuelle dans le cas concret, mais puis elle fausse la qualification habituelle des faits de ce cas, afin de pouvoir les inclure dans une autre catégorie légale et en tirer la conséquence légale désirée. C'est pourquoi on pourrait, suivant Foriers, soutenir que

> [p]résomptions et fictions, si elles présentent une certaine analogie du point de vue de la vérité, ressortissent pourtant à des catégories distinctes. Les présomptions se rattachent à la théorie de la preuve, les fictions à la théorie de l'extension de la norme en droit, voire à celle de la création ou de la légitimation de celle-ci. (Foriers 1974, p. 8)

En adoptant l'idée de la différence fondamentale de la nature entre les fictions et les présomptions légales, notre attention dans cet article sera ciblée uniquement sur les premières, en élaborant, au premier chef, la liaison entre le concept de la défaisabilité et la catégorie des fictions jurisprudentielles (notamment par rapport à leur rôle normatif). Mais afin de faire cela, il sera tout d'abord nécessaire d'analyser le phénomène général de la défaisabilité en tant qu'un des traits distinctifs du raisonnement juridique, pris dans sa totalité et non seulement dans certains de ses segments, comme par exemple, la théorie de la présomption, mentionnée plus haut.

2. Le raisonnement défaisable en droit

a) Qu'est-ce que le raisonnement défaisable ?

De quoi parle-t-on quand on parle du « raisonnement défaisable » ? Bien qu'il soit difficile de donner une réponse à cette question qui serait non-ambiguë et universellement acceptable, on pourrait dire que le raisonnement défaisable est le raisonnement où les conclusions sont tirées d'une manière « provisoire », c'est-à-dire où on retient le droit de les « défaire », de les révoquer dans la lumière des informations supplémentaires (Antonelli 2010, 1).

En utilisant, en tant qu'illustration de cette définition, des exemples bien connus, on pourrait mentionner la situation ou une personne perçoit un objet rouge et sur la base de cette donnée perceptive elle conclut que cet objet est effectivement rouge. Cependant, malgré le fait que, normalement, ce type d'expériences perceptives est une base épistémologique suffisante pour en tirer cette conclusion, il peut s'avérer que dans ce cas, l'objet est, en effet, seulement illuminé de la lumière rouge, sa couleur naturelle étant tout à fait différent. À la découverte de cette information, la conclusion que l'objet est rouge devrait être révoquée, bien que, avant cela, elle était justifiée sur la base des prémisses disponibles (cf. Prakken and Sartor 2003, 2 ; Dubucs 1995, 283). Ou – un autre exemple – nous pouvons avoir l'information que l'animal nommé « Moby-Dick » est mammifère et en tirer la conclusion qu'il est un animal terrestre, en utilisant comme prémisse majeure le savoir que les mammifères typiques sont des animaux terrestres. Cependant, en apprenant que Moby-Dick est, en fait, une baleine, on sera obligé d'abandonner cette conclusion, parce que les baleines ne sont pas des animaux terrestres.

En généralisant ces connaissances, on pourrait dire que dans les instances du raisonnement défaisable, la prise en considération des informations nouvelles pourrait changer le statut de la conclusion, parce que par la connaissance des nouveaux faits, mais aussi des nouvelles règles etc., la conclusion qui était justifiée sur la base des prémisses précédentes, pourrait être défaite. C'est pourquoi les raisonnements défaisables sont caractérisés comme des raisonnements « subdeductifs »; à savoir, ils comprennent toujours un certain degré de risque épistémologique, qui est tout à fait absent dans les formes classiques du raisonnement déductif. Dans les arguments déductivement valides, comme il est bien connu, la conclusion établie sur la base d'un ensemble de prémisses ne pourrait être défaite par l'introduction des prémisses nouvelles. Conséquemment, la défaisabilité de certains types de raisonnements (qui sont, d'ailleurs, très fréquents dans tous les segments du raisonnement pratique, ou on est obligé de tirer des conclusions « provisoires » sans avoir accès à tous les paramètres informationnels nécessaires) demande d'autres ressources conceptuelles et techniques pour leur traitement théorique que ceux dont dispose la logique déductive classique.[3] Dans ce sens, la logique dite « non-monotone », développée surtout dans les dernières décennies du vingtième siècle, est un des candidats les plus sérieux pour le statut d'un cadre théorique général qui cherche à donner une formulation précise et utilisable aux principes, mécanismes et modèles du raisonnement défaisable.[4]

Les phénomènes du raisonnement défaisable conçus en tant que raisonnements avec des informations incomplètes et/ou inconsistantes, sont l'objet d'étude dans plusieurs champs théoriques et pratiques – épistémologie, philosophie morale, intelligence artificielle etc. ; cependant, il semble que le terrain du droit est un de « habitats préférés » de ces phénomènes. La nature spécifique du droit et du raisonnement juridique ou les normes et les faits, les règles, les principes et les valeurs sont toujours en une interaction complexe et dynamique, crée un environ particulièrement riche en « déclencheurs » de la défaisabilité à tous les niveaux, surtout au niveau du raisonnement judiciaire. C'est pourquoi il est très important d'identifier précisément les sources et les types de la défaisabilité dans le cadre du droit, afin de pouvoir appliquer ces connaissances sur l'analyse des fictions jurisprudentielles, qui sont le sujet principal de cet article.

b) Types et sources de la défaisabilté en droit

D'après la définition de Prakken et Sartor, la défeasibilité légale, dans un sens très général, comprend toutes les façons différentes dont certaines conclusions légales devraient être abandonnées, même si aucune erreur n'a pas été commise dans leur dérivation (Prakken & Sartor 2003, 1)[5].

En jetant un regard synthétique sur la problématique de la défaisablité en droit, Prakken et Sartor distinguent trois aspects principaux de ce phénomène: aspect inférentiel, aspect procédural et aspect théorique

---

[3] Pour l'insuffisance des instruments de la logique classique pour le traitement de la défaisabilité, surtout sur le terrain du droit, voir Sartor 1993, en particulier section 3.1.

[4] Le nom « logique non-monotone » (ou, mieux, logiques non-monotones, parce qu'il s'agit de plusieurs systèmes et types de systèmes différents) origine, apparemment, du trait logique de la non-monotonie, caractéristique pour les raisonnements défaisables ; à savoir, la non-monotonie consiste dans le fait que l'ensemble des conclusions qui peuvent être tirées de certain ensemble de prémisses ne s'accroit pas, mais peut, tout au contraire, diminuer avec la croissance de l' ensemble initial des prémisses ; comme il était mentionné plus haut, certaines conclusions existantes peuvent être révoquées précisément par l'introduction des prémisses nouvelles (Antonelli, 2010, 1).

[5] En l'original anglais: «We will adopt a very general idea of legal defeasibility, in which we will include all different ways in which certain legal conclusions may need to be abandoned, though no mistake was made in deriving them. »

(« inference-based defeasibility », « process-based defeasibility » and « theory-based defeasibility »). L'aspect inférentiel, traité dans le cadre des logiques non-monotones, concerne, comme il était expliqué plus haut, le fait que les conclusions légales, bien qu'elles soient correctement soutenues par les informations disponibles, ne peuvent plus être déduites quand l'ensemble des informations sera élargi par des informations supplémentaires.[6] Cependant, l'aspect inférentiel de la défaisabilité prend en compte plutôt l'aspect « statique » du raisonnement juridique, en étudiant les relations du soutien logique entre les corpus d'informations et les croyances qui sont justifiées sur la base de ce corpus. L'aspect procédural de la défaisabilité, au contraire, prend en compte les traits « dynamiques » du raisonnement juridique, liés à la procédure des échanges des arguments des parties opposées, la distribution de la charge de la preuve, et toutes les nuances de soutien et de réfutation mutuelle des arguments dans le cadre déterminé par les règles procédurales du système juridique en vigueur[7]. Finalement, l'aspect théorique de la défaisabilité en droit résulte des efforts de construire, dans chaque cas particulier, une théorie qui explique et systématise les données initiales du cas de la meilleure manière, visant la maximisation de la cohérence de la théorie, par laquelle elle pourrait démontrer sa supériorité par rapport aux théories rivales. L'idée fondamentale de Prakken et Sartor par rapport à la question de la défaisabilité juridique est que, afin de donner une explication complète des mécanismes du raisonnement juridique, il est nécessaire de prendre en compte et d'intégrer tous les trois formes de la defaisabilité en droit.

Si, d'autre côté, en tant que critère de la différentation des espèces de la défaisabilité en droit on prend le type des entités (faits, concepts etc.) qui peuvent être sujettes à la défaite, on peut aussi distinguer plusieurs catégories. Hage (2009), par exemple, parle de cinq types : de la défaisabilité *ontologique*, où il s'agit de la défaite de quelque espèce du fait légal ; défaisabilité *conceptuelle*, ou l'objet de la défaite est l'applicabilité d'un ou plusieurs concepts dans quelque situation juridique ; defaisabilité *épistémique*, liée à la faillibilité et à la révisabilité de nos croyances et opinions ; défaite de la *justification*, qui est issue de la défaite de nos raisons ou justifications pour nos croyances concernant les questions légales; défaisabilité *logique*, causée par le phénomène du « conditionnel défaisable », forme dans laquelle

---

[6] D'après Godden et Walton, la modélisation principale de la défaisabilité juridique était précisément cette modélisation
logique ou inférentielle, d'après laquelle le raisonnement juridique défaisable comprend quelque sorte du « conditionnel défaisable » (Godden & Walton 2008, 10).
[7] Pour une explication sommaire de la distinction établie par Pollock entre « rebutting », « undercutting » et « reinstatement of the defeated arguments » voir Prakken & Sartor 2003, 4.

peuvent être représentées les règles du droit (cf. aussi Godden & Walton 2008, 11). Cependant, d'après Godden and Walton (ibid.), il semble que, de cinq types mentionnés par Hage, la défaite de la justification devrait avoir un statut spécial, parce que tous ces types pourraient être traités en tant que ses instances ; à savoir, dans chaque cas de la défaisabilité, ce qui est défait n'est pas quelque fait ou concept, mais une assertion légale, dont les raisons étaient ébranlées ou supprimées. Cette idée de la prédominance de la défaisabilté « justificationnelle », s'avérera bien importante pour le traitement des fictions jurisprudentielles, dans les parties subséquentes de ce texte.

En ce qui concerne les sources de la défaisabilité juridique, il est évident qu'elles sont, au moins, aussi diversifiées que ses types fondamentaux et peuvent être divisées en plusieurs catégories.

Tout d'abord, le trait spécifique des règles juridiques d'admettre des exceptions est un des déclencheurs les plus puissantes de la défaisabilité juridique, parce que l'invocation de l'exception pourrait bloquer la dérivation de la conclusion suggérée par la règle. Par exemple, si la sanction pour l'homicide est l'emprisonnement, la conclusion qu'une personne qui a tué une autre personne doit être emprisonnée pourrait être révoquée si l'accusé prouve que le meurtre a été fait en défense nécessaire - situation reconnue comme exception à la règle générale.

La seconde raison pour laquelle peut se produire la défaisabilité des conclusions légales est l'existence des règles conflictuelles, qui peuvent être appliquées sur le même cas, mais dont les conclusions sont mutuellement inconsistantes. Pour illustrer ce type de situation, supposons que dans une législative pénale vient d'être adoptée la loi qui prévoit une sanction plus sévère pour certain délit que la loi précédente. Mais aussi, dans le même système juridique, il y a la règle qui prévoit que, dans le cas où pour un même délit deux lois prescrivent deux sanctions différentes, on applique la loi qui est plus favorable pour l'accusé. Aussi, ce système adopte le principe *lex posterior*, d'après lequel la loi postérieure déroge à la loi antérieure. Donc, de cet ensemble de règles et des principes il est possible de tirer deux conclusion opposées : l'une, qu'il faut appliquer la sanction moins sévère, en conformité avec le principe « sanction plus favorable pour l'accuse » et l'autre, qu'il faut appliquer la sanction plus sévère, en conformité avec la loi nouvelle et le principe « *lex posterior* ». Dans cette situation l'enjeu du raisonnement juridique est de déterminer quelle conclusion l'emportera sur l'autre dans le conflit des arguments opposés et sera mieux justifiée par les moyens argumentatifs disponibles.

Troisièmement, partant de l'idée que les raisons pour l'application de certains règles ou principes dans l'adjudication d'un cas concret peuvent être contrariées par des raisons opposes, plaidant pour la non-application de ces règles/principes, il est souvent nécessaire d'opérer un pesage, un balancement du poids relatif des raisons conflictuelles. Par exemple, si une règle juridique interdit de dormir dans la station de train, et un voyageur s'est endormi sur un banc en attendant le train qui est en retard, le fait qu'il dort dans le bâtiment de la station est une raison d'appliquer la règle qui interdit ce type d'action. Mais, d'autre côté, l'aperçu qu'il ne s'agit pas d'une l'action volontaire d'utiliser l'espace public pour y passer la nuit et déranger éventuellement les autres voyageurs représente une raison contre l'application de la dite règle. Le résultat de ce processus de pesage et de balancement, dans lequel à travers la formulation des raisons opposées, le rôle des valeurs protégées par le droit et leur hiérarchisation s'avère comme crucial, est individuel pour chaque cas particulier ; cependant, dans certaines cas, la découverte des nouveaux faits peut aussi faire pencher la balance des raisons à un côté ou à l'autre et déterminer la conclusion légale définitive (Hage and Peczenik s.a., 5-6).

Aussi, une autre source majeure de la défaisabilité en droit est l'indétermination, la texture ouverte de certains concept-clés juridiques (par exemple, « bonnes meures », « raisonnable », même « véhicule ») qui empêche la classification nette des particuliers et cause l'indétermination dans l'application des règles comprenant des concepts de ce type.

Partant de ces considérations et exemples, qui montrent le rôle très important joué par les instances de la défaisabilité dans tous les segments du raisonnement juridique, il est bien naturel de considérer que la défaisabilité est vraiment un de ses traits fondamentaux et constitutifs, et que, conséquemment, les ressources de la logique classique, sur lesquelles est fondé le modèle supsomptif du raisonnement juridique, sont insuffisantes pour son traitement théorique adéquat. Cependant, dans les recherches contemporaines du raisonnement juridique il y a des voix critiques par rapport à cette opinion largement acceptée. Par exemple, un parmi eux, Juan Carlos Bayón, trouve que, bien qu'il soit possible qu'il y ait de normes légales défaisables, il est exagéré et fortement contre-intuitif d'affirmer que c'est une caractéristique générale de toutes les normes légales. D'après lui, il n'est possible de parler de la défaisabilité du raisonnement juridique que dans un sens bien limité, dans lequel on traite la justification légale en tant que question de cohérence. Cependant, ce sens de la défaisabilité juridique n'est pas fonde sur la défaisabilité possible des normes légales elles-mêmes, et surtout, il ne met pas en cause le caractère subsomptif de la justification légale (Bayón 2002, 1). Sans prétention d'arbitrer sur cette question ouverte, qui dépasse largement les limites de notre propos, on retiendra, de cette argumentation, seulement l'idée que la subsomption déductive classique, dans laquelle la solution judiciaire de quelque cas est traitée comme une application de la règle générale sur le cas particulier, est un des instruments les plus puissants de la justification en droit.[8] Dans la partie finale de cet article, en revenant à la problématique des fictions jurisprudentielles, on essayera de montrer comment cette idée est utilisée dans leur construction, malgré la présence forte des éléments de la défaisabilité inclus dans la genèse de ce type de fictions.

3. La défaisabilité dans l'opinion judiciaire et la construction des fictions jurisprudentuielles

En appliquant les aperçus généraux concernant la défaisabilité en droit sur le terrain du raisonnement judiciaire, il est clair qu'il possède plusieurs traits spécifiques.

Tout d'abord, l'importance de l'aspect procédural de la défaisabilité en droit, mentionné dans la section précédente, souligne le fait que la défaisabilité du raisonnement juridique est le plus étroitement liée à sa nature dialogique et dialectique. À savoir, le caractère fondamentalement conflictuel des procès juridiques, dans lesquels chacune des parties cherche des moyens légaux et procéduraux par lesquels elle pourrait défaire les conclusions de l'adversaire, inspire naturellement l'esprit de la défaisabilité dans les confrontations dialogiques en droit. C'est pourquoi, d'après l'opinion de Prakken et Sartor, partagée aussi par Godden et Walton, la meilleure façon de modélisation de la défaisabilité en droit est, en fait, la modélisation procédurale et dialectique, plutôt que purement logique (Godden & Walton 2008, 6). Cependant, dans la cas de l'opinion judiciaire, la situation est tout à fait différente ; ici, il ne s'agit pas d'un dialogue argumentatif ou la charge de la preuve peut se déplacer entre les protagonistes, mais où un raisonneur unique – le juge - a fourni la justification pour sa décision (« Instead of two parties engaged in an argumentative dialogue where the burden of proof can shift back and forth between disputants, we have a situation where a single reasoner has provided a justification or rationale for a decision » ; Godden & Walton 2008, 7). Or, malgré cette situation « monologique » (du moins, en apparence), l'opinion judiciaire est quand même sujette à des formes différentes de la défaisabilité, par lesquelles elle peut être annulée en appel ou renvoyée à un tribunal de première instance pour un nouveau procès. En principe, la base pour l'appel pourrait être triple : 1) erreur judiciaire

---

[8] Du cote logique, le modèle subsomptif est fondé sur la structure argumentative du type « modus ponens » : si « si p alors

q » et « p », alors « q ». Son application dans le raisonnement juridique s'effectue, généralement, en trois etapes : 1) On vérifie si les faits du cas satisfont les conditions formulées dans la règle ; 2) Si ils les satisfont, la règle est appliquée et sa conclusion représente la solution juridique du cas ; 3) S'ils ne les satisfont pas, la règle ne s'applique pas et sa conclusion n'est pas pertinente pour résoudre le cas juridique.

consistant en une mauvaise application de la loi matérielle ; 2) erreur procédural – mauvaise application des règles de la loi procédurale 3) découverte des nouveaux faits admissibles et pertinents pour la décision finale du cas (Godden and Walton 2008, 12).

Une des thèses principales qu'on voudrait développer dans cet article est que les fictions jurisprudentielles représentent des instances spécifiques, tout à fait particulières, de la défaisabilité de l'opinion judiciaire, malgré le fait qu'elles n'entrent pas dans aucune des trois catégories mentionnées plus haut – erreurs de la loi, erreurs de la procédure, découverte des nouveaux faits. Leur spécificité consiste dans le fait que les mécanismes de la défaisabilité, dans la construction des fictions jurisprudentielles n'opèrent pas de l'extérieur, en annulant quelque décision judiciaire que était déjà prise et officialisée, faisant partie de la circulation juridique institutionnelle. Dans le cas des fictions jurisprudentielles, la défaisabilité fonctionne plutôt de l'intérieur, comme une espèce d'auto-défaite de l'opinion judiciaire par rapport à une décision prise en conformité avec des règles de la loi existante, et quand même perçue par le juge lui-même comme une solution pas satisfaisante de la controverse juridique en question. Bien entendu, afin de pouvoir dégager, dans le phénomène des fictions jurisprudentielles, les éléments caractéristiques pour le raisonnement défaisable, il est nécessaire d'adopter une définition très large du concept de la défaisabilité, en tout cas plus large que la notion traditionnelle. Par exemple, on peut accepter l'opinion de Godden et Walton que, d'après cette définition élargie, « defeasibility also includes cases where the deletion or modification of an old premisse in an argument makes the argument default, so that the conclusion can no longer be drawn ». (Godden and Walton 2008, 10). Dans le cas des fictions jurisprudentielles il s'agit précisément de la modification d'une des prémisses précédentes de l'argument ; or, cette modification est tout à fait spécifique, parce qu'elle consiste en la requalification des faits qui, d'une manière flagrante, s'écarte de la réalité naturelle et légale à laquelle ces faits appartiennent au premier chef.

Rappelons, pour les besoins de l'analyse, un des exemples cités plus haut – l'exemple avec les accords oraux fictionnellement assimilés, par les juges, dans la catégorie des accords écrits (section 1a), en essayant de reconstruire, par étapes, le raisonnement judiciaire dans ce cas et de dégager les éléments de la défaisabilité dans la construction de la fiction juridique.

Première étape : Identification des faits du cas et de la règle applicable à ces faits

La règle légale existante sur la vente et l'achat des immobiliers prévoit que la validité juridique est reconnue seulement aux accords écrits, et que, conséquemment, les accords oraux ne peuvent pas jouir de la protection légale. D'après la situation factuelle, dans le cas concret il s'agit d'un accord oral de vente/achat des biens immeubles, dont l'existence en tant que contrat valable est niée par le vendeur à l'issue du transfert de la propriété et de l'argent. Le vendeur demande la restitution de la situation originaire, dans laquelle il revendiquera son droit de propriété sur les biens immeubles, et l'acheteur recevra la somme d'argent qu'il a payé en les achetant.

Deuxième étape : Application de la règle sur les faits du cas et déduction de la conclusion
Dans cette étape, le juge est oblige d'appliquer la règle qui renonce le droit de jouir de la protection légale aux accords conclus de la manière orale et de permettre la restitution de la situation originaire. À savoir, de la règle « Si le contrat x n'est pas conclu en forme écrite, il ne peut pas jouir de la protection légale » et la constatation que « Le contrat a (instanciation de x) n'est pas conclu en forme écrite », la seule conclusion qu'on peut tirer de la manière logiquement valide est que « Le contrat a ne peut pas jouir de la protection légale », c'est-à-dire qu'il devrait être annulé suite de la demande du vendeur et la situation originale devrait être restituée. Cependant, le juge n'est pas prêt à traiter cette conclusion en tant que solution définitive et optimale du cas en question, malgré le fait qu'elle s'ensuit de l'application du modèle classique déductif du raisonnement judiciaire.

Troisième étape : Contrôle et estimation de la valeur juridique de la conclusion obtenue
C'est une étape cruciale qui montre l'insuffisance des ressources de la logique classique pour une représentation adéquate de toutes les finesses du raisonnement juridique et surtout du raisonnement judiciaire. À savoir, le phénomène de l'estimation de l'acceptabilité juridique de la conclusion, dans le sens de sa conformité aux principes et aux valeurs fondamentales protégées par l'ordre juridique est une des spécificités de ce type du raisonnement les plus marquantes. Dans le cas qu'on analyse à titre d'exemple, le juge s'est rendu compte que la conclusion issue de l'application de la règle existante, qui renonce à l'accord verbal le droit à la protection légale, défavorise, effectivement, la protection de la valeur de l'honnêteté et de la bonne foi dans les transactions et les échanges, qui représente une des valeurs fondamentales de la loi des contrats. Pourquoi ? Parce que la négation de l'existence du contrat de la part du vendeur était motivée par une situation particulière sur le marche des immobiliers – l'augmentation des prix des terrains, grâce à laquelle, une fois le contrat précédent annulé et le bien réapproprié, il pourrait le vendre de nouveau pour un prix considérablement plus grand et tirer du profit matériel de cette transaction. Cependant, cela mettrait l'acheteur précédent en une position défavorable, parce que, en tant que partie dans le contrat, il agissait en bonne foi, en remplissant toutes les obligations concernant le payement du

prix demande pour le bien. Maintenant, il serait privé de sa possession sans possibilité d'acheter un bien équivalent même après la restitution de son argent payé lors de l'achat, parce que les conditions du marché sont changées et les prix sont beaucoup plus hauts qu'à l'époque de la transaction originale.

En plus, par la décision d'annuler le contrat, une autre valeur importante pourrait être menacée – celle de la sécurité juridique exprimée, entre autre, à travers le principe « pacta sunt servanda » (« les contrats doivent être respectés »), malgré le fait que, d'autre côté, la protection de la sécurité juridique des parties dans le contrat était aussi une des raisons principales pour instaurer la règle qui exige que les contrats soient conclus en forme écrite.

Donc, en prenant en vue tous ses aspects le juge décide de ne pas accepter cette conclusion comme la solution juste de la controverse en question, parce qu'elle n'est pas en conformité avec les valeurs et les principes protégés par l'ordre juridique, et parce que, si on accepte la demande d'annulation du contrat oral, l'usage manipulatoire de la règle légale de la part du vendeur pourrait nuire à la valeur même (la sécurité juridique) pour la protection de laquelle cette règle était formulée au premier chef.

Quatrième étape : L'abandon de la conclusion insatisfaisante et la modification de la prémisse factuelle

Si on revient à la définition générale de la défaisabilité en droit, qui comprend « all different ways in which certain legal conclusions may need to be abandoned, though no mistake was made in deriving them » (Prakken & Sartor 2003, 1) on peut s'apercevoir que le mécontentement avec l'aspect axiologique de la décision, même dans le cas ou elle est dérivée en conformité avec les règles légales en vigueur et avec les réglés de la déduction logique, pourrait représenter une des raisons pour sa défaite dans le cadre du raisonnement judiciaire. Cependant, la renonciation à une conclusion judiciaire dérivée d'une manière correcte n'est pas une opération facile et non-controversable, parce que cela pourrait aller à l'encontre du principe de la prévisibilité des décisions judiciaires, en tant qu'une des garanties principales de la sécurité juridique des sujets du droit. Conséquemment, le juge qui s'écarte de la solution de la controverse juridique obtenue par l'application des règles légales en vigueur aux faits du cas, pourrait être rendu coupable pour l'abus du pouvoir judiciaire et de la manipulation avec ses instruments. C'est pourquoi il est obligé de trouver des manières légales de la justification de l'abandon ou du blocage de la conclusion insatisfaisante. Comme il était mentionne plus haut, les sources habituelles de la défaisabilité en droit, par lequel il est possible de « bloquer » ou de justifier l'abandon de quelque conclusion légale sont soit les exceptions à la règle, soit les règles conflictuelles, soit les règles ambiguës qui permettent des interprétations différentes de leur contenu. Or, des analyses précédentes des fictions juridiques, il est clair que le besoin même de recourir à elles dans le raisonnement judiciaire parait précisément dans les situations ou aucune exception, règle conflictuelle ou interprétations alternative ne peut pas être invoquée par le juge afin d'éviter le résultat de l'application de la norme pertinente pour le cas et de justifier la solution désirée – dans le cas-exemple, la protection légale des accords oraux effectués. De cette manière, n'ayant pas le droit d'assumer (du moins, explicitement), le rôle législative et de changer la norme légale qui produit la conclusion non-acceptable, l'auteur de la fiction juridique recourt à la modification de l'autre élément sur lequel est fondé la structure logique de son raisonnement – la prémisse factuelle. La modification de cette prémisse, par laquelle l'accord oral est, d'une manière fictionnelle, assimilé dans la catégorie des accord écrits, protégés par la loi, est le cœur même de la fiction jurisprudentielle, qui défait l'argument précédent et annule sa conclusion, estimée par le juge comme la solution insatisfaisante de la controverse juridique en question.

Cinquième étape : Déduction et justification de la conclusion nouvelle

L'assimilation fictionnelle des accords oraux effectués dans la catégorie des accords écrits permet au juge de subsumer la situation factuelle requalifiée sous le domaine d'application de la règle juridique qui garantit la protection légale aux accords conclus en forme écrite. De cette manière, la conclusion que l'accord oral effectué ne peut pas être simplement annulé suite de la demande du vendeur, peut être justifiée d'une manière logique[9] dans la cadre le l'ordre légal existant. À savoir, cette nouvelle conclusion « Le contrat a jouit de la protection légale » s'ensuit de l'application de la règle « Si x est un accord conclu en forme écrite, il jouit de la protection légale » en conjonction avec la nouvelle prémisse factuelle (et fictionnelle, en même temps) « le contrat a (comme instanciation de x) est (censé être) conclu en forme écrite », malgré le fait que cette prémisse s'écarte de la réalité ontologique du cas.[10]

---

[9] Pour les caractéristiques de la justification légale dans le cadre de l'approche logique, en comparaison avec l'approche rhétorique et l'approche dialogique à l'argumentation juridique, voir Feteris 1999, 15-19.

[10] À première vue, il pourrait sembler que ce cas est tranché par l'utilisation de l'extension analogique de la règle légale en question (protection légale des accords écrits), c'est-à-dire, son application aux cas similaires, en des aspects juridiquement pertinents, à ceux visés par sa formulation originale. Cependant, cette explication ne fonctionne pas quand il s'agit de la construction des fictions juridiques, parce que le besoin d'utiliser la fiction survient précisément dans les situations où il existe une différentiation claire et déterminée par la loi entre les catégories qui sont assimilées

Il est évident que cette analyse provisoire du mécanisme des fictions juridiques peut ouvrir beaucoup de questions et de points discutables. Cependant, en cette occasion on ne retiendra que quelques uns qui semblent être les plus importants et les plus pertinents pour le propos de cet article.

Premièrement, en revenant sur la distinction entre les cinq types de la défaisabilité en droit élaborés par Hage – défaisabilité ontologique, épistémique, conceptuelle, logique et de justification – il semble que le phénomène des fictions juridiques montre l'importance d'un autre type de défaisabilité en droit, surtout dans le cadre du raisonnement judiciaire – la défaisabilité axiologique. A savoir, parfois, l'abandon des conclusions juridiques peur être cause précisément par le fait qu'elles entrent en conflit avec le besoin de protéger certains valeurs légales, sociales, humaines (sécurité juridique, justice, équité, vie humaine etc.). L'utilisation des fictions juridiques montre très clairement que, dans l'adjudication des cas concrets, ces valeurs peuvent obtenir un statut prioritaire et l'emporter sur l'impératif de respecter la lettre des règles existantes de l'ordre légal, dont l'application mécanique et irréfléchie pourrait menacer la réalisation des valeurs en question.

Deuxièmement, les fictions juridiques en tant qu'instances de la défaisabilité axiologique dans le raisonnement judiciaire, représentent des instruments particuliers, stratégiques, de la justification des décisions judiciaires.[11] À savoir, elles utilisent la puissance justificative du modèle subsomptif du raisonnement judiciaire, parce que, par la modification de la prémisse factuelle et sa subsomption à la prémisse normative, elles donnent à la conclusion finale un statut de nécessite (quasi)logique. Les opérations de la défaisabilité restent cachées derrière cette « façade syllogistique », en témoignant du caractère hybride du raisonnement judiciaire, dans lequel les éléments logiques, « statiques », et les éléments dialectiques, « dynamiques », les procédés délibératifs et les procédés justificatifs sont entrelacées d'une manière indissociable. C'est pourquoi il semble qu' afin de comprendre la manière complète du fonctionnement des fictions juridiques, il est nécessaire de prendre en compte à la fois les ressources conceptuelles et explicatives de la logique déductive classique *et* de la logique non-classique, non-monotone, défaisable, en associant les éléments de la défaisabilité plutôt avec le « contexte de la découverte » de la solution judiciaire optimale

---

de la manière fictionnelle - dans ce cas, entre l'accord écrit et l'accord oral. Sur ce point, comparer l'opinion de Delgado-Occando (1974, 82), d'après qui la fiction est générée précisément par la décision de traiter d'une manière analogique des situations juridiques qui sont explicitement identifiées en tant qu'inégales.

[11] Le rôle stratégique des fictions jurisprudentielles dans le cadre du raisonnement juridique était plus extensivement élaboré dans notre article « 'Truth and Nothing but the Truth?' The Argumentative Use of Fictions in Legal Reasoning » (voir note 1).

dans quelque cas qui exige la construction de la fiction, et les éléments de la déduction classique avec le « contexte de la justification » de cette solution fictionnelle.

Troisièmement, l'aspect de la défaisabilité axiologique, fortement présent dans la construction des fictions jurisprudentielles souligne aussi l'importance de la « défaite de la justification, traitée, de la part de Godden et Walton (voir section 2b) en tant que forme « générique » de la défaisabilité en droit. À savoir, d'après cette perspective, toutes les autres formes de la défaisabilité pourraient être assimilées dans la catégorie «défaite de la justification» pour certaine assertion légale. La défaisabilité axiologique présente dans la construction des fictions juridiques, peut, elle aussi, être conçue en tant qu'une instance particulière de la défaite de la justification pour la décision juridique qu'on trouve insatisfaisante, pour des raisons axiologiques. Cependant, le lien étroit entre les valeurs et la justification des décisions juridiques ouvre une question bien importante, en montrant « l'autre face de la médaille » de l'emploi des fictions juridiques dans le raisonnement judiciaire, qui sera traité dans la partie finale de cet article. Il s'agit du danger potentiel de leur utilisation inadéquate, en tant qu'instrument de l'abus du pouvoir judiciaire, en fonction de justification des décisions judiciaires motivées non par la recherche impartiale de la justice, mais plutôt par les intérêts particulières (économiques, politiques, privées, etc.) des juges ou de certaines structures sociales qui les ont instrumentalisés.

4. Le danger de l'abus et la capacité normative : vers les critères de démarcation de l'usage légitime et l'usage illégitime des fictions jurisprudentielles

Dans la partie introductoire de cet article, les fictions jurisprudentielles étaient décrites, généralement, en tant que moyens spécifiques de la technique juridique, utilisés par les juges comme instruments stratégiques de la lutte pour la justice et pour le traitement équitable des sujets du droit, malgré leur relation controverse avec le concept de la vérité. Les exemples choisis confirmaient aussi cette vision du phénomène des fictions jurisprudentielles. Cependant, parmi les théoriciens et les praticiens du droit l'opinion sur la nature et l'utilisation de ces moyens fictionnels dans le raisonnement judiciaire n'est pas toujours très favorable.

En revenant sur l'importance du rôle de la vérité factuelle dans l'adjudication des cas concrets, l'argument crucial des « sceptiques » par rapport au rôle positif joué par les fictions en droit est que l'exigence pour l'adhérence à la vérité dans le contexte judiciaire ne devrait pas être négligée, parce qu'elle découle du besoin d'assurer l'objectivité, l'impartialité et la sécurité juridique dans l'administration de la justice. Conséquemment, chaque aberration d'elle inspire spontanément la suspicion que le respect de ces valeurs fondamentales pourrait être, en quelque façon, menacé. C'est, probablement, la raison principale pour laquelle, dans l'histoire de la pensée juridique, les fictions jurisprudentielles étaient souvent perçues d'une manière négative, en tant que technique de manipulation par les juges, qui corrompait le fonctionnement normal du système juridique. Cette attitude était particulièrement répandue dans la tradition du "common law", où l'utilisation des fictions dans le procès de l'adjudication était très fréquente. Un des partisans les plus fervents de l'opinion négative par rapport à l'utilisation des fictions jurisprudentielles était Jeremy Bentham, d'après qui elles ne représentaient que l'usurpation du pouvoir législative par les juges. Il comparait même la fiction juridique à une maladie dangereuse, la syphilis, qui infecte le système juridique avec le principe de la pourriture (cf. Smith 2007, 1466; Klerman 2009, 2; Fuller 1967, 2-3).

Dans le contexte contemporain, il y a aussi des opinions d'après lesquelles les fictions juridiques représentent des moyens artificiels et dangereux de la technique judiciaire (cf. Stanković, 1999, 346), parce qu'elles peuvent servir à protéger des intérêts particuliers de nature politique, économique, personnelle, etc., à discréditer ou à éliminer les adversaires politiques, à légitimer une politique oppressive par la classe ou par l'idéologie dominante (sur l'échelle nationale ou internationale, etc.). Donc, en prenant en compte les opinions opposées sur la nature et l'utilité des fictions jurisprudentielles, on pourrait dire que la distorsion fictionnelle de la réalité existante, afin d'entrainer certaines conséquences juridiques désirées est un geste ambigu, qui peut servir la recherche de justice et d'équité aussi bien qu'il puisse l'entraver.

C'est pourquoi le problème de l'élaboration des critères de la démarcation entre l'usage légitime et l'usage illégitime des fictions jurisprudentielles en tant que technique de justification des décisions judiciaires, en particulier dans les cas complexes et difficiles, se montre comme un point d'importance ultime. Bien entendu, à cause de la particularité de chaque cas singulier qui doit être adjudique et à cause de l'interaction complexe des valeurs, principes, règles et intérêts dans le processus de l'adjudication, il n'est pas possible de formuler des critères généraux, universels et infaillibles pour l'usage adéquate des fictions jurisprudentielles dans tous les segments du champ juridique (pénal, civil administratif, etc.). Cependant, bien que cette question des critères de l'utilisation correcte des fictions jurisprudentielles ne soit pas traité extensivement et explicitement dans la littérature existante sur le sujet, dans le cadre de la pensée philosophique, morale et juridique contemporaine il est possible d'identifier du moins la direction générale dans laquelle on pourrait chercher ses réponses. À savoir, cette recherche pourrait s'inscrire dans le cadre défini par la formulation de la principe de l'« universalisabilité» («universalizability») dans la philosophie morale (cf., par exemple, Hare 1963) et sur ses variantes appropriées pour le contexte légal – comme, par exemple, le "règle de la justice" de Perelman (Perelman & Olbrechs-Tyteca 1983, 294) et "les règles de la justification" dans le discours rationnel pratique dont parle Alexy (Alexy 1989, 202-204).

Dans tous ces exemples, l'idée sous-jacente est qu'un des traits fondamentaux de l'application juste et équitable des règles légales est leur capacité d'universalisation, dans le sens ou le traitement accordé à un individu dans quelque situation juridiquement pertinente, devrait aussi être accordé à tout autre individu qui se trouve dans une situation similaire en tous les aspects pertinents. Appliqué sur le problème des fictions jurisprudentielles, cela voudrait dire que si le juge est prêt, dans une situation idéale de parole, de déclarer ouvertement le choix normatif obscurci par les moyens fictionnels et de plaider pour l'universalisation de la fiction en tant que précédent pour d'autres cas ou en tant que règle générale qui doit être explicitement incorporée dans le système juridique, alors cela peut être considéré comme un signe positif (mais pas comme un critère absolu ou incontestable) de la légitimité de son utilisation antérieure. Apparemment, la protection des intérêts partielles - politiques, économiques ou idéologiques - "couverte" par l'utilisation déraillé, abusive, des fictions dans le raisonnement judiciaire ne devrait pas être en mesure de passer l'épreuve l'hypothétique ou réel d'universalisabilité.

En réalité, dans un sens historique, l'universalisation, c'est-à-dire l'extension d'une solution judiciaire particulière à d'autres cas similaires, était l'effet général de l'utilisation de certains fictions juridiques bien connues, y compris les fictions de nos exemples - la décision des juges anglais d'épargner la vie du petit voleur et de la Cour suprême yougoslave d'accorder le droit de la protection légale aussi aux accords oraux (à condition qu'ils soient effectués). À savoir, le *ratio decidendi* de ces décision juridiques, malgré l'élément fictionnel employé dans leur construction, était généralisé et ces solutions étaient, subséquemment, intégrées dans les législatives respectives en tant que règles générales.[12] De cette manière, les fictions jurisprudentielles ont déployé leur capacité normative importante, en contribuant à la sensibilisation des autorités légales et sociales à l'écart existant entre la réalité et les normes, et à la possibilité de surmonter celui-ci par la création des nouvelles règles juridiques. De cette manière, les fictions jurisprudentielles, en dépit de leur caractère controverse, ou, peut-être, précisément à cause de cela, se révèlent être, non seulement dans l'histoire, mais aussi dans le présent, une impulsion puissante de l'évolution

---

[12] La législative macédonienne, en succédant la législative fédérale après la désintégration de l'ex-Yougoslavie, a aussi adopté la norme dérivée de la décision de la Cour suprême yougoslave.

conceptuelle et normative, dans le sens légal, mais aussi dans le sens philosophique et logique de ce mot.

Conclusion

Dans cet article, on a essayé de traiter la problématique des fictions jurisprudentielles du point de vue des théories contemporaines du raisonnement juridique, qui soulignent la défaisabilité en tant qu'un de ses traits les plus importants. L'élaboration du rôle justificatif des fictions jurisprudentielles, en fonction de légitimation des décisions judiciaires qui ne peuvent pas être justifiées uniquement sur la base des règles existantes du système légal en vigueur, était un des points centraux des analyses accomplies dans le texte. Cependant, ces analyses ont suggéré que le rôle justificatif des fictions jurisprudentielles s'explique de la manière la plus complète si on prend en compte non seulement l'aspect « dynamique » des mécanismes de la défaisabilité utilisés dans le raisonnement judiciaire, mais aussi l'aspect « statique », c'est-à-dire l'aspect du soutien justificatif maximal que les prémisses fournissent à la conclusion dans le modèle déductif classique, dans la forme duquel sont présentés les résultats finals de la construction des fictions juridiques. Aussi, il était suggéré que le type de le défaisabilité qui est le plus pertinent pour l'explication du fonctionnement des fictions judiciaires est la défeasabilité « axiologique », parce que dans la plupart des cas le besoin de recourir à l'utilisation de la fiction est lié à la protection de certains valeurs fondamentales qui peuvent être menacées par l'application mécanique et irréfléchie des règles légales. Finalement, la capacité normative des fictions, en vue de la création des nouvelles règles légales qui vont surmonter l'écart entre les normes existantes et la réalité, était traitée en tant qu'un de leurs aspects les plus importants, permettant d'établir la distinction fondamentale entre l'usage légitime et l'usage illégitime des moyens fictionnels dans le raisonnement judicaire.

Bibliographie

Alexy R. [1989] : "A Theory of Legal Argumentation – The Theory of Rational Discourse as Theory of Legal Justification". (R. Adler & N. MacCormick, Trans.). Oxford: Clarendon Press.

Antonelli G. A. [2010] : "Non-monotonic Logic". *The Stanford Encyclopedia of Philosophy (Summer 2010 Edition)*, Edward N. Zalta (Ed.). http://plato.stanford.edu/archives/sum2010/entries/logic-nonmonotonic/ (20 juin 2011).

Bayón J. C. [2002] : "Why is Legal Reasoning Defeasible?" *Diritti & questioni pubbliche* 2 (août 2002), 1-18.

http://www.dirittoequestionipubbliche.org/page/2002_n2/D_Q-2_J_Bayon.pdf (20 juin 2011)
Billier J.C. [2005] : "Vérité et vérité judiciaire".
http://www.raison-publique.fr/article173.html (23 juin 2011)
Code civil belge. http://www.droitbelge.be/codes.asp#civ (20 juin 2011).
Code civil français. http://perlpot.net/cod/civil.pdf (20 juin 2011).
Delgado-Ocando J. M. [1974]: "La fiction juridique dans le code civil vénézuélien avec quelques références à la législation comparée". In Ch. Perelman & P. Foriers (Eds.), *Les présomptions et les fictions en droit* (pp. 72-100). Bruxelles: Émile Brylant.
Dubucs J. [1995] : "Les arguments défaisables". *Hermès* 15, 271 – 290.
Feteris E. T. [1999) : "Fundamentals of Legal Argumentation - A Survey of Theories on the Justification of Judicial Decisions". Dordrecht: Kluwer Academic.Foriers P. [1974). "Présomptions et fictions". In Ch. Perelman & P. Foriers (Eds.), *Les présomptions et les fictions en droit* (pp. 7-26). Bruxelles: Émile Brylant.
Friedman D. [1995] : "Making Sense of English Law Enforcement in the 18th Century". *The University of Chicago Law School Roundtable.*
http://www.daviddfriedman.com/Academic/England_18thc./England_18thc.html (23 juin 2011)
Fuller L. L. [1967] : "Legal Fictions". Stanford: Stanford University Press.
Godden D. M., & Walton, D. [2008]. "Defeasibility in Judicial Opinion: Logical or Procedural?", *Informal Logic*, 6-19.
http://ojs.uwindsor.ca/ojs/leddy/index.php/informal_logic/article/view/510/473 (20 juin 2011).
Goltzberg S. [2010] : "Présomption et théorie bidimensionnelle de l'argumentation. " *Dissensus* 2010/3, 88-99.
http:// popups.ulg.ac.be/dissensus/docannexe.php?id=666 (21 juin 2011)
Guerrier O. [2011] : "Fictions du droit et espace littéraire". *Fictions du savoir à la Renaissance. http://www.fabula.org/colloques/document88.php (21 juin 2011).*
Hage J. [2009] : "Law and Defeasibility".
http://ivrencyclopedie.sonologic.nl/index.php?title=Law_and_Defeasibility (21 juin 2011).
Hage J. and Peczenik, A. [2011] : "Law, Morals and Defeasibility".
http://www.rechten.unimaas.nl/metajuridica/hage/publications/PDF_files/Law_morals_defeasibility.pdf (21 juin 2011).
Hare R.M. [1963] : "Freedom and Reason". Oxford: Oxford University Press.
Klerman D. [2009) :"Legal Fictions as Strategic Instruments". *Law and Economics Workshop, Berkeley Program in Law and Economics, UC Berkeley* (pp. 1-18).
http://www.escholarship.org/uc/item/8zv9k24m (20 juin 2011).
Lamberterie I. de. [2003] : "Préconstitution des preuves, présomptions et fictions". *Sécurité juridique et sécurité technique: indépendance ou métissage.* Conférence organisée par le Programme international de coopération

scientifique (CRDP /CECOJI), Montréal, 30 Septembre 2003. www.lex-electronica.org/docs/articles 106.pdf (20 juin 2011).

Moglen E. [1998] : "Legal Fictions and Common Law Legal Theory: Some Historical Reflections". http://emoglen.law.columbia.edu/publications/fict.html (21 juin 2011).

Perelman Ch. [1974] : "Présomptions et fictions en droit, essai de synthèse". In Ch. Perelman & P. Foriers (Eds.), *Les présomptions et les fictions en droit* (pp. 339-348). Bruxelles: Émile Brylant.

Perelman Ch. [1999] : "Logique juridique: Nouvelle rhétorique". (2e éd.). Paris: Dalloz.

Perelman Ch., & Foriers P. (Eds.). [1974] : "Les présomptions et les fictions en droit". Bruxelles: Émile Brylant.

Perelman Ch., & Olbrechts – Tyteca L. [1983]: "Traité de l'argumentation: La nouvelle rhétorique". (4e éd.). Bruxelles: Éditions de l'Université de Bruxelles.

Prakken H. & Sartor G. [2003]: "The Three Faces of Defeasibility in the Law". http://www.cs.uu.nl/groups/IS/archive/henry/ratiojuris03.pdf (21 juin 2011).Rescher, N. (2006). *Presumption and the Practices of Tentative Cognition.* Cambridge: University Press.

Rivero J. [1974]: "Fictions et présomptions en droit public français". In Ch. Perelman & P. Foriers (Eds.), *Les présomptions et les fictions en droit* (pp. 101-113). Bruxelles: Émile Brylant.

Salmon J. J. A. [1974] : "Le procédé de la fiction en droit international". In Ch. Perelman & P. Foriers (Eds.), *Les présomptions et les fictions en droit* (pp. 114-143). Bruxelles: Émile Brylant.

Sartor G. [1993] : "Defeasibility in Legal Reasoning". http://www2.cirsfid.unibo.it/~sartor/GSCirsfidOnlineMaterials/GSOnLinePublications/GSPUB1993Rechtstheorie.pdf (Publié en Rechtstheorie, 1993: 281-316) (21 juin 2011).

Searle J. [1999]: "Mind, Language and Society: Doing Philosophy in the Real World". London: Weidenfeld & Nicolson.

Smith P. J. [2007]: "New Legal Fictions". (pp. 1435-1495). http://www.georgetownlawjournal.com/issues/pdf/95-5/SMITH.pdf (21 juin 2011).

Stanković G. [1999]: "Fictions on the Statement of the Appeal in the Legal Procedure". *Facta Universitatis*, 1(3), 343-356.

Thomas Y. [2005] : "Les artifices de la vérité en droit commun médiéval", *L'Homme*, 2005/3 n° 175-176, 113-130. www.cairn.info/revue-l-homme-2005-3-page-113.htm (23 juin 2011)

Wróblewski J. [1974] : "Structure et fonction des présomptions juridiques". In Ch. Perelman & P. Foriers (Eds.), *Les présomptions et les fictions en droit* (pp. 43-71). Bruxelles: Émile Brylant.

Чавдар К. [2001] : *Закон за облигационите односи: коментари, објаснувања, практика и предметен регистар.* ("Droit d'obligations: commentaires, explications, pratique et index") Скопје: Академик.

Peut-on respecter une norme impossible?

JULIELE MARIA SIEVERS
Laboratoire Savoirs, Textes, Langage (UMR 8163)
Université de Lille (UdL 3)

Le rôle de la fiction dans le domaine normatif demeure un problème ouvert. Il en va de même concernant la fonction exacte et la réelle nécessité de ce type de fiction. Sa présence, par contre, est incontestable. On a, depuis le Droit Romain et jusqu'à nos jours, de nombreux exemples d'usage des fictions dans la formulation des normes, dans les procédures et les raisonnements juridiques :

> "Substantive fictions became – and many continue to be – regular operations of the law: In property law, a husband and wife could be treated as one person. In family law, a child's will is attributed to his guardian. In the interpretation of wills, one spouse may be deemed to have predeceased the other, even though that may not in fact have been the case. Under the attractive nuisance doctrine, a child who trespasses is treated as having been invited onto the defendant's land. In immigration law, an alien may be considered to be legally excluded from the United States even though he is physically within its borders. In civil forfeiture proceedings, property itself may be named as a party to litigation. And most famously, a corporation may be treated as a person, having the ability to sue and be sued, to buy and sell property, and to commit torts; the Supreme Court has even recognized the corporation as a person under the Fourteenth Amendment." ("Notes", 2002, p. 2233-2234)

Ce type de fiction est habituel dans la tradition juridique, c'est-à-dire qu'on ne considère pas très souvent le caractère ontologique fictif des normes, mais plutôt la présence des fictions dans leur formulation. En effet, ces normes sont formulées via des termes qui n'ont aucune référence dans le monde « réel », comme par exemple une *personnalité* qui ne concerne pas une *personne*, mais une *entreprise*. Malgré le fait que ces formulations soient problématiques, elles ne seront pas l'objet de notre présente étude[1].

---

[1] Cependant, ce problème sera traité brièvement dans la section 4 de ce texte.

Nous allons plutôt nous concentrer sur des cas de « normes » qui revêtiraient en elles-mêmes un caractère ontologique fictif, c'est-à-dire des cas où le caractère fictionnel ferait parti de la notion normative elle-même. Un exemple notoire se trouve dans la notion de *Norme Fondamentale*, proposée par le juriste autrichien Hans Kelsen (1881-1973). Cette 'norme fondamentale' est selon lui une fiction indispensable, non seulement pour la compréhension d'un ordre normatif légitime, mais essentiellement pour la justification du droit positif.

L'objectif de cette étude est d'approcher la notion de norme fictive par le biais de la notion d'*efficacité* normative. Une norme, pour rester valide dans un ordre juridique, doit être minimalement efficace, c'est-à-dire – observée par ses destinataires ou appliquée par le Droit. Or, une norme fictive ne peut jamais être observée dans la réalité, car la fiction ne peut pas être réalisée dans le monde. Ainsi, la norme fondamentale ne peut pas être à la fois une norme *et* une fiction. Dans ce texte, nous défendrons l'idée qu'elle correspond uniquement au dernier point, c'est-à-dire que la norme fondamentale est une fiction ; nous montrerons ensuite pourquoi il n'est pas possible de soutenir le premier point, c'est-à-dire que nous ne pouvons pas comprendre la norme fondamentale comme une norme juridique.

1. La norme fondamentale : sa fonction et ses caractéristiques

La définition de la notion de norme fondamentale a connu plusieurs phases dans les écrits de Kelsen[2]. Dans cette étude, on analysera également les causes de cette évolution. Toutefois, bien qu'évolutive, la définition de *norme fondamentale* de Kelsen est toujours donnée par rapport à sa *fonction* dans le système normatif.

En effet, la fonction de la norme fondamentale chez Kelsen est de fonder ainsi que de justifier l'ordre comme un système de normes positives valides. Donc, elle ne se dirige pas vers une conduite déterminée, elle ne prescrit pas une sanction : son objet (son « destinataire ») est l'ordre normatif lui-même, dans son ensemble.

Cependant, afin de bien comprendre la justification d'ordre normatif, il est essentiel d'opérer une distinction entre une norme et une proposition. Cette distinction nous mènera enfin à la notion centrale de *validité* normative comme étant l'*existence* d'une norme[3], et non une *propriété* de cette norme. Par

---

[2] Pour une brève description des tentatives de périodisation des approches de Kelsen, voir HERRERA, 1997, p. 30-34 et aussi PAULSON, 1999.

[3] Il peut paraître insolite de défendre la thèse selon laquelle les normes existent, comme on le fait dans cette étude. On veut donc dès le début exprimer clairement notre façon de procéder : quand on parle de normes qui existent, on se limite aux normes selon l'approche positiviste, c'est-à-dire où les normes, pour pouvoir être

exemple, une proposition sur la réalité du monde est dite vraie quand elle est confirmée par le moyen de notre expérience. Mais la norme n'est pas un énoncé de l'être, elle n'est pas une proposition sur la réalité, et ne peut pas être vérifiée dans le monde de la même manière. Tandis que la proposition est issue d'un acte de pensée, la norme est issue d'un acte de volonté. Par conséquent, la norme n'est ni vraie ni fausse, au même titre que des énoncés ayant la propriété d'être vrais ou faux : la norme peut seulement être valide. La notion de validité est donc essentiellement liée à l'existence même de la norme : la norme positive est valide si elle existe dans le cadre d'un ordre normatif, au sens où elle est présente dans un système juridique spécifique. Dire d'une norme qu'elle n'est pas valide n'a pas de sens: si la norme n'est pas valide, elle n'est pas une norme *tout court*. Seules les « normes valides » peuvent être considérées comme ayant des propriétés juridiques comme, par exemple, l'efficacité.

Un autre point essentiel de la théorie de Kelsen concerne les relations de dépendance entre les normes juridiques. La justification de l'existence (ou de la validité) d'une norme individuelle est réalisée par le biais de l'existence d'une norme plus générale dans l'ordre. C'est-à-dire que le juge est autorisé à créer une norme individuelle au tribunal si elle est soutenue par l'existence d'une norme plus générale de contenu correspondant. La validité de cette norme générale est justifiée par l'existence d'une norme encore plus générale, et cette régression continue jusqu'à la constatation, par exemple, de la Constitution d'un Etat. En fait, c'est une erreur commune de confondre la norme fondamentale avec la première Constitution historique d'un Etat, parce que la validité de la Constitution elle-même dépend encore d'une norme "plus haute", qui rend possible sa conformité au système comme un tout. C'est ici que s'insère la notion de norme fondamentale. Grâce à la présupposition de la norme fondamentale, le contenu de la Constitution peut être considéré comme valide et obligatoire, vu que la Constitution est déjà un document concret élaboré par les hommes, et celle-ci n'est pas valide en elle même. Elle est valide conformément à la norme fondamentale, qui est *présupposée* être valide en tant que condition d'existence des autres normes de l'ordre juridique. La fonction de la norme fondamentale est donc de donner les conditions d'attribution des pouvoirs de création du droit, ainsi que son interprétation par la science du droit. Kelsen dit :

---

appelées *normes*, doivent toujours être formulées ou être présentes *dans un ordre juridique*. C'est-à-dire que, pour le positiviste, une norme est une norme toujours *par rapport à un système de normes* qui est fondé sur une norme fondamentale. Ainsi, il n'est pas de notre intérêt d'investiguer ce qu'est *la* norme, ou *les* normes, ou de faire des réflexions métaphysiques autour de ce concept. On s'intéresse au problème de la possibilité d'existence des normes fictives (comme la norme fondamentale) dans le cadre d'un système positif, vu que la fictionnalité ne semble pas être un élément légitime pour le positivisme juridique.

> La norme fondamentale n'est pas créée dans une procédure juridique par un organe créateur de Droit. Elle n'est pas – comme la norme juridique positive – valide pour avoir été créée de telle et telle façon par un acte juridique, mais elle est valide pour être présupposée comme valide ; et elle est présupposée comme valide parce que sans cette présupposition aucun acte humain ne pourrait être interprété comme un acte juridique et, spécialement, comme un acte créateur de Droit. (KELSEN, 2005, p. 170) [4]

On voit clairement par ce passage le caractère essentiellement pragmatique de la norme fondamentale : elle doit être présupposée parce qu'il n'y a pas d'autre manière de justifier l'ordre comme un ordre juridique légitime. Sans la norme fondamentale, la science du Droit ne pourrait ni analyser ni interpréter l'ordre juridique comme tel. C'est donc dans un domaine scientifique que se trouve la réelle raison d'être de cette « norme ».

Ainsi, la probable formulation de la norme fondamentale est de cette façon liée à la Constitution dont la validité est légitimée : les différents ordres normatifs possèdent différentes normes fondamentales, et chacune de ces normes légitiment une Constitution différente. De cette façon, dans le cas où une Constitution est supprimée – par une révolution ou un coup d'Etat, par exemple – la norme fondamentale est automatiquement changée, parce qu'elle se dirige vers une nouvelle Constitution, qui se substitue à l'ancienne. Avec une nouvelle Constitution, le fondement de validité de tout cet ordre normatif doit, selon Kelsen, aussi changer.

2. Le début du problème : comment respecter une norme qui est une fiction ?

En relation avec la théorie artéfactuelle, proposé par Amie Thomasson (1999), on comprend que les normes ont quelques caractéristiques en commun avec les objets fictifs (comme, par exemple, les personnages d'un roman policier) : les normes positives sont elles aussi comme des "*abstract artifacts dependent on literary works and created by authors*" (p. 148). Les normes sont des objets abstraits dépendants du *corps de loi*, et elles sont créées par une personne autorisée à le faire. Mais cela ne signifie pas encore que les normes sont "la même chose" que les objets fictifs, c'est-à-dire qu'elles sont aussi des fictions. Les normes juridiques ont quelques caractéristiques complémentaires qui empêchent cette dernière identification.

Les normes juridiques fondent leur existence d'une façon toute particulière. Elles doivent être le sens d'un acte de pensée (comme les personnages

---

[4] Traduit par J. Sievers à partir de la version en Portugais.

littéraires, les concepts de la science…), mais elles doivent être aussi le sens d'un acte de volonté (comme les impératifs, les commandements). De plus, cet acte doit être objectif, c'est-à-dire qu'il doit être réalisé par un sujet neutre, un tiers autorisé à créer la norme, à la rendre ainsi obligatoire pour ses destinataires. Le juge crée les normes individuelles au tribunal, le législateur crée les normes générales du "corps de loi"[5].

En effet, les objets fictifs sont issus d'actes de pensée, ou "*mental states*". La norme fondamentale est aussi le sens d'un acte de pensée "réel" *et* d'un acte de volonté fictif. C'est pourquoi Kelsen s'autorise à dire qu'elle a des propriétés contradictoires qu'on analysera ensuite. Or, il dit cela dans la phase de ses écrits où son objectif majeur est de bien différencier les normes des propositions[6]! Cette affirmation de la part de Kelsen ne serait donc ni gratuite, ni naïve. Celui-ci sait bien qu'il ne peut pas dire d'une norme qu'elle est contradictoire, sans compromettre toutes ses conceptions sur le droit positif. Et pourtant, il doit encore nommer "norme" la norme fondamentale, parce que les normes juridiques de l'ordre ne peuvent être justifiées que par d'autres normes. Mais concernant les normes juridiques *standards*, créées par un acte de volonté objectif, on ne peut rien dire de contradictoire.

2.1 Piste pour la solution : l'efficacité d'une norme l'éloigne de la fictionnalité

En effet, les normes expriment une prescription : quelque chose doit se produire dans le monde[7], et si cette chose ne se passe pas, une sanction doit être appliquée. Il faut donc distinguer le cas où une chose *doit se produire* dans le monde du cas où une chose *va se produire*. Ces deux champs – celui du *devoir-être* et celui de *l'être* – sont irréductibles, et on ne peut pas traiter les normes de la même manière qu'on traite les énoncés sur les faits du monde[8]. Mais ces deux domaines entretiennent encore d'autres types de relations, selon Kelsen. La norme doit toujours, d'une manière générale, avoir une application dans le monde pour rester valide. Cela veut dire que la norme doit être efficace, qu'elle doit être observée par ses destinataires, ou encore que la sanction qu'elle prescrit doit être appliquée par les organes prévus. Ceci ne signifie pas que la norme peut être réduite à cette conduite factuelle,

---

[5] Pour une excellente analyse de l'idée de production normative comme l'exercice d'un pouvoir chez Kelsen, voir BOBBIO, 2008.

[6] Voir KELSEN, 1996.

[7] La norme est plus qu'une commande ou un ordre, selon Kelsen : elle a aussi un caractère *obligatoire* parce qu'elle est produite par le juge, le sujet autorisé par le Droit. De cette façon, seul le Droit produit le Droit, et aucun élément externe n'est admis (autoproduction normative). Pour une discussion plus complète, voir KELSEN, 2005.

[8] Sur le sophisme naturaliste, voir HUME, 2000.

ou en être déduite. Quand une norme est appliquée ou observée, les deux domaines expriment le même *contenu* concernant une conduite déterminée. Ce sont les contenus qui sont en correspondance, et non les modes d'expression[9] de la norme.

C'est donc dans un sens "pratique" que la norme a des rapports avec le monde. Cette affirmation ne permet pas de dire qu'on pourrait traiter logiquement les normes de la même manière qu'on traite les énoncés. Kelsen veut simplement dire qu'il est inutile et même irrationnel de créer une norme qui ne puisse être observée de quiconque. Les référents de ces normes dans le monde actuel sont ainsi les conduites qui ont été ou qui seront conformes à ces mêmes normes ; c'est-à-dire que le contenu de la norme trouve ainsi une correspondance dans le monde. De cette manière, l'application d'une loi révèle en soi sa "vérification" dans le monde actuel, de sorte que les normes autorisant un sujet à effectuer une opération interne du Droit sont constatées lors de la réalisation de cette opération. Clairement, cela n'est pas la même chose de dire qu'un objet fictif « par excellence » comme, par exemple, le personnage Leopold Bloom, est vérifié dans le monde (notamment dans les rues de Dublin) au moment des célébrations du Bloomsday en hommage à James Joyce, tous les 16 juin.

Bref, on peut dire que toutes les normes sont en effet limitées par la modalité du "possible", l'important étant que le "possible" du Droit positif soit toujours actualisé à un certain moment. Un bon exemple concerne le cas de la "loi sèche", qui prohibait la fabrication, le commerce, le transport, l'importation et l'exportation de boissons alcoolisées aux Etas Unis des années 20. Au Brésil, et dans d'autres pays, une loi similaire est destinée aux conducteurs de voitures. Pourtant, le manque d'inspection de la part des policiers dans certaines régions a eu des répercussions dans le respect de la norme par les citoyens, et on peut dire qu'aujourd'hui que la norme a presque perdu sa validité dans certaines régions, à cause de la perte de son efficacité. Cependant, la "loi sèche" des Etas Unis a complètement perdu sa validité en 1933 par son abrogation, également en raison de son manque d'efficace[10]. On constate ainsi une profonde interaction entre le domaine normatif et le monde actuel : *le monde actuel est changé à partir des normes, mas le domaine normatif est aussi changé à partir des faits.* Toutefois, cela ne concerne pas les objets fictifs, vu que la fiction est essentiellement détachée de la réalité du monde actuel. Même si une histoire peut traiter avec beaucoup de vraisemblance d'un événement réel, cette histoire n'est pas destinée à

---

[9] Voir la discussion sur le substrat indifférent au mode, voir KELSEN, 1996. Pour une autre approche sur cette même question, voir HARE, 1996.

[10] On ne défend pas que toutes les normes d'un ordre *sont* efficaces. Dans nombres d'ordres demeurent des normes qui ne sont jamais appliquées. Mais on est ici dans la théorie du Droit de Kelsen, qui stipule comment le Droit doit être. Décrire comment le Droit effectivement procède relève de la sociologie du Droit.

changer quelque chose dans la réalité[11]. Cette dynamique concernant la relation constante entre les faits et les normes est déjà une caractéristique qui empêche l'insertion de l'élément de la fiction dans le Droit. Sans l'actualisation de ce qui est possible selon le devoir-être dans le monde actuel, la norme perd son efficacité. Elle perd alors également sa validité, c'est-à-dire qu'elle n'existe plus. La notion de validité normative, comme ayant besoin d'un minimum d'efficacité dans le monde actuel, rejette donc par elle-même le caractère fictif.

Ainsi, une piste pour la réponse se trouve dans le fait que les normes fictives ne peuvent pas être observées par ses destinataires. La norme a besoin d'être efficace pour continuer à exister comme une norme valide. Cela pose clairement des obstacles à la présence de la fiction dans le domaine normatif. Si la norme fondamentale est une fiction par excellence selon Kelsen, on a des raisons de suspecter son statut de norme.

2.2 La réponse : les normes fictives ne sont pas des normes. On ne peut donc pas les observer, les violer, ou les appliquer.

Kelsen n'hésite pas à reconnaître quelques problèmes (mais qui seraient simplement apparents, selon lui) liés à la fonction et l'importance de la norme fondamentale. Un des problèmes consiste dans le fait que, en tant que point culminant de la recherche pour la justification juridique, la norme fondamentale ne peut pas avoir le même caractère que toutes les autres normes de cet ordre. Si la norme était formulée de manière *standard*, elle aurait aussi besoin d'être elle-même justifiée. Donc, la norme fondamentale gagne un statut différencié ; elle est placée à un niveau "panoramique" par rapport à l'ensemble de l'ordre. Pour justifier l'ensemble des normes, en donnant l'unité du système, la norme fondamentale est seulement *présupposée*. Kelsen nous répond qu'elle doit être le sens d'un acte de volonté fictif. Cela veut dire que cette norme est conçue comme étant consciemment créée par le sujet compétent comme une norme fictive, avec un propos particulier bien défini, à savoir avec l'intention de la légitimation du système juridique. Cette norme est *impossible* parce que sa propre production indique une erreur au moment de la production d'une norme : la norme fondamentale ne reçoit pas la légitimation d'une norme plus "haute", le juge n'est pas autorisé à produire une telle norme. Dans ce sens elle doit être considérée comme une fiction selon Kelsen, parce qu'il est impossible d'observer ou d'appliquer une norme qui ne fait pas partie d'un système, et qui est seulement supposée par son auteur avec un propos méthodologique extérieur aux démarches

---

[11] Certes, on peut trouver des exemples d'œuvres littéraires qui semblent avoir un caractère fortement normatif. Mais on soutient que, en général, ce n'est pas le but spécifique de la littérature, c'est-à-dire que cela n'est pas ce que normalement on attend d'une œuvre littéraire.

internes du droit. Le juriste n'*applique* pas la norme fondamentale, il *fait appel* au recours méthodologique de la norme fondamentale quand il en a besoin, il *utilise* la notion de norme fondamentale. Ainsi, la norme fondamentale n'est pas une norme à observer, mais seulement un *apparatus* cognitif qu'on regarde comme une norme (fictive) pour pouvoir considérer l'ordre normatif comme un ensemble cohérent et possible à interpréter. Ainsi, le rôle principal joué par la norme fondamentale est de légitimer la possibilité de la création normative. C'est-à-dire légitimer le fait de pouvoir arriver à une norme fondamentale dans la recherche pour la justification normative, ce qui atteste que toutes les conditions pour la création normative ont été remplies.

Par contre, on ne peut pas dire que les normes juridiques « ordinaires » soient fictives dans ce sens là. Certes, elles n'ont pas d'existence matérielle ou physique dans le sens où l'on pourrait voir une norme dans la nature, mais elles existent de la même manière que certains objets abstraits existent. Bruno Celano (2000, p. 174) écrit : "*...according to Kelsen, law is norm, and norms are the content (or, the sense: Sinn) of intentional acts, or states, directed at somebody else's behavior. A legal order is a complex, structured, sense content. Its mode of existence may be compared to the mode of existence of a work of art, or a scientific theory.*" Ainsi, le même type de problème semble concerner d'autres "objets" qui, même si n'étant pas présents visiblement dans la réalité du monde, ne peuvent pas non plus être considérés comme étant des fictions, comme les théories scientifiques, par exemple. Il serait vraiment étrange de dire qu'une hypothèse scientifique devienne, après son acceptation par le consensus au sein d'une communauté scientifique, une fiction.

Une norme juridique spécifique possède, selon Kelsen, une validité (qui est, comme on a déjà cité, son existence spécifique) temporelle et spatiale (territoriale). On peut dire, par exemple, qu'en Angleterre il existe une norme qui permet aux couples de même sexe d'adopter des enfants ; cette norme est donc présente dans l'ordre juridique de ce pays, elle est valide là-bas. En Afrique, par exemple, cette norme n'existe pas, et elle n'a jamais existé. On peut également dire qu'il y avait dans plusieurs pays, selon différents Constitutions, des normes légitimant l'esclavage, et qu'aujourd'hui ces normes n'existent plus nulle part.

La norme « commence » à exister dans un moment donné, et elle peut cesser d'exister dans un autre moment donné, par abrogation par exemple. Et cette existence normative est même vérifiable, dans le même sens qu'on peut vérifier l'existence d'un élément abstrait, comme l'état fébrile d'un enfant, par exemple, qu'on vérifie en touchant son front ou en regardant le thermomètre. On vérifie l'existence d'une norme positive en regardant les documents juridiques d'un Etat, ou le règlement d'un club, ou certains versets de la bible, par exemple. Ces normes ont une validité spatiale (même si cette validité est indéterminée, p. ex. partout) et temporelle (même si elle est indéterminée, p. ex. pour toujours). Cette notion particulière d'existence ne place pas la norme dans le domaine naturel de l'être. On dit seulement qu'il existe une norme quelconque qui prescrit (oblige, interdit...) une conduite, mais on ne dépasse pas l'abîme entre l'être et le devoir-être, fortement estimé par Kelsen. Ainsi, on est seulement autorisé à dire, par exemple, que « la proposition 'Il existe une norme selon laquelle *tous les citoyens doivent payer leurs impôts*' est vraie ». Kelsen (1996, p.191) dit :

Affirmer qu'une norme est valide, c'est toujours affirmer qu'elle est valide pour un certain espace et un certain temps ; c'est-à-dire qu'elle se rapporte à des événements qui peuvent se dérouler seulement quelque part et à un moment donné. La relation d'une norme à l'espace et au temps constitue le domaine de validité spatial et temporel de cette norme ; ce domaine de validité peut être soit limité, soit illimité. (...) un exemple typique de domaine de validité restreint est le domaine de validité des normes d'un ordre juridique étatique, qui est présenté comme un élément de l'Etat, en tant que « territoire de l'Etat ».

On verra ensuite comment Kelsen a caractérisé la norme fondamentale dans deux phases de ses écrits. Malgré la reformulation de la définition de cette norme par l'auteur, un aspect demeure inchangé : la norme fondamentale ne fait pas partie du système juridique avec les autres normes. Elle possède des caractéristiques assez spécifiques pour ne pas pouvoir être classée parmi elles. Ces caractéristiques la relient surtout à la science du Droit, et non avec son objet, les normes juridiques.

3. Hypothèses *versus* Fictions

On arrive maintenant à la considération d'une approche centrale pour Kelsen à propos de la fiction, à savoir, la philosophie du "comme si" de Hans Vaihinger. Cette approche sert de base à la conception de norme fondamentale comme une fiction de la Science du Droit, et elle a influé sur la formulation kelsénienne de la notion de norme fondamentale comme ayant des contradictions. Pourtant, on analysera d'abord la première conception kelsénienne de norme fondamentale comme hypothèse, sous l'influence d'Emmanuel Kant.

3.1 La norme fondamentale comme hypothèse : l'influence de Kant

Pour Kelsen, selon son œuvre posthume *Théorie Générale des Normes* (1979), la norme fondamentale n'est pas une norme positivée, elle n'est pas établie par un individu, car personne n'est autorisé à la produire de cette façon (il n'y a pas d'autre norme plus haute qui autorise quiconque à la produire). Elle est une norme présupposée dans la pensée juridique. Mais la norme fondamentale n'est pas seulement le sens d'un acte de pensée : elle est aussi le sens d'un acte de volonté : un acte de volonté fictif.

Mais avant cela, dans la *Théorie Pure du Droit* (1962, 2ème éd.), Kelsen révèle une certaine influence de Kant, quand il fait une comparaison entre la justification de la norme fondamentale et la justification des concepts purs de l'entendement. Dans le long passage ci-dessous, on reconnaîtra la première position de Kelsen sur les caractéristiques de la norme fondamentale, qui la relient à la philosophie transcendantale kantienne, en assumant la norme fondamentale comme hypothèse logico-transcendantale pour l'interprétation des normes de l'ordre par la science du Droit :

> En tant que l'**hypothèse** d'une certaine norme fondamentale permet seule de reconnaître à l'acte ou au fait constituants, et aux actes ou faits réalisés conformément à cette Constitution, la signification objective qui concorde avec leur signification subjective, c'est-à-dire de leur reconnaître le caractère de normes juridiques objectivement valables, on peut dire que la norme fondamentale **que présente la science du droit**[12] est - s'il est permis d'utiliser par analogie un concept de la théorie kantienne de la connaissance – la condition logique transcendantale de cette interprétation. De même que Kant pose la question de savoir comment une interprétation des faits donnés à nos sens exempte de toute métaphysique est possible dans les lois naturelles formulées par les sciences de la nature, de même la théorie pure du droit pose la question de savoir comment est possible une interprétation de la signification de certains faits comme une système de normes juridiques objectivement valables, descriptibles dans des propositions de droit, une interprétation qui ne recoure pas à des autorités métajuridiques telles que Dieu ou la Nature.
> A cette question de théorie de la connaissance, la théorie pure du Droit répond : une telle interprétation est possible à la condition de supposer la norme fondamentale, « on doit se conduire comme la Constitution le prévoit », c'est-à-dire de la façon qui correspond au sens subjectif de l'acte de volonté constituant, aux prescriptions ou commandements du législateur constituant. (KELSEN, 1962, p.201-202)

La norme fondamentale du Droit, en tant que supposition, peut être comprise comme une hypothèse. Néanmoins, un détail interdit cette façon de la comprendre : cette norme garde dans sa propre formulation des éléments qui contredisent la théorie dont elle est issue. La norme fondamentale n'est pas une simple supposition, elle est aussi un type de formulation en contradiction avec les conditions de sa propre production.

---

[12] On marque cette partie du passage pour accentuer le fait que Kelsen lui même situe la norme fondamentale dans le contexte de la science, et non dans le Droit.

Sa "production" est une infraction à la production normative. Autrement dit, la norme fondamentale n'est pas une hypothèse parce qu'elle n'est même pas *possible* dans l'ordre juridique.

3.2 La norme fondamentale comme fiction : l'influence de Vaihinger
Dans l'ouvrage *Théorie Générale des Normes*, Kelsen ira jusqu'à abandonner et même nier l'identification de la norme fondamentale avec une hypothèse. Dans cette nouvelle phase, il revisite la notion de norme fondamentale sous l'éclairage de la philosophie du "comme si" de Hans Vaihinger :

> Comme il ressort de ce qui précède, la norme fondamentale d'un ordre moral ou juridique positif n'est pas une norme positive, mais une norme simplement pensée, c'est-à-dire une norme fictive, la signification d'un acte de volonté non pas réel, mais fictif. En tant que telle, elle est une fiction véritable au sens de la « philosophie du comme si » de Vaihinger, une fiction caractérisée par le fait que non seulement elle contredit la réalité, mais aussi qu'elle est contradictoire en soi. En effet, l'hypothèse d'une norme fondamentale – par exemple la norme fondamentale d'un ordre moral religieux : « On doit obéir aux commandements de Dieu » ou la norme fondamentale d'un ordre juridique : « On doit se comporter comme le détermine la Constitution historiquement première » - contredit non seulement la réalité, car aucune norme de ce genre n'existe en tant que signification d'un acte de volonté réel, mais aussi elle est contradictoire en soi, car elle représente l'habilitation d'une autorité juridique ou morale suprême, et part ainsi de l'idée d'une autorité (toutefois purement fictive) plus haute encore que cette autorité. Une fiction est, selon Vaihinger, un expédient de la pensée dont on se sert si l'on ne peut pas atteindre le but de la pensée avec les donnés dont on dispose. Le but de la pensée de la norme fondamentale est le fondement de la validité des normes constituant un ordre moral ou juridique positif, c'est-à-dire l'interprétation de la signification subjective des actes posant ces normes comme leur signification objective (c'est-à-dire comme normes valides) et les actes concernés comme des actes posant de normes. Ce but ne peut être atteint que par la voie d'une fiction. C'est pourquoi il convient de remarquer que la norme fondamentale, au sens de la « philosophie du comme si » de Vaihinger n'est pas une hypothèse – comme je l'ai moi-même quelquefois caractérisée –, mais une fiction qui se distingue de l'hypothèse par le fait qu'elle est accompagnée ou doit être accompagnée de la conscience que la réalité ne lui est pas conforme.
> (KELSEN, 1996, p.344-345)

Quand les critiques parlent de la norme fondamentale kelsénienne comme d'une fiction, ils ont rarement à l'esprit la notion de fiction de la manière dont Kelsen l'a caractérisée, c'est-à-dire une fiction au sens de la philosophie de Vaihinger. De cette manière, il est commun d'entendre parler de la norme fondamentale comme une fiction, la considérant implicitement comme un objet non-concret. Cependant, on est bien d'accord sur le fait que la norme fondamentale est un objet abstrait, comme le sont aussi toutes les autres normes. Mais cela n'implique pas que ces normes soient aussi des fictions. Du moins, cela n'est pas du tout en accord avec ce que Kelsen a proposé. Sa conception de fiction s'engage essentiellement avec l'élément de la contradiction et, ainsi, la norme fondamentale est placée aux cotés des énoncés d'être, et non au milieu des normes de Droit.

La norme fondamentale comme fiction selon l'interprétation de Kelsen nous contraint à reconnaître l'élément de la contradiction en ce sens qu'elle n'existe pas et ne peut pas exister dans la réalité de l'ordre juridique. C'est-à-dire que la norme est en contradiction avec la réalité parce qu'elle n'est pas une norme formellement présente dans l'ordre, puisqu'elle n'a pas pu être créée au moyen d'un acte de volonté réel, d'un acte subjectif dans le monde des faits objectivé par la figure du législateur. De plus, Kelsen dit que la norme est "contradictoire en soi", parce que la formulation même de la norme fait appel à une autorité plus haute que celle du législateur. Cette autorité servirait à formuler la norme comme telle. Ainsi, la présence des contradictions empêche l'utilisation du terme "hypothèse" pour caractériser la norme fondamentale. En effet, une hypothèse, dans une théorie scientifique, ne peut pas contredire la réalité. En revanche, elle doit partir des présuppositions constatables, pour rechercher un résultat déterminé, qui viendra confirmer ou réfuter la présupposition. Même si une hypothèse peut avoir une caractéristique apparemment fictionnelle (dans le sens qu'elle n'est pas encore présente dans la réalité, mais seulement supposée être présente afin qu'on puisse vérifier l'état du monde si l'hypothèse était soutenue), elle ne s'engage pas avec des contradictions. Autrement dit, Kelsen doit éliminer la notion d'hypothèse parce que l'élaboration de la norme fondamentale se donne avec la conscience même de ce que cette "opération" n'est pas conforme aux procédures de la production normative. Ainsi, on constate une espèce d'*exception* pendant la formulation de la norme comme fiction, on fait un "attentat" aux principes positivistes de la production normative. Mais son but est justifié par les nécessités théoriques de clôture et de légitimation de l'ordre juridique, attestées par la science du Droit.

J. Loewenberg (1912, p.717) démontre de manière claire l'opposition entre la notion de fiction soutenue par Vaihinger, face à la notion d'hypothèse, et face aussi à d'autres notions de fiction, comme celles de la théorie artéfactuelle, par exemple :

> Fictions, in Vaihinger's usage, are not identical with figments, such as centaur or fairy, nor are they hypotheses capable of verification. They are deliberate devices (*Kunstgriffe*) on the part of thought for the practical purpose of successful orientation in and perfect control over the environment. Theoretically they are absolutely valueless. Applied with a knowledge of their fictitious character, they will lead to the intended practical results, but used as hypotheses, they must necessarily create confusion and false theories, for a fiction is defined as that which is both contradictory in itself and which has no correspondence with reality (sensational flux).

Ce passage illustre l'aspect d'utilité pratique de la fiction selon Vaihinger, et cette caractéristique est centrale pour l'*identification* de la fiction selon cet auteur.

4. Normes fictives et personnages fictifs

Pour Kelsen, comme on l'a déjà dit, la validité d'une norme réside dans le domaine du devoir-être, et ne peut pas se réduire au domaine de l'être. Mais Kelsen n'admet pas que la validité soit complètement détachée de la réalité : un ordre juridique valide doit être dans un minimum efficace, c'est-à-dire que les normes doivent être un minimum respectée ou observée. Une norme ne peut jamais être "fausse" : si la norme est valide, elle existe, elle est présente dans l'ordre. La norme fondamentale n'a rien à voir avec la réalité (et même, elle a une relation contradictoire avec la réalité), au contraire de certaines normes qui ont pour objectif de régler la conduite humaine. Pour ces normes, un minimum d'efficace est exigé.

Contrairement à cela, Otto Pfersmann (2004, p.43) dit : « *La loi peut être limitée par la constitution comme le règlement peut être limité par la loi, mais ni la constitution, ni la loi, ni le règlement ni aucun autre acte juridique ne sont limités, à première vue, par la réalité physique* ». On ne peut pas être d'accord avec cela car, pour pouvoir être efficace, c'est-à-dire pour qu'on puisse observer, respecter ou appliquer la norme, on doit pouvoir réaliser dans le monde ce qui est prescrit ou interdit par la norme. La norme fondamentale peut être à son tour impossible parce qu'elle ne se dirige pas vers les personnes dont les conduites se passent dans le « monde réel », mais elle se dirige vers un ordre normatif qui appartient au domaine du devoir-être.

On soutient une approche encore plus intégrale sur la notion de fiction et le droit, à savoir, que les normes avec des fictions dans leur formulation (les exemples plus courants de fiction juridique) ne sont pas de caractère fictif de la même manière que, par exemple, un personnage littéraire est fictif. Ainsi, dans cet article, on pose les limites de la comparaison entre le Droit et la

Littérature de manière très nette et rigoureuse. Une norme qui présente des fictions peut être simplement reformulée sans présenter ces fictions, sans aucune altération de son sens. Or, on peut attester l'existence des normes dites fictives depuis l'Antiquité, et surtout avec des exemples du Droit Romain[13]. Dans le cas de la fiction normative qui dit, par exemple, qu'un fils adoptif doit être considéré comme un fils légitime, celle-ci peut être exprimée, par exemple, en disant que le fils adoptif doit avoir les mêmes droits et devoirs qu'un fils légitime. La fiction est, de cette façon, une simple manière d'exprimer une chose pour une autre. Mais on ne peut pas dire la même chose concernant un objet fictif comme le Minotaure ou Sherlock Holmes : Sherlock Holmes ne peut exister qu'en tant que personnage fictif crée par Conan Doyle. Mais la norme dite fictive peut encore exister comme norme, en s'adressant aux mêmes destinataires et avec le même sens, sous une autre formulation normative. Certainement, la formulation normative sans le recours à la fiction contraindrait à des changements courants et importants, rarement envisageables dans les codes et les textes de loi. C'est précisément ce point qui légitimerait l'usage des fictions juridiques. Or, le même Otto Pfersmann (2004) dénonce le caractère arbitraire de cet usage, quand il nie l'existence des fictions juridiques pour défendre la thèse, condamné dans ce texte, de la fictionnalité du Droit comme un tout. Pour renforcer notre critique à l'égard de la formulation normative par le biais des fictions, on peut citer l'analyse de Pfersmann de la fiction juridique selon laquelle "Seules les femmes ont accès à cette piscine, le maître nageur est une femme au sens de ce règlement":

> Dans l'exemple de la piscine, il n'est pas dit qu'un homme est une femme, mais simplement que, au cas où il existe un maître nageur du sexe masculin, cette personne doit être traitée comme une personne du sexe féminin au sens du règlement de la piscine de N***, en d'autres termes, il lui est permis de pénétrer dans la piscine. Le même résultat aurait été obtenu, si le règlement avait dit :
> N : Seules les femmes sont admises dans cette piscine, à l'exception du maître nageur en charge de la sécurité des personnes et des installations.
> Or, il s'agit simplement d'une autre formulation de la même norme utilisant une autre technique. (PFERSMANN, 2004, p.54)

Concevoir la fiction comme une technique signifie la concevoir comme un outil pour le Droit, de la même manière qu'elle est un outil pour la Physique ou la Chimie. Mais le problème est que la norme fondamentale ne peut se

---

[13] Voir aussi GUERRIER, 2004.

présenter d'autre façon que par la fiction. Cela nous contraint à poser cette « norme » en dehors du système normatif.

5. Les fictions ne sont jamais des normes, les normes ne sont jamais des fictions

Dans le contexte du positivisme de Kelsen, quand l'auteur dit que la norme fondamentale est une fiction, il parle donc de la fiction dans le sens vaihingérien. La norme fondamentale, et elle seule, possède des contradictions dans sa définition même, parce qu'elle ne consiste pas en le sens d'un acte de volonté réel. Cette caractéristique nous permet de traiter la norme avec des prédicats destinés aux propositions. Une norme positive ne peut pas avoir de contradictions, parce qu'elle est seulement valide, et non vraie ou fausse. Autrement dit, la norme fondamentale est surtout une construction théorique, une "construction auxiliaire de la pensée", et se destine aux propos théoriques de la science du Droit. En ce sens on doit comprendre la norme fondamentale comme une fiction *pour* le Droit, car le Droit lui-même ne peut pas contenir des normes fictives, marquées par des contradictions, selon les conceptions de Vaihinger et Kelsen. La norme fondamentale n'est pas dirigée vers la réalité des conduites humaines, elle est dirigée vers l'intégrité de l'ordre normatif. Le contenu d'une norme juridique doit être observé ou appliqué dans la réalité du monde pour que la norme qui prescrit ce contenu continue à être une norme ; mais la norme fondamentale est destinée à la validité de l'ordre comme un tout, et elle n'est pas "appliquée" de la même façon. Une norme fondamentale n'a pas cette même relation avec le monde actuel, et sa validité ne dépend pas de son efficacité. Sa validité est une fiction, et se trouve dans le champ de l'impossible.

Conclusion

L'immense travail de Kelsen pour construire une théorie "pure" pour le droit (et même pour le domaine normatif en général) a parfois rencontré des problèmes internes tout au long de ses écrits. Kelsen lui même n'a jamais hésité à les révéler et à corriger ses thèses. Il y a même eu des moments où Kelsen a changé radicalement ses approches sur des problèmes pertinents de la théorie du Droit. C'est à cause de cela que, concernant différentes notions ou positions kelséniennes, on peut bien identifier des "phases" dans la pensée de cet auteur.
De même pour la notion de norme fondamentale. Cette notion, probablement la plus discutée et attaquée par les critiques de Kelsen, est analysée et défendue ici comme une fiction *pour le* droit. De plus, on

considère aussi que dans le droit positif il n'y a pas de place pour les fictions normatives.

Dans la présente analyse des caractéristiques particulières de la norme fondamentale, un des aspects les plus importants est la différenciation entre les normes et les propositions qui les décrivent. Cette différence nous a permis de reconnaître dans la norme fondamentale (en accord avec la lecture kelsénienne de Vaihinger) quelques caractéristiques des propositions, telles que la contradiction, vu que la norme fondamentale est le résultat d'un acte de pensée « réel » et d'un acte de volonté fictif. Dans cette perspective, on a alors considéré la notion de fiction sous l'approche de la théorie artéfactuelle pour la comparer à des fictions littéraires, en montrant que les normes ordinaires ne peuvent pas être comparées à ces fictions. Ensuite, on a analysé la notion de norme fondamentale comme hypothèse. En effet, si on considère l'analyse de cette norme en tant que simple présupposition du législateur, comme élément qui n'est pas présent dans l'ordre juridique, on peut noter une similitude avec la notion d'hypothèse. Toutefois, cette identification est en fait impropre, en raison de l'existence d'éléments contradictoires qui modèlent la notion de norme fondamentale : elle possède des caractéristiques contradictoires avec sa propre formulation. Le constat de cette erreur a conduit Kelsen à la théorie vaihingérienne du "comme si", et à la conception finale de norme fondamentale comme fiction. On a constaté que l'approche de Kelsen de la norme fondamentale comme porteuse de contradictions, une fois insérée dans une science avec un propos pratique bien défini, est "autorisée" par la théorie de Vaihinger. C'est-à-dire que selon cette théorie, seule la norme fondamentale peut être considérée comme une fiction légitime, et non pas les autres normes de l'ordre.

Finalement, on conclut que la notion de norme fondamentale comme fiction est appropriée aux propos de la théorie kelsénienne *pour le* droit, et qu'elle atteint son objectif de justification du système juridique en tant que "séparée" du droit, ayant le propre droit comme objet. On soutient en outre qu'aucune norme de l'ordre positif ne peut être une fiction : si l'on comprend la fiction comme un manque de référence (Thomasson), on s'appuie sur la nécessité de l'efficacité normative. Si on comprend cette notion comme un outil méthodologique qui présente des caractéristiques contradictoires pour expliquer par supposition ce qui ne peut pas être expliqué dans la réalité (Vaihinger), on s'appuie sur le fait que les normes juridiques ne peuvent pas avoir de contradictions. La constatation de la présence des contradictions dans la formulation de la norme fondamentale, parfois considérée problématique, est en fait précise. Cette présence ne viole pas les processus scientifiques qui sont réalisés par cette « norme ». Par conséquent, les contradictions présentes dans la formulation de la norme en tant que fiction permettent de légitimer les démarches juridiques au niveau de la science du droit, pour la justification de la validité de l'ordre normatif dans son ensemble. Autrement dit, c'est essentiellement la formulation de la norme fondamentale comme une fiction qui rend possible l'existence légitimée d'un système juridique positif.

Bibliographie

Atienza M. [2003]: "As razões do Direito. Teorias da Argumentação Jurídica". Tradução de Maria Cristina Guimarães Cupertino. São Paulo: Landy Livraria e Distribuidora Ltda.

Barzotto L. F. [1999]: "O Positivismo Jurídico Contemporâneo. Uma introdução a Kelsen, Ross e Hart". São Leopoldo: UNISINOS.

Bobbio N. [2008]: "Direito e Poder". Tradução Nilson Moulin. São Paulo: Editora UNESP.

Bobbio N. [1997]: "Teoría General del Derecho". Santa Fé de Bogotá – Colômbia: Editorial Temis.

Cabrera C.A. [2000]: "Lecciones de lógica jurídica". Espanha: Editorial Mad, S.L.

Celano B. [2000]: "Kelsen's Concept of the Authority of Law", In: *Law and Philosophy*, Vol. 19, No. 2, Kelsen, Authority and Competence (Mar., 2000), pp. 173-199

Goyard-Fabre S. [1993]: "Kelsen e Kant. Saggi sulla dottrina pura del diritto". Napoli: Edizioni Scientifiche Italiane.

Guerrier O. [2004] : "Fictions du Droit et Espace Littéraire". In Fictions du savoir à la Renaissance, URL : http://www.fabula.org/colloques/document88.php

Hare R. W. [1996]: "A Linguagem da Moral". Tradução de Eduardo Pereira e Ferreira. São Paulo: Martins Fontes.

Herrera C. M. [1997] : "Théorie Juridique et Politique chez Hans Kelsen". Editions Kimé, Paris.

Hume D. [2000]: "Tratado da Natureza Humana". São Paulo: Fundação Editora da UNESP (FEU).

Kaufmann E. [1992]: "Critica della filosofia neokantiana del diritto". Napoli: Edizioni Scientifiche Italiane.

Kelsen H. [2005]: "Teoria Geral do Direito e do Estado". São Paulo: Martins Fontes, [1° ed. 1945].

———. [1962] : "Théorie Pure du Droit". Paris : Dalloz, [1° ed. 1960].

———. [1996] : "Théorie Générale des Normes". Paris : Léviathan, [1° ed. 1979].

Loewenberg J. [1912]: Reviewed work(s): "*Die Philosophie des Als Ob. System der Theoretischen, Praktischen und Religiösen Fiktionen der Menschheit auf Grund Eines Idealistischen Positivismus. Mit einem Anhang über Kant und Nietzsche*" by H. Vaihinger. *The Journal of Philosophy, Psychology and Scientific Methods*, Vol. 9, No. 26 (Dec. 19, 1912). Published by: Journal of Philosophy, Inc. Stable URL: http://www.jstor.org/stable/2013048

"Notes" [2002]: "Lessons from Abroad: Mathematical, Poetic, and Literary Fictions in the Law". In *Harvard Law Review*, Vol. 115, No. 8, Jun., 2002, p. 2233-2234.

Paulson S. [1999]: "Arriving at a Defensible Periodization of Hans Kelsen's Legal Theory". In: *Oxford Journal of Legal Studies*, Vol. 19, No. 2 (Summer, 1999), pp. 351-364.

Pfersmann O. [2004] : "Les modes de la fiction : Droit er Littérature". In : LAVOCAT, F. *Usages et théories de la fiction*, PUR.

Ross Alf. [2003]: "Direito e Justiça". Tradução Edson Bini. Bauru, SP: EDIPRO.

Thomasson A. [1999]: "Fiction and Metaphysics". Cambridge University Press, Cambridge.

La norme grammaticale en droit comparé. Réalité ou fiction ?

STEFAN GOLTZBERG
Centre Perelman de Philosophie du Droit - ULB

La norme est-elle une fiction ou existe-t-elle sous un autre mode ? Répondre à une telle question supposerait que l'on dispose d'une théorie viable de la fiction (Schaeffer 1995). Dans une certaine mesure, on peut affirmer que la théorie de John Searle répond à cette exigence (Searle 1979). Pour autant, l'essentiel de notre réflexion élargira la question du caractère fictif de la norme : il ne sera dès lors pas question uniquement de la norme par excellence, la norme juridique, mais également du langage dans lequel le droit s'exprime. Ce langage étant régi par une norme – linguistique – la question se pose à nouveau de savoir si la norme linguistique est fictive ou non. En particulier, puisqu'une telle question est assez vaste, il sera ici question du rapport que le juriste entretient à la norme linguistique. Le spécialiste de la norme juridique accède-t-il à la norme linguistique comme il accède à une nouvelle branche du droit ou bien serait-ce un nouveau type de normativité ou encore un type alternatif de normativité ? En d'autres termes, la norme linguistique trouve-t-elle un intérêt pour le juriste ? Est-elle susceptible d'avoir une conséquence juridique ? Tel est le faisceau de questions qui préside à la rédaction de ce texte. La réponse que nous y apporterons consistera surtout à dissiper le flou qui entoure les concepts interrogés. Ensuite, une hypothèse sera proposée à propos du statut de la norme linguistique dans les différents types de systèmes juridiques.
Afin de bien montrer le caractère inhabituel de notre approche, il faut encore en préciser la portée. Il sera donc question ici de l'image de la langue et de la grammaire que se font les juristes, dès lors qu'une interrogation quant à la forme du texte de loi se fait jour. La notion de grammaire sera étudiée et problématisée, éclairée par une série de distinctions (langue/écriture, connaissance épilinguistique/métalinguistique, norme intrinsèque/norme extrinsèque). Ensuite, à la lumière de ces distinctions, le statut de la grammaire sera situé parmi les sources du droit. La typologie des sources du droit mettra au jour l'image de la langue véhiculée par la fiction du législateur. Une mise au point sera suggérée sur le rôle que joue ou que devrait jouer la grammaire de la langue du législateur dans l'examen de la loi.

Fiction du législateur – fiction de la norme grammaticale

La philosophie du droit, du moins *une* philosophie du droit, positiviste, voit dans le législateur une fiction qui circonscrit au texte de la loi la source juridique (Kolb 2006 : 74-80). La loi, disent les positivistes, est tout le droit ; le droit n'est que la loi. L'auteur des textes législatifs est mentionné comme s'il s'agissait d'un seul auteur, le législateur, égal dans son expression, laquelle est toujours parfaite. Le législateur ne dit rien de trop et se prononce sur tout. Il n'y a pas de lacune dans le droit, du moins toute lacune n'est-elle que temporaire et illusoire (Perelman 1968, Kolb 2006 : 778-798).
Tel est le portrait positiviste de la fiction du législateur. Dans la mesure où celui-ci s'exprime par le langage, il ne sera pas étonnant que la langue du législateur ait été du même coup investie d'une autorité infaillible. La langue du législateur est à son image : parfaite. Pourtant, il n'est pas évident que les deux thèses soient solidaires, il n'est pas nécessaire que les deux fictions (perfection du législateur et perfection de la langue juridique) s'impliquent mutuellement. Au contraire, notre propos sera de mettre en question le statut de la langue en droit et, par voie de conséquence, la méthodologie qui conduit les juristes à scruter les mots à la manière dont ils compulsent un code de lois.

Grammaire comme source du droit ?

À quelle occasion la norme juridique entre-t-elle en contact avec la norme grammaticale ? Quelles sont les points de rencontre entre ces deux normativités *a priori* indépendantes ? Une part de la réponse tient dans le fait que le droit se dit, *jurisdictio*, qu'il s'exprime dans une langue. Voyons à quoi peut ressembler un tel contact entre droit et grammaire.
Premièrement, de nombreux substantifs sont susceptibles d'une double lecture : une lecture stricte et une lecture large[1]. Ainsi, dans la plupart des langues, sinon dans toutes, une double interprétation peut être avancée des termes désignant le « citoyen », « justiciable », « homme », « enfant », selon que ceux-ci comprennent ou non les femmes. Cette interprétation a changé dans de nombreux États ces dernières décennies, afin de permettre l'« extension » des droits à la moitié de la population qui en était privée. La différence entre le masculin et le féminin tient à une question de grammaire, celle de la portée d'un nom masculin.
Le second exemple porte sur un marqueur de l'argumentation. *Nonobstant* est un terme qui apparaît surtout sous la plume des juristes. Cette préposition

---

[1] Il est inutile de soulever ici la question de l'ordre dans lequel ces deux acceptions ont apparu, dans la mesure où l'histoire de la langue et l'étymologie ne sont aptes, en tant que telles, à justifier le sens qu'il convient d'attribuer à un terme dans un texte de loi (ou autre).

est synonyme de *malgré* et introduit donc une objection plus faible. Techniquement, il s'agit d'un marqueur annonçant un argument « anti-orienté plus faible[2] » (Goltzberg 2010). Il ne peut donc en aucun cas être synonyme de *sauf*. Pourtant, la « clause nonobstant » est souvent invoquée pour désigner à tort ce qui se trouve être une dérogation (Huard 2001)[3].

Enfin, quelle que soit l'utilité, voire la nécessité de la grammaire pour comprendre le texte de loi, Robert Kolb souligne le fait que la grammaire telle quelle est sollicitée dans l'interprétation juridique est subordonnée au raisonnable et que l'on ne saurait faire valoir une opinion reposant uniquement sur une considération grammaticale, si la conclusion est absurde au niveau juridique (Kolb 2006 : 454).

La grammaire

Afin de saisir la manière dont la grammaire et le droit s'articulent, il nous faut procéder à trois distinctions. La première tient à la langue en tant qu'on la sépare de l'écriture, la première étant un phénomène universellement humain, alors que la seconde est une pratique ayant touché uniquement une partie des populations ; la seconde distinction porte sur le type de

---

[2] Dans plusieurs textes (Goltzberg 2008 et 2010a et 2010b), ainsi que dans notre dissertation doctorale, nous avons présenté une théorie bidimensionnelle, qui rend compte de différents types de marqueurs argumentatifs. En résumé, deux paramètres sont retenus – la force et l'orientation – qui permettent de distinguer quatre types de marqueurs, selon qu'ils soient co-orientés plus faibles, comme *au moins*, co-orientés plus forts, comme *voire*, anti-orienté plus faible, comme *malgré*, ou anti-orienté plus fort, comme *sauf*. Cette théorie montre clairement combien le remplacement de *nonobstant* par *sauf* modifie totalement la direction argumentative de l'énoncé.

[3] Voici ce que dit Huard à propos des deux usages qu'elle relève de l'expression *clause nonobstant* : « De nos jours, l'expression clause nonobstant est employée à tort pour désigner deux types de dispositions: la première vise les conditions de dérogation à une loi, par exemple à tel article de la Charte canadienne des droits et libertés permettant à certaines personnes de déroger à quelques dispositions de cette charte.

La seconde disposition, que désigne fautivement l'expression clause nonobstant, est celle qui déroge expressément à une loi, comme dans le cas où l'Assemblée nationale adopterait une loi où l'on préciserait que cette dernière s'applique indépendamment de la Charte canadienne. » Cette remarque est importante. Selon nous, le problème peut être résumé de la manière suivante : les clauses de dérogations peuvent être introduites par un marqueur comme *sauf* (anti-orienté plus fort), alors que les clauses qui ne constituent pas une dérogation peuvent être introduites par *malgré* ou *nonobstant*, (anti-orienté plus faible). Le problème réside dans le fait que, au cas où l'on commence par la dérogation, alors la loi à laquelle on déroge peut être introduite par *nonobstant*. Sans doute la négligence de cette question syntaxique est-il à l'origine du trouble qui entoure ce terme.

connaissance que l'on a de la langue. Il s'agit de l'opposition entre compétence épilinguistique et compétence métalinguistique. Enfin, cette double compétence peut se présenter sous un double jour, selon que la norme qui sous-tend le fonctionnement de la langue est perçue comme interne ou externe. La question est alors de savoir si les jeux de langage sont à découvrir dans la manière dont les locuteurs – y compris le législateur – utilisent les mots ou si, au contraire, les locuteurs sont soumis à une norme linguistique qui les transcende, qui leur est extérieure et par rapport à laquelle il revient au juriste de se référer lorsqu'il interprète la loi.

Langue et système d'écriture

Il est nécessaire de distinguer la langue et son système d'écriture. Tous les systèmes juridiques sont exprimés dans une langue naturelle, que celle-ci soit transcrite sur un support écrit ou non. Le système d'écriture n'est pas dicté par la nature de la langue et l'on peut transcrire toute langue dans plusieurs systèmes. D'après Gelb, dont *A Study of Writing* (1952) ayant eu une grande influence en théorie des systèmes d'écriture, le système alphabétique, notant toutes les consonnes et toutes les voyelles, est le plus évolué et l'emporte en qualité sur les autres systèmes d'écriture, notamment sur les systèmes consonantiques. Historiquement, une des différences entre Juifs et Chrétiens tient au fait que ces derniers ont élu, d'une manière assez constante, un système d'écriture alphabétique pour transmettre les textes sacrés. Ainsi, qu'il s'agisse de la traduction grecque dite des Septante ou des traductions latines ou encore des traductions à la Renaissance en langues vernaculaires, il s'agit chaque fois de langues traditionnellement transcrites dans des alphabets.

La nature du système d'écriture a une influence sur la manière dont le sens littéral est compris dans les différents systèmes juridiques. Le sens littéral, dans son acception chrétienne, suppose un respect de la lettre, de la phrase *déjà vocalisée*. En revanche, dans la tradition juive, on peut imaginer une lecture littérale qui fasse fi, ou plus précisément, qui subvertisse la vocalisation même des mots de la phrase. Ainsi, le nombre d'interprétations littérales est encore plus grand dans la tradition juive que dans la tradition chrétienne.

L'idée qu'il n'y ait qu'un seul sens littéral, qui soit le *sens* clair, est une idée post-médiévale et que l'on peut assigner au développement de la méthode *more geometrico* (Frydman 2005). Au 19ème siècle, la notion même de sens clair en viendra à désigner autre chose que ce pour quoi Emer de Vattel l'avait popularisée au 18ème siècle. En effet, alors que la maxime de Vattel *In claris non fit interpretatio* (« Dans les textes clairs on n'interprète pas ») visait uniquement à écarter une interprétation abusive – il était conscient de la multiplicité de sens clairs d'un seul énoncé – le sens clair devient au 19ème

siècle une doctrine qui lui attache une propriété d'unicité (Kolb 2006 : 410-414). Le sens clair est un.

Le rapport de l'écrit à l'oral modifie donc la théorie de l'interprétation et éclaire sur le fait que certaines opérations mentales, psycholinguistiques, sont conditionnées par l'existence et l'apprentissage de l'écriture.

Connaissance épilinguistique et métalinguistique

Certains types de connaissance sont tributaires de l'écriture, dont parlait le paragraphe précédent. Plus précisément, Sylvain Auroux, dans *Histoire des idées linguistiques*, mais également dans son ouvrage sur la *Révolution technologique de la grammatisation*, thématise la distinction entre la connaissance épilinguistique, inconsciente, de la grammaire et la connaissance métalinguistique, consciente, laquelle n'apparaît qu'après l'écriture. Un locuteur peut maîtriser sa langue épilinguistiquement, c'est-à-dire ne produire que des énoncés grammaticaux ou acceptables et comprendre correctement les énoncés auxquels il est exposé, sans pour autant jouir d'une connaissance métalinguistique, c'est-à-dire sans pouvoir expliquer en termes théoriques les raisons de la grammaticalité ou de l'agrammaticalité d'un énoncé. En d'autres termes, quelqu'un peut parler le français sans commettre de faute ni en parlant ni en interprétant, sans maîtriser le jargon grammatical. Il s'agit donc de deux compétences différentes : l'une universelle, partagée par tous les locuteurs compétents, l'autre étant une discipline de spécialiste, discipline nullement indispensable au bon développement d'une culture ou de son système juridique. On peut déduire simplement qu'un système juridique reposant sur des textes permet – sans l'engendrer automatiquement – un *jeu* sur l'interprétation, par la revocalisation notamment, qui sera absent d'une communauté de locuteurs sans écriture. L'existence et, nous le verrons, la nature du système d'écriture modifie donc les potentialités herméneutiques d'un système juridique. La norme du droit sera le cas échéant par la norme linguistique. Il convient à présent de distinguer deux sens du mot *norme* dès lors qu'il est question de la linguistique.

Norme intrinsèque et norme extrinsèque

Qu'il soit question d'une loi orale ou écrite, et que la connaissance de la langue de la loi soit intuitive ou outillée techniquement, encore faut-il se poser la question de savoir si la langue est conçue comme un phénomène autonome (norme intrinsèque), normé par des régularités constatables par l'observation ou bien si la langue doit être appréhendée comme un système non pas auto-organisé mais comme un comportement régi, comme de l'extérieur, par des *lois grammaticales* – la norme extrinsèque. Le non respect de ces lois constitue dès lors une *faute*, même si tous les locuteurs la commettent.

La question de savoir si la langue, en particulier la langue du législateur, doit être comprise comme du « langage ordinaire » ou comme une langue parfaite dépend, en amont, de considérations théologiques touchant au statut de la langue sacrée. La langue sacrée est, en effet, réputée parfaite dans les différentes religions abrahamiques. Parfaite, elle l'est à coup sûr selon l'islam, qui voit dans la perfection de l'arabe du Coran le signe de la perfection de Dieu (Cuypers 2007). Les Chrétiens, moins attachés à une langue en particulier, ont moins que les Musulmans, vu dans la langue biblique le lieu d'une perfection (Brague). Pour ce qui est du judaïsme, celui-ci considère volontiers que la langue de sainteté – tel est appelé la langue du Pentateuque – est parfaite, sans que ceci n'empêche le cas échéant les commentaires traditionnels de mettre en question l'ordre des versets ou la vocalisation des mots.

Le caractère sacré de la langue religieuse ne coïncide pas tout à fait avec l'idée de norme transcendante, pas plus qu'elle ne l'implique. Au contraire, il est des anomalies linguistiques, dans le Pentateuque notamment, qui ne sont pas perçues comme des fautes, mais comme des faits porteurs de sens : le texte étant considéré comme saint, les docteurs de la loi y ont vu un signe, chargé d'un sens, d'une conséquence juridique le cas échéant. Mais l'acceptation et la justification de ces anomalies linguistiques, loin de battre en brèche l'idée d'une norme, la confirment. Qu'il y ait une norme transcendante est du reste inhérent au fait que la langue du Pentateuque n'est pas la même – du moins pas exactement la même – que celle utilisée par les docteurs. Une distance est donc possible, que n'auraient pas nécessairement des locuteurs discourant sur leur langue propre.

Les sources du droit

La grammaire étant une des sources auxquelles puise le juriste pour rendre compte du sens de la loi, il convient de situer la grammaire au sein des sources du droit, de vérifier dans quelle mesure elle constituerait une source à part entière ou bien si elle relève d'une des sources traditionnellement reconnues.

Positivisme juridique

Nous avons vu au début du texte que d'après le positivisme juridique, issu de la philosophie de la codification, la loi est la seule source du droit. Le juge se contenterait donc d'appliquer la loi au cas d'espèce. Or, si la loi est un segment de langue, tel est aussi le cas d'espèce, une fois que le fait a été *qualifié*. Dans une telle vision, il n'est pas étonnant que le législateur, fiction s'il en est, soit investi d'une autorité non seulement législative, mais également linguistique. Le législateur prononce parfaitement une loi parfaite – au sens où la loi est d'une part parfaitement exprimée, sans redondance et sans variations dépourvues de sens et que, d'autre part, elle porte sur tous les cas d'espèces possibles. De l'idée que la loi s'exprime d'une manière optimale, on passera rapidement à celle selon laquelle le législateur maîtrise la grammaire, voire l'incarne. Carl Schmitt écrivait que « les concepts principaux de l'état sont des concepts théologiques sécularisés » ; cette sécularisation emportera dans l'imaginaire du juriste celle de la langue parfaite. Or, la langue parfaite se doit d'être respectée, qu'on ne la transgresse guère, qu'on ne commette envers elle aucune *faute* – notion théologico-juridique s'il en est.

D'une codification à l'autre
L'idée même que la loi soit codifiée, c'est-à-dire soit « contenue » (Ong 1958) dans un livre, un *codex*, de lois exhaustif et synthétique[4], n'est pas étrangère au juriste lorsqu'il aborde l'autre du droit et qui en est par ailleurs un outil indispensable : la langue. Lorsque se posera une question relevant de l'interprétation d'un segment linguistique, le juriste cherchera volontiers le *code* où se trouve le bon usage de la langue dans laquelle le législateur a choisi de s'exprimer. Le législateur ne pouvant pas s'être mal exprimé – le brocard dit *Le législateur n'est pas négligent* –, il reste à trouver quel est le *vrai* sens du mot, quelle est la *vraie* nuance de la tournure grammaticale. Le grammairien normatif sera donc le législateur – ou le docteur – d'une autre juridiction, celle de la langue, du *bon usage*.

Typologie des sources du droit
Philippe Jestaz, dans *Les sources du droit* (2005), rappelle la typologie des sources de droit de Gény, avant d'en suggérer une autre. Celle de Gény, répandue autant que problématique, distinguait deux types de sources : les sources formelles, valables de par leur seule forme (la loi et la coutume) et les sources matérielles, qui sont variables (la jurisprudence et la doctrine). Après avoir relevé les problèmes auxquels donnait lieu une telle typologie, Jestaz propose de distinguer les sources de droit selon qu'elles proviennent du sommet ou de la base. L'approche *top-down* est illustrée par les sources suivantes : la Révélation (qui comprend les principes généraux du droit et les droits de l'homme), la loi et le jugement ; les sources *bottom-up* comprennent l'acte juridique dont le contrat) et la coutume. Il reste la doctrine, qui est déclarée « source inclassable », la doctrine n'étant pas en tant que telle contraignante, raison pour laquelle on parle, à son propos, d' « autorité de fait ». La typologie de Jestaz situe la doctrine un peu à part, ce que ne désavouerait pas un auteur comme Frédéric Zenati, qui voit en elle la source-clé, en amont des autres, qui détermine leurs articulations et leur

---
[4] Sur l'évolution du concept de code, lire Vanderlinden (1967).

statut[5]. Pour notre part, nous insisterons sur un aspect différent de la doctrine : sa perméabilité aux savoirs extra-juridiques.

La grammaire comme ressource du droit

Rôle de la doctrine et de la jurisprudence

Nous avons vu que Jestaz (2005) plaçait la doctrine à part, ni dans les sources issues du sommet ni dans celles issues de la base. Zénati (2002) y voit la source supérieure, en particulier dans les traditions de droit écrit. Nous pourrions ajouter une autre caractéristique de la doctrine : elle est le lieu sans doute le plus perméable aux informations provenant des disciplines non juridiques. En elle peuvent ainsi s'introduire ce que Umberto Eco appelle les connaissances encyclopédiques (Eco 1984). Notons enfin que dans les pays de tradition jurisprudentielle, il arrive que les décisions de justice intègrent de longs développements incluant une série de références extra-juridiques, références qui, en droit continental, apparaissent davantage dans les textes de doctrine.

Pour ce qui est de la grammaire, elle peut être conçue comme un outil non juridique présupposé par le droit plutôt que comme une source du droit en tant que telle[6].

Importance du type de système d'écriture : le cas du droit talmudique

Il était question, au début de cette contribution, de la distinction – trop souvent négligée – entre langue et système d'écriture. Le moment est venu de formuler une hypothèse. Le rôle de la grammaire – au sens épilinguistique comme métalinguistique, comme norme intrinsèque comme extrinsèque – varie considérablement au gré des systèmes juridiques. La constante tient dans l'utilisation par le droit d'une langue naturelle, orale ou écrite. Il existe en effet des systèmes juridiques dans des sociétés orales, cela ne fait pas de doute, quel que soit le degré de sophistication atteint par ces systèmes, parfois d'ailleurs fort complexes.

Or, une recherche qu'il n'est pas possible d'exposer ici nous a conduits à considérer le rôle de la grammaire – même au sens épilinguistique – comme central dans le droit talmudique. En effet, indépendamment des nombreux passages non-juridiques reposant sur des jeux de mots, les passages proprement juridiques du talmud recèlent nombre d'exemples d'élaboration de la loi sur la base d'une revocalisation d'un mot du Pentateuque ou de la loi orale. Ceci est rendu possible par le fait que l'hébreu est transcrit dans un système d'écriture ne notant pas toutes les voyelles, dans un système nommé

---

[5] Voir notamment, de cet auteur, « L'évolution des sources dans les pays de droit civil » (2002).

[6] Je dois cette formulation à une communication personnelle et informelle de Robert Kolb.

abjad, mot formé par analogie avec « alphabet », qui reprend la première voyelle suivie de la première consonne de l'alphabet grec.

Je ne prétends pas que le système d'écriture est une condition nécessaire et suffisante pour que la grammaire remplisse un rôle prépondérant dans un système juridique. Plus modérément, si l'on s'en tient à une comparaison entre alphabet et *abjad*, on peut énoncer que, toutes choses égales par ailleurs, l'*abjad* conduit la grammaire à occuper un rôle plus conséquent dans l'herméneutique juridique d'un système.

Pour ce qui est de la localisation de la grammaire au sein des sources du droit, la question se pose désormais dans des termes différents. On ne peut pas considérer la grammaire comme une source autonome du droit, sauf à compter comme sources autonomes la science politique, la géographie, la médecine et toutes les autres branches sollicitées peu ou prou dans le raisonnement juridique et judiciaire.

En résumé, la connaissance épilinguistique de la langue du législateur est présente et présupposée dans tout système juridique. Elle l'est d'autant plus que le système d'écriture dans lequel est couchée la loi permet une revocalisation des termes. Pour ce qui est de la connaissance métalinguistique, elle n'est, à notre connaissance, nécessaire dans aucun système, mais permet de faciliter l'analyse du texte de loi.

La fiction du législateur est donc indépendante de la fiction de la norme juridique. En outre, alors que la fiction du législateur est un postulat, la norme linguistique est une réalité. Ce qui est susceptible d'être appelé fiction, c'est seulement *un* des types de normes linguistiques : la norme transcendante. La normativité juridique et la normativité linguistiques sont donc moins homogènes que l'on pourrait le croire d'emblée. Le juriste et le linguiste gagnent donc à saisir la distance qui sépare ces deux normativités, ne fût-ce que pour comprendre la manière dont le juriste recourt à la norme juridique.

Bibliographie

Auroux S. [1994] : "La révolution technologique de la grammatisation", Mardaga, *Philosophie et langage*, Liège.

Blumenberg H. [1966] : "La légitimité des Temps modernes", traduit de l'allemand par Marc Sagnol, Jean-Louis Schlegel, Denis Trierweiler avec la collaboration de Marianne Dautrey, Gallimard, *Nrf Bibliothèque de philosophie*, 1999.

Chomsky W. [1945]: "How the Study of Hebrew Grammar Began and Developed", *The Jewish Quarterly Review*, New Series, Vol. 35, No. 3 (Jan., 1945), pp. 281-301

Cuypers M. [2007] : "Langue et style", in (dir) Mohammad Ali Amir-Moezzi,

Dictionnaire du Coran, Robert Laffont, "Bouquins", Paris, pp. 473-476

Ducrot O. [1980] : "Les échelles argumentatives", Minuit, *Propositions*, Paris.

Ducrot O. et Schaeffer, J.-M. [1995] : "Nouveau dictionnaire encyclopédique des sciences du langage", Le Seuil, *Point/Essais*, Paris.

Eco U. [2001] : "Sémiotique et philosophie du langage", traduit de l'italien par Myriem Bouzaher, PUF, *Quadrige*, [1984].

Frydman B. [2007] : "Le sens des lois. Histoire de l'interprétation et de la raison juridique", Bruylant, *Penser le droit*, Bruxelles, [2005].

Gelb I. J. [1952]: "A Study of Writing: The Foundations of Grammatology", University of Chicago Press, Chicago.

Goltzberg S. [2008] : "Esquisse de typologie de l'argumentation juridique", *International Journal for the Semiotics of Law – Revue internationale de Sémiotique juridique*, pp. 363-375

Goltzberg S. [2010] : "Présomption et théorie bidimensionnelle de l'argumentation", *Dissensus – Revue de philosophie politique de l'ULg* – N°3 – Février 2010, pp. 88-99

Halpérin J.-L. [2004] : "Histoire des droits en Europe de 1750 à nos jours", Champs Flammarion, Paris.

Huard I. [2001] : "Nonobstant", *Le Journal du Barreau du Quebecq*, Volume 33 – numéro 10 - 1er juin 2001

Jansen H. [2003]: "Van omgekeerde strekking. Een pragma-dialectische reconstructie van a contrario-argumentatie in het recht", Thela Thesis, Amsterdam.

Jansen H. [2005]: "E Contrario Reasoning : The Dilemma of the Silent Legislator", *Argumentation*, Vol.19/4, pp. 485-496

Jestaz P. [2005] : "Les sources du droit", Dalloz, *Connaissance du droit*, Paris, 2005 Kessler-Mesguisch, "Les grammaires occidentales de l'hébreu", in (éd) Auroux, Sylvain, *Histoire des idées linguistiques*. Tome 2, Mardaga, « Philosophie et langage », Liège, pp. 251-270

Kolb R. [2006] : "Interprétation et création du droit international. Esquisse d'une herméneutique juridique moderne pour le droit international public", Bruylant/Editions de l'Université de Bruxelles.

Ong Walter [2004]: "Method, and the decay of dialogue. From the art fo discourse to the art of reason", University of Chicago Press, Chicago, [1958], 2004

Perelman C. (éd), [1968] : "Le problème des lacunes en droit", Bruylant, Travaux du Centre National de Recherches Logiques, Bruxelles.

Perelman C. [1979] : "Logique juridique. Nouvelle rhétorique", Dalloz, Paris, [1976], 1979

Récanati F. [2004]: "Literal meaning", Cambridge University Press, Cambridge, 2004

Schaeffer J.-M. [1995] : "Fiction", *in* Ducrot, Oswald et Schaeffer, Jean-Marie, *Nouveau dictionnaire encyclopédique des sciences du langage*, Le Seuil, « Point/Essais », Paris, pp. 373-384

Schmitt C. [1988] : "Théologie politique", traduit de l'allemand par Jean-Louis

Schlegel, *Nrf Bibliothèque des sciences humaines*, Paris, [1922], 1988

Searle J. R. [1979]: "Expression and Meaning. Studies in the Theory of Speech acts", Cambridge University Press, Cambridge.

Sperber D. et Wilson D. [1989] : "La pertinence. Communication et cognition", traduit de l'anglais par Abel Gerschenfeld et Dan Sperber, Minuit, *Propositions*, [1986].

Swiggers P. [1997] : "Histoire de la pensée linguistique. Analyse du langage et réflexion linguistique dans la culture occidentale de l'Antiquité au 19ème siècle", PUF, *Linguistique Nouvelle*, Paris.

Thireau J.-L. [2009] : "Introduction historique au droit", Champs Université, *Droit*, Paris, [2001].

Tremblay R. [1999] : "L'interprétation *a contrario* est abusive", *Le Journal du barreau du Québec*, 31/7.

Tremblay R. [2004] : "L'essentiel de l'interprétation des lois", Éditions Yvon Blais.

Vanderlinden J. [1967] : "Le concept de code en Europe occidentale du XIIIe au XIXe siècle. Essai de définition", Éditions de l'Institut de Sociologie de l'Université Libre de Bruxelles, Bruxelles.

Zenati F. [2002] : "L'évolution des sources dans les pays de droit civil", *Recueil Dalloz*, 2, pp. 15-22

Les normes de droit comme images. Comment suivre une règle malgré le paradoxe wittgensteinien

BERT VAN ROERMUND[*]
Tilburg University

Le caractère fictif des normes est un de ces thèmes qui peuvent être approchés à partir d'un grand nombre d'angles. Il convient donc d'éclairer, dès le début, ma cible tant que ma voie, en annonçant comment je me propose de procéder. Premièrement, je me concentrerai sur les normes juridiques plutôt que sur les autres genres de normes, quoique je ne fasse pas très attention aux problèmes par ailleurs tout à fait sérieux, de savoir comment on peut démarquer les normes juridiques des normes morales, esthétiques ou même épistémologiques. Deuxièmement, je traiterai des règles plutôt que des normes, en supposant que les règles sont une certaine forme que les normes peuvent adopter – non pas la forme exclusive mais bien sûr une forme privilégiée par le droit moderne. Troisièmement, je propose de traiter le caractère fictif des normes juridiques par une approche spécifique. Certains philosophes prennent la fiction en opposition au fait. D'autres préfèrent une voie encore plus radicale, en défendant qu'une fiction n'est pas seulement contrefactuelle, mais aussi contradictoire. En se bornant à la philosophie du droit, on peut observer que cette position est celle de Kelsen, au moins dans l'œuvre posthume *Allgemeine Theorie der Normen* où il se réfère à la *Philosophie des Als ob* de Vaihinger[1] pour expliquer la notion de norme fondamentale (*Grundnorm*). On peut rencontrer la conception des normes comme étant des contrefactuels chez les représentants du réalisme juridique, par exemple chez Jerome Frank, d'après qui une règle est en fait un extrait sténographique des prédictions sur le

---

[*] Tilburg School of Humanities / Tilburg Graduate Law School, PO Box 90153, 5000 LE Tilburg, Pays-Bas. Email: roermund@uvt.nl. Notre groupe de recherche pour la philosophie du droit est sur
http://www.tilburguniversity.edu/about-tilburg-university/schools/humanities/philosophyoflaw/
Des versions antérieures de cette communication ont été présentées à Tilburg University, Université Lille 3, et Vrije Universiteit Amsterdam. Je remercie beaucoup tous les participants présents à ces séminaires. Je dois beaucoup aussi à Nicolas Clerbout, qui a traduit le manuscrit de l'anglais.
[1] Kelsen, *Allgemeine Theorie der Normen* (Im Auftrag des Hans-Kelsen-Instituts aus dem Nachlass herausgegeben von K. Ringhofer und R. Walter, Wien: Manz: 1979) 206.

comportement des personnes officielles.² Je me tiendrai loin de ces disputations. Malgré leurs différences, ces positions, abordent toutes deux le problème des règles juridiques d'un point de vue théorique, scientifique, doctrinaire. Leur question est : quel est le mode le plus approprié pour une règle à suivre, de sorte que nous pouvons l'utiliser dans une explication scientifique du droit ? Par contre, mon intérêt est un autre: comment peut-on comprendre que les règles du droit nous guident ? Qu'est-ce que c'est que suivre une règle ? Y-a-t-il une différence, quant à leur compréhension, entre violer la règle et s'écarter de la règle? Alors mes questions ne sont pas liées à un modèle réductif dans les mains d'un théoricien qui s'intéresse, par exemple, à la validité des règles, mais un compte rendu de la perspective à la première personne d'un agent qui appréhende la règle en s'étonnant 'qu'est-ce qu'il faut faire?'

Je commence (partie 1) avec deux arguments qui suggèrent que notre capacité à suivre une règles est un mystère complet. C'est en effet cela, évidemment, que nous faisons tous les jours, tout particulièrement en droit ; mais conceptuellement ce qui se passe en fait reste assez énigmatique. Le premier argument provient du droit lui-même. Il suggère que les règles juridiques ne nous disent rien car, en dernière analyse, elles sont tautologiques. Le second argument provient de la part de la philosophie, en particulier la philosophie de Wittgenstein dans ses dernières œuvres. Il soutient la thèse que les règles (les règles du droit comprises) ne nous disent rien parce que des conduites incompatibles peuvent être dérivées de n'importe quelle règle. Alors comment déchiffrer l'énigme, ou le paradoxe, de la règle? Ma réponse (partie 2) est une théorie de la règle comme image ou 'icône'³. Ce que les théories juridiques souvent appellent 'l'interprétation', c'est en fait l'imagination. L'imagination est mon parti pris à propos de la notion-clé de cette série de discussions : la fiction. C'est par l'imagination, je

---

[2] Paul, *The Legal Realism of Jerome Frank. A Study of Fact-Scepticism and the Judicial Process* (The Hague: Martinus Nijhoff, 1959) 36 résumant Frank: 'Rules can help us to predict future decisions. They can also serve as guides to future action, but beyond that, their efficacy is seriously doubted by Frank, who writes: "(...) A rule tells something about law, but is not law. For, to repeat, law is what happened or what will happen in concrete cases. Past decisions are experimental guides to prognostications of future decisions. And legal rules are mental devices for assembling, in convenient form, information about past cases to aid in making such prognostications. Or they may be defined as generalized statements of how court will decide in questions, of the considerations which will weigh with courts in the decision of cases to which the rules are applicable."' La notion de 'guide' dans cette citation est bien différente de celle que j'utilise ci-dessous.

[3] Dans le sens d'une image stylée. Notez que j'utilise 'image' dans un sens non-représentationaliste, de sorte que je peux échapper à la critique de Wittgenstein à la théorie de la '*picture*'.

crois, que nous nous projetons nous-mêmes dans la norme ou la règle, d'une manière semblable à celle qui nous permet de capturer le sens d'une peinture, une pièce de musique, une histoire, ou un poème. Enfin (partie 3) je donnerai les raisons pour lesquelles mon explication est supérieure à son rival le plus important, le conventionnalisme. Pour cela je reviendrai sur les mystères de la première partie en montrant que (a) j'offre une interprétation plus cohérente de Wittgenstein, et (b) je rends une explication plus satisfaisante de ce que 'les sujet de droit' et leurs avocats font avec les règles juridiques dans leurs pratiques quotidiennes.

1. L'énigme des règles

Comment est-il possible que nous fassions ce que nous croyons sans le moindre doute faire, c'est-à-dire suivre une règle, souvent une règle de droit? Je ne veux pas discuter pourquoi nous suivons une règle de droit, par exemple par crainte de sanctions, ou par respect du législateur démocratique. Je voudrais concentrer la réflexion sur l'acte même de suivre une règle. Que faisons-nous en obéissant, appliquant, exécutant, imposant, ou promulguant une règle ? Car même en promulguant une règle il semble que nous comprenons ce qu'est précisément suivre une règle, autrement la promulgation serait vaine. Nous suivons des règles sans cesse, par exemple en cuisinant selon une recette, en écrivant ou analysant une phrase selon une grammaire ou un style, en développant une méthode de recherche, ou en nous comportant comme de bons citoyens. Permettez-moi d'expliquer par deux pistes pourquoi tout cela est profondément énigmatique, en prenant le droit comme la scène privilégiée de nos discussions. La première piste montrera que, en fin de compte, les règles juridiques restent silencieuses à propos du point même auquel elles sont supposées donner une réponse. La deuxième reprend une partie intrigante de la philosophie de Ludwig Wittgenstein, qui nous a présenté le paradoxe selon lequel, d'une règle quelconque, toutes choses peuvent être dérivées, y compris des choses contradictoires au sens de conduites incompatibles, de sorte que, si tout est en accord avec la règle, rien n'est en accord avec la règle.

1.1. Le silence des lois

Dans de nombreux cas, les règles que nous suivons sont des règles du droit. Plusieurs casse-têtes peuvent se présenter par le seul fait que, dans des circonstances spécifiques, je suis sujet à des règles de juridictions très diverses, qui me demandent des actions impossibles ou incompatibles. Mais je préfère faire ici abstraction de ces problèmes quotidiens, et me concentrer sur ceux qui se posent quand nous tentons de suivre ne serait-ce qu'une règle claire et distincte comme, par exemple, 'Défense de fumer dans cette salle'. Imaginez-vous que c'est moi, votre hôte, qui, sur place, s'allume une de ces cigarettes électronique qui sont en vente à présent. Une e-cigarette ou e-cig est *'a battery-powered device that provides inhaled doses of nicotine or non-nicotine vaporized solution. It is an alternative to smoked tobacco products, such as a cigarette. In addition to nicotine delivery, the vapor also provides a flavor and physical sensation similar to that of inhaled tobacco smoke, although there is no tobacco, combustion or smoke present.'*[4] Bien qu'il y en ait aussi, on le dit, qui se présentent sous l'apparence d'un stylo ou d'un tournevis, supposons que la mienne ressemble à une cigarette de tabac ordinaire. Elle brille d'une façon élégante quand je l'inhale, et elle produit une innocente vapeur d'eau quand j'exhale. Alors, serais-je en violation de la défense de fumer si j'allumais une e-cig ici et maintenant ? Une personne officielle chargée de la tâche honorable d'exécuter cette règle, agirait-elle correctement si elle m'arrêtait pour avoir allumé une e-cig dans cette salle ? Un législateur aurait-il raison d'étendre la défense de fumer à l'usage des e-cigs ?

Il n'y aurait aucun problème, évidemment, si l'interdiction était plus précise et spécifique sur les conséquences juridiques d'allumage des e-cigs dans une telle situation. En effet, on voit surgir de telles règles dans plusieurs juridictions, surtout aux Etats-Unis. Mais dans les pays d'Europe, je ne connais aucune disposition spécifique concernant les e-cigs. On pourrait s'en remettre à la Directive 2001/95/EC/6 concernant la sécurité des produits. Cette directive demande aux États-Membres de prendre des mesures restrictives ou préventives en cas d'un produit qui peut être une source de danger pour la santé des consommateurs. Cette règle présente une figure typique en droit, non seulement le droit européen, mais aussi les ordres juridiques nationaux. Elle fait marcher la machinerie du droit en arrière, et d'une manière très importante. Parce que si l'on se tourne vers le droit, c'est bien pour apprendre ce qu'on doit éviter par souci de la santé des consommateurs, pour éviter une source potentielle de conflits sociaux concernant ce qui est dangereux ou pas. En réponse[5] le droit dit, en dernière analyse, qu'on doit éviter toutes les choses qui peuvent comporter un certain danger pour la santé des consommateurs. En somme, en demandant au droit qu'est-ce qu'on doit faire (ou non), on reçoit la réponse qu'on doit faire ce qu'on doit faire (ou non). Le droit nous laisse avec une tautologie parfaite et, de cette manière, sans instruction ou information sur ce qu'il faut faire.

Voilà une caractéristique générale d'un système de droit basé sur la forme de règle. On la retrouve dans le droit des délits où la négligence est la clé pour tout le système. Elle dépend de ce que la *common law* appelle '*the foresight of a*

---

[4] Cf. http://en.wikipedia.org/wiki/Electronic_cigarette, accès au 03 Mars, 2011.
[5] Mais il y a ceux qui doutent que le droit soit jamais 'responsif' dans le sens philosophique; cf. Gehring, "Can the Legal Order 'Respond'?" *Ethical Perspectives: Journal of the European Ethics Network* 13 (2006).

reasonable man'. Mais le droit des délits n'a-t-il pas été inventé parce que, comme hommes raisonnables, nous pouvons nous opposer sur les effets nuisibles mais (peut-être) imprévisibles de notre comportement ? Pourquoi serait-il utile d'apprendre que 'négligent' serait un dégât qui est 'prévisible' pour un homme raisonnable ? C'était précisément le dilemme des hommes raisonnables qui nous a fait nous tourner vers le droit au début ; et c'est à partir de l'étude des cas 'durs', où on a ce « raisonnable » dans les deux côtés du conflit, que les étudiants en droit apprennent leur style. Alors, pourquoi se tourner vers le dilemme pour résoudre le dilemme ? Le tableau ne change pas quand on passe à d'autres champs du droit, par exemple le droit du travail ou de la santé. Nous espérons apprendre du droit ce que nous devons faire pour agir comme un bon employeur dans l'industrie ou un bon employé dans la santé publique. Cependant, au moins dans le cas du droit néerlandais, nous sommes renvoyés au point de départ par des règles législatives qui nous disent que, tout d'abord et après tout, la règle-clé est claire : nous devons faire ce qu'on doit faire comme un 'bon employeur' ou un bon professionnel des soins de santé. Alors, et en somme, on doit faire ce qu'on doit faire et on ne doit pas faire ce qu'on ne doit pas faire. Aucune de ces deux normes, quoique logiquement impeccables, semble capable de guider nos actions.

1.2. Le paradoxe wittgensteinien

Les étudiants de philosophie qui ont lu leur Wittgenstein prennent une route un peu différente concernant le problème de la règle. Ce qui fascine Wittgenstein c'est : qu'est-ce que cela signifie de se savoir 'lié' ou bien 'guidé' par une règle ? C'est-à-dire comment, à partir du moment où on a compris la règle, on se sent capable de continuer, en l'appliquant à des cas nouveaux. Ses exemples favoris sont des séries arithmétiques dont il faut déterminer le pas suivant, comme dans les tests de QI. On nous donne une série 1, 2, 3, 4 ..., et puis on nous demande de remplir l'espace vide concernant le chiffre suivant. Bien qu'on peut croire que '5' est la continuation correcte de la série, en supposant ainsi que la règle est 'commencez avec 1 et présentez le chiffre + 1', n'importe quelle réponse est en fait possible. Voici quelques exemples :

[1] 7 !, 10 ! (criez tous les chiffres que vous connaissez)
[2] 1, 2, 3, 4 (comptez la mesure d'une marche 4/4)
[3] 1, 14, 32, 2341 (combinez les chiffres donnés comme vous le voulez)
[4] 6, 14, 346, 29 (prenez n'importe quel chiffre autre que 5 ou divisible par 5, parce que le 5 est un chiffre sacré).

Si '5' est une réponse correcte à notre question, et 'non-5' aussi (comme dans l'exemple [4]), la règle permet des réponses contradictoires. Une contradiction est fausse par nécessité. Or, des expressions qui sont nécessairement fausses, on peut conclure tout ou rien, c'est comme on veut. Ainsi, malgré nos pratiques, il semble impossible de suivre la règle.

Une règle elle-même n'indique pas comment il faut la continuer; donc comment ira-t-on tirer d'une telle règle son application? Si on pensait que cette instruction était donnée par une règle supérieure, on ne manquerait pas d'échouer dans une régression infinie. Pour retourner à notre exemple: probablement, les e-cigs ne faisaient pas partie de l'univers normatif quand le législateur imposa ses restrictions aux fumeurs. Elles ne sont sur le marché que depuis 2004. Si nous disons à présent que nous suivons l'interdiction de fumer en l'appliquant aux e-cigs, cela n'équivaut-il pas, en fait, à mettre de côté l'interdiction de départ et à remplacer l'ancienne règle par une nouvelle règle qui nous semble valable sans l'intervention législative ? Mais pourquoi était-elle appelée une règle, si elle est ainsi abandonnée tout à coup ? D'autre part, si nous croyons suivre la règle en excluant les e-cigs de l'interdiction, ne faisons-nous la même chose, à savoir remplacer la règle par une autre de notre propre invention ? Alors doit-on dire que l'une et l'autre tactique sont en accord avec la règle ? Ou alors aucune des deux?[6] En tout cas, suivre une règle n'est pas la même chose que reproduire un sens préétabli, comme si nous étions en train de feuilleter les descriptions des situations, en utilisant la règle comme un algorithme rigide.[7] De même, promulguer une règle n'est pas non plus distribuer des sens préétablis pour

---

[6] 'This was our paradox: No course of action could be determined by a rule, because every course of action can be made to accord with the rule. The answer was: If everything can be made out to accord with the rule, then it can also be made out to conflict with it. And so there would be neither accord nor conflict here.' Wittgenstein, *Philosophical Investigations / Philosophische Untersuchungen* (Oxford, Blackwell: 1953) par 201. Cf. Holtzman and Leich, ed., *Wittgenstein: To Follow a Rule* (London - Boston - Henley: Routledge and Kegan Paul, 1981); Kripke, *Wittgenstein on Rules and Private Language* (Oxford, Blackwell: 1982) et la discussion de Baker and Hacker, "Critical study: On misunderstanding Wittgenstein:Kripke's private language argument," *Synthese, 58 (1984) pp. 407-450* (1984). J'ai rapporté l'importance de ces analyses pour la théorie du droit en Van Roermund, "Regel en waarheid - wijsgerige aantekeningen omtrent rechtsdogmatiek," *Nederlands Tijdschrift voor Rechtsfilosofie en Rechtstheorie* 13 (1984), en anglais Van Roermund, "Narrative coherence and the guises of legalism," in P. Nerhot (ed.), *Law, Interpretation and Reality, Dordrecht - Boston, Kluwer Academ. Publ., pp. 310-345,* ed. 1990) . C'est là où on trouve une lecture de Wittgenstein plus élaborée.

[7] J'ajoute 'rigide' puisque les choses changent radicalement quand des quantités énormes de données sont introduites à un algorithme, comme dans le domaine du 'machine learning'. Cf. Daelemans and Van den Bosch, *Memory-based Language Processing* (Cambridge: Cambridge UP, 2005) .

l'usage futur. Apparemment, quoi que 'suivre une règle' veut dire, ce ne concerne pas un contenu sémantique stocké en elle et qui est retrouvé à partir d'une série de signes.

Les juristes pourraient répondre qu'il y a dans le droit des règles vagues, générales, désinvoltes, qui ne disent pas en effet ce qu'on doit faire. Mais, dirait-on, il y a aussi d'autres: des règles dures et précises, et les juges les appliquent à si grande vitesse qu'on ne peut guère enlever son manteau devant leur tribunal. Il y a, par exemple, des règles très claires et précises liant les faits concernant la conduite sous plusieurs degrés d'ivresse et les sanctions correspondantes, ou liant les revenus aux impôts correspondants. On peut les mettre en deux colonnes, degrés en alcool (ou revenus) à gauche, sanctions (ou impôts) à droite. Chaque rangée est lue come étant une règle de droit. Cette expérience ne prouve-t-elle pas que Wittgenstein avait tort, en montrant clairement quel acte est en accord avec la règle, et lequel ne l'est pas? Mais cette réponse sous-estimerait non seulement la pertinence de l'argument wittgensteinien, mais aussi la finesse des acteurs juridiques autour des règles. Ce n'est pas en reproduisant une rangée spécifique d'un tableau que les officiels montrent qu'ils ont compris la règle articulée par cette rangée. Si c'était là ce qu'ils faisaient, (reproduire une rangée en tant que tel), ils seraient comparables à des enfants lisant des lettres ou des mots plutôt que des phrases. Ils ne suivent la règle que s'ils saisissent l'objet de la rangée, et la rangée elle-même ne donne pas cet objet. Mais notez qu'il n'est pas donné par les colonnes non plus. Il faut voir, évidemment, la relation entre les rangées horizontales et les colonnes verticales dans une troisième dimension pour suivre la règle en l'appliquant dans des situations nouvelles. C'est la matrice des rangées et des colonnes qu'ils doivent suivre s'ils veulent suivre la règle d'une rangée spécifique, c'est-à-dire, s'ils veulent se sentir capables de faire le pas suivant et remplir l'espace vide du tableau. Et quoique, comme on le verra dans le dernier paragraphe, dans la pratique juridique c'est encore plus compliqué, l'image de la matrice est un bon paradigme pour clarifier ce qui se passe dans une pratique gouvernée par des règles.

2. Déchiffrer l'énigme: la théorie de la règle-image

2.1.1. De mauvais caps

Considérons brièvement quelques solutions proposées en réponse au paradoxe wittgensteinien, mais qui resteront, à mon avis, vouées à l'échec. Je les appelle l'intuitionnisme et le conventionnalisme.

Une solution bien populaire parmi les théoriciens du droit est le recours à l'intuition de ceux qui suivent ou qui appliquent une règle, typiquement le juge. On admettra que ce sera bien une intuition exercée et disciplinée ; mais en dernière analyse ce ne sera que par un « saut » dans un savoir complètement implicite et inarticulé que le juge pourra trouver le pas suivant dans l'etcetera inévitable de la règle. Il faut remarquer aussi que cette solution reste dans le domaine sémantique. On affirme la capacité du juge à saisir la correspondance entre la représentation générale du monde fournie par la règle et la représentation de l'état actuel du monde dans lequel on doit agir ; mais la manière dont cela se produit reste tout à fait obscure. Le terme 'intuition' est introduit pour surmonter la distance entre les propositions générales et particulières. Mais le problème original est la distance entre les propositions et la réalité. Même les propositions les plus particulières ne peuvent pas épuiser la réalité qu'elles représentent. Le slogan célèbre *'we'll know it when we see it'* est caractéristique de cette référence à l'intuition. Mais Wittgenstein a miné cette échappatoire.[8] S'il fallait l'intuition pour suivre la règle, raisonne-t-il, ce qui guiderait nos actions serait l'intuition plutôt que la règle. En général, s'il fallait des raisons pour suivre la règle comme nous le faisons, nous suivrions ces raisons plutôt que la règle. Alors la solution de l'intuitionnisme répète le problème. Nous pouvons avoir des raisons pour suivre la règle au début, mais dès que nous avons décidé de suivre la règle, nous n'avons pas besoin des raisons en plus dans le processus de suivre la règle. Il n'y a pas de raisons en plus dans la règle 1, 2, 3, 4, ... pour qu'on dise '5' plutôt que n'importe quelle autre chose pour remplir la place vide. Alors s'il est vrai, dans le sens ordinaire, que *'we know it when we see it'*, la question reste : comment le savons-nous ?

Wittgenstein s'intéresse à plusieurs aspects du mot *'seeing'*. Dans une première approche nous sommes invités à prêter attention à ce que c'est 'voir un signe', dans le sens d'un panneau, par exemple, à la différence de ce que c'est que 'voir un objet'. Voir un signe n'est pas seulement 'voir un objet et en plus le sens de l'objet'. C'est un mode différent de voir, en ce qu'il demande un engagement du corps (*'possibly just an act of writing and speaking'*)

---

[8] 'It is no act of insight, or intuition, which makes us use the rule as we do at the particular point of the series. It would be less confusing to call it an act of decision, though this too is misleading, for nothing like an act of decision must take place, but possibly just an act of writing and speaking. And the mistake which we here and in a thousand similar cases are inclined to make is labeled by the word 'to make' as we have used it in the sentence 'It is no act of insight which makes us use the rule as we do', because there is an idea that 'something must make us' do what we do. And this again joins on to the confusion between cause and reason. We need have no reason to follow the rule as we do. The chain of reasons has an end.' Wittgenstein, *Philosophical Grammar / Philosophische Grammatik* (Ed. R. Rhees, transl. A. Kenny, Oxford, Blackwell: 1969) 143; cf. Wittgenstein, *Zettel* (Ed. by G.E.M. Anscombe and G.H. van Wright, Oxford, Blackwell: 1967), par. 301 et Wittgenstein, *Philosophical Investigations / Philosophische Untersuchungen* par. 186; par. 213.

en montrant 'comment on peut procéder.'⁹ Wittgenstein se méfie de l'usage du terme 'interprétation' qui ne rend pas compte de la pratique qui nous implique peu à peu dans l'usage des signes spécifiques, par exemple des panneaux. Imaginez-vous que, dans une randonnée pédestre, j'essaie d'expliquer à un compagnon extra-terrestre comment on procède avec les panneaux. Je dirai, par exemple, 'le panneau vous montre la direction de votre destination.' Il répond : 'Très bien, prenons-en un avec nous pour ne pas nous égarer.' Apparemment il ne connait pas les « procédures à suivre » avec les panneaux, c'est-à-dire comment ils sont utilisés dans une certaine communauté.

Mais l'introduction de la catégorie de la 'pratique' ne suffit pas. La plupart des lecteurs de Wittgenstein sont inclinés à accentuer le caractère conventionnel d'une telle pratique. Je crois que le conventionnalisme est un autre mauvais cap quand il s'agit de résoudre le paradoxe de la règle. Sans doute c'est Wittgenstein lui-même qui est partiellement en faute ici ; on se souvient tout particulièrement de son accent sur un 'accord' comme étant la condition préalable, plutôt que le résultat, de la communication et de compréhension mutuelle.¹⁰ Voici une citation caractéristique: *'The word 'agreement' and the word 'rule' are related to one another, they are cousins. If I teach anyone the use of the one word, he learns the use of the other with it.'*¹¹ Les wittgensteiniens croient trouver un certain support pour l'interprétation conventionnaliste dans sa fameuse idée de 'jeu de langage'. Mais c'est précisément cette idée qui est interprétée trop vite comme étant aussi une convention. En fait, on suppose tacitement qu'un jeu est conventionnel par définition. Dans le paragraphe 3 j'expliquerai pourquoi je pense que cette supposition n'est pas celle de Wittgenstein. Pour le moment, concentrons-nous sur les raisons pour lesquelles le conventionnalisme n'offre pas une solution au paradoxe; c'est-à-dire, pas tant qu'il finit par revenir à une des réponses suivantes [C1], [C2] et [C3] à la question « pourquoi je dois dire '5' plutôt que n'importe quoi d'autre pour continuer la série 1, 2, 3, 4, … » :

[C1] Les gens dans mon entourage tendent tous à dire '5', c'est-à-dire dans leur comportement personnel.

[C2] En plus de [C1], quelques personnes dans ce groupe prennent une attitude réflective critique au regard de ma réponse '5', dans le sens

---

⁹ Cf. (Wittgenstein 1967), par. 303: '"He grasps the rule intuitively." — But why the rule? Why not how he is to continue?'

¹⁰ Cf. 'If language is to be a means of communication there must be agreement not only in definitions but also (queer as this may sound) in judgments. This seems to abolish logic, but does not do so.' Wittgenstein, *Philosophical Investigations / Philosophische Untersuchungen*, par. 242.

¹¹ Wittgenstein, *Philosophical Investigations / Philosophische Untersuchungen* par. 224.

qu'ils approuvent seulement ce comportement et condamnent tout autre.

[C3] En plus de [C1] et [C2], cette attitude réflective critique n'est pas seulement commune, mais aussi partagée, c'est-à-dire pratiquée dans des formes de comportement qui s'adaptent l'une à l'autre.

Je ne veux pas du tout nier que le fait d'être pratiquée est une condition nécessaire pour l'existence de n'importe quelle règle dans n'importe quel sens du mot 'existence', ni que nous sommes initiés à cette pratique par d'autres acteurs dans notre entourage en tenant en commun une attitude réflective critique. Mais l'essence du problème est ailleurs : c'est que voir le point ou saisir le sens de la règle, dans notre exemple « de quoi s'agit-il dans la pratique de compter », est toujours sous-déterminé par [C3], sans parler de [C2] et [C1]. Tant qu'il faut qu'un instructeur ou une personne officielle intervienne à chaque pas nouveau dans mes efforts pour suivre la règle, je n'ai pas compris cette règle (pas encore). Plutôt, je m'adresse à leur autorité pour découvrir comment suivre la règle. Je serai capable de suivre la règle moi-même au fur et à mesure que leur autorité s'évanouit et que je découvre pour mon propre compte où se trouve la 'nécessité' dans les pas consécutifs. C'est à ce moment-là que je pourrai voir pourquoi leurs instructions étaient 'réflectives' et 'critiques', ou en quoi leurs actions coïncidaient. Evidemment, les règles de comptage permettent cet effacement de l'autorité plus clairement que les règles du droit ou de l'économie. Celles-ci comprennent un sens de nécessité différent de celles-là. Mais Crispin Wright, et Jacques Bouveresse dans son sillage, n'avaient pas tort quand ils affirmaient que suivre une règle dans le sens d'être guidé dépend de 'l'invention (d'une forme de) nécessité'.[12]

2.1.2. Images et règles

Je voudrais clarifier ce que Wittgenstein nous offre à penser par un exemple de mon invention personnelle, qui est tout à fait fondé dans ses mots sur notre compréhension des mouvements possibles d'une machine.[13]

2.1.3. Images comme règles

La plupart des gens sont capables de faire marcher les portes d'un ascenseur comme ils le veulent (c'est-à-dire, les ouvrir ou les fermer), en poussant un

---

[12] Wright, *Wittgenstein on the Foundations of Mathematics* (London: Duckworth, 1980) ; cf. Bouveresse, *La force de la règle. Wittgenstein et l'invention de la nécessité* (Paris. Ed. Minuit: 1987) 14-15: '(…) l'idée que la nécessité ne nous est pas imposée ….'

[13] Cf. (Wittgenstein 1953), par. 193-194 – Je reviendrai à cet exemple dans le paragraphe 3.1.

Les normes de droit comme images. Comment suivre une règle malgré le paradoxe wittgensteinien / 163

de deux boutons.[14] Il est courant de trouver les icônes suivantes sur ces boutons : >||< et <||>. Le lecteur de cet article appartient peut-être à la majorité heureuse des gens qui voient immédiatement quel bouton il faut pousser pour ouvrir ou fermer les portes. Ce n'est pas mon cas. Pire, j'utilise les boutons d'une façon contradictoire à celle qui était dans l'intention du fabriquant, en me sentant cependant sûr que je le fais de la bonne manière, ou au moins que, cette fois je le ferai correctement. Mes collègues, qui sont tous normaux, me disent sans cesse comment il faut manœuvrer en ajoutant les expressions d'une attitude réflective critique comme celles-ci :

>||<   <||>
CLOSE   OPEN

En regardant de plus près, il me faut concéder que ces mots sont en effet souvent même écrits sur ces boutons. Mais les icônes suggèrent que je peux me permettre de sauter la lecture des mots et de m'en tenir aux icônes. C'est pour cela qu'on a inventé ces symboles. Néanmoins, chaque fois que je me fie à cette suggestion, ma main se dirige vers le bouton qui opère les portes dans la direction contraire à celle que je veux réellement.

Pour renforcer ma confiance face à mon anormalité, j'ai construit une hypothèse qui me permet de paraître aussi raisonnable que les gens normaux, et ceux-ci, de leur côté, aussi raisonnables que moi. Les gens normaux voient les icônes > et < comme des flèches. La force qu'il faudrait pour ouvrir ou fermer les portes vient de la direction contraire à celle où la flèche pointe. Alors pour la majorité heureuse, l'image complète est celle-ci :

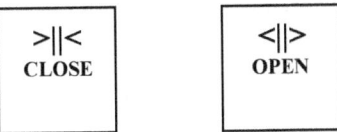

Voilà pourquoi <||> pousse les portes à l'écart l'un de l'autre, en les ouvrant ainsi, tandis que >||< pousse les portes tout près l'une de l'autre, en les fermant. Moi aussi je fais une localisation de cette même force. Mais mon problème est que je maintiens une lecture différente des signes < et >. Je les vois comme des accolades, c'est-à-dire comme ceci :

---

[14] Le réseau Internet rend modeste : quoique mon exemple est de Van Roermund, "Seeing Places. On Prepositions in Law," *The International Journal for the Semiotics of Law / Revue international de sémiotique juridique* 6 (1993), j'ai trouvé, tout récemment, un blog de Montréal qui rapporte le même phénomène en 2007. Cf. http://www.blork.org/blorkblog/2007/05/18/open-close/ (accès au 25 avril 2010).

$$-(\ |\ |\ )- \quad \text{et} \quad)-|\ |-($$

Ces accolades incluent et excluent, elles rassemblent et séparent, au moins en logique et dans les manuels d'ordinateurs. Si on n'approuve pas cette analogie entre la logique et l'opération des boutons d'ascenseur, je peux trouver d'autres lectures et voir les accolades, par exemple, comme des mains en profil. Nos mains sont les acteurs qui rassemblent et séparent par excellence. Ou je peux les voir comme des timbres pressant dans une certaine direction. En tout cas, je les lis comme des images d'une force qui vient du côté des points < et >. C'est pourquoi je reconnais <||> comme 'rassembler ou fermer les portes' et >||< comme 'séparer ou ouvrir les portes'.

La partie la plus curieuse de cette explication n'est pas la différence entre les gens normaux et moi : ce sont plutôt les similitudes dans la façon ordinaire de se rapporter à ces icônes, et cette similitude est née justement de nos différences. Cette similitude est triple.

1) Les gens normaux et moi, nous considérons la même catégorie de 'force' comme étant l'origine de mouvement : la force qui ouvre et ferme les portes de l'ascenseur. Nous croyons tous que les icônes réfèrent à un tel phénomène.

2) Chacun de nous localise l'origine et l'orientation de cette force, venant de et allant vers des directions différentes. On peut indiquer l'origine de la force par un 'smiley' dans les schémas respectifs aux gens normales [A] et à moi [B]:

[A] < | ☺ | >   ☺ > | | < ☺

[B] ☺ < | | > ☺   > | ☺ | <

3) Nous nous imaginons *nous-mêmes* aux positions du 'smiley' dans les schémas [A] et [B] : ce sont nos actes de fermer et d'ouvrir. S'il s'agit de force ou de pouvoir dans ces actions, nous nous plaçons comme l'origine de cette force. En effet, les icônes sont là pour invoquer un acte de projection de notre part: nous nous projetons à ces positions-là dans les images. L'image devient un miroir, et nous nous trouvons invités, comme Alice, à passer *'through the looking-glass'*, d'une place devant l'icône, externe à celle-ci, à une place dans l'image, interne à celle-ci. Dans un dialecte plus technique, on peut dire qu'il y a une forme de réflexivité impliquée dans la 'saisie' de l'icône – une forme d'auto-référence bien différente de celle qui a été introduite dans la jurisprudence par

Luhmann.[15] Ce triple de référence, localisation et identification est ce qu'on peut appeler le guide-opérateur de l'icône.[16]

Une élaboration verbale de ce guide-opérateur dans le cas des portes d'ascenseur nous mène directement à la structure de base de la règle. Si on lisait, par exemple, le mot 'ouvrir' au-dessous d'un bouton, on ne le saisirait pas comme une abréviation des phrases [1] – [4]:

[1] La porte est ouverte.
[2] Si la porte est ouverte, poussez ce bouton-ci.
[3] Ouvrez la porte !
[4] Si la porte est fermée, poussez ce bouton-ci.

L'interprétation [1] est une erreur, parce qu'elle prend le texte dans un sens aléthique plutôt que déontique, et il ne s'agit clairement pas ici d'une description des choses. [2] est un conseil ineffectif, puisqu'il faut justement pousser le bouton quand la porte n'est pas ouverte. [3] peut-être mal compris dans plusieurs sens, par exemple parce que l'impératif est sans condition, tandis que [4] est un conseil dangereux si on est dans un ascenseur ancien qui peut-être ouvert entre les étages. L'interprétation la plus adéquate est [5] :

[5] Si la porte devant vous est fermée et si vous désirez l'ouvrir, poussez ce bouton-ci.

La phrase [5] nous offre un antécédent conditionnel qui est composée d'une description des choses et d'une préférence anticipée, suivie par un conséquent indiquant ce qu'on doit faire. Les expressions indexicales 'devant vous' et 'ce bouton-ci' signalent la réflexivité concernant la phrase entière. Je tiens que cela fait de [5] un bon candidat pour la structure générale d'une règle.

Quelle que soit la sorte de règle qu'on veut suivre – figurée, verbale, ou arithmétique – elle peut être comprise par la thèse wittgensteinienne selon laquelle il faut se soumettre à l'objet de la règle en se projetant en elle comme une image. Suivre une règle, interpréter une règle, ce n'est pas appliquer un algorithme sémantique à sa situation, mais c'est passer à travers le miroir et se voir soi-même en face de la règle comme étant un agent

---

[15] Cf. (Luhmann 1979; Luhmann 1986). Dans la théorie de Luhmann's *autos* se traduit par *idem*, dans la mienne par *ipse*. Pour des distinctions pareilles cf. (Perry 1998), qui sépare 'knowledge of the person I happen to be' et 'knowledge of the self'.

[16] Ceci est très proche de ce que (Döpke and Schwarze 1981) 21f appellent 'localisation actantielle'.

prospectif dans le champ d'actions ouvert par la règle. On se met dans la perspective de la règle pour relier son point actuel au point de vue inhérent à la règle, qui est encore corrélative à son propre point de fuite.

2.1.4. La perspective

Mais comment ce 'point de fuite' se présente-il ? Quelles sont les qualités de l'image qui nous incitent à cette projection? Qu'est-ce qui nous saisit ou fascine ? La théorie de la perspective propose d'appeler ces qualités les 'clés de profondeur' (*depth clues*). Elles sont les formes généralisées des guides-opérateur que nous venons de rencontrer il y a quelques instants. Notre perception peut être sensible à des clés de profondeur de régions très différentes, selon nos dispositions individuelles. Cette sensibilité est donnée, tout d'abord, au niveau neurophysiologique, où il s'agit de la perception des couleurs, des sons, des goûts, etc. Certaines personnes ont une prédisposition très particulière, et même extrême, à propos des couleurs ou des formes, et qui leur permet de développer un talent singulier pour la peinture ou l'architecture, tandis que d'autres ont une prédisposition semblable à propos des sons ou des goûts. L'un peut être frappé par des sons comme un ensemble de mouvements tandis que l'autre est saisi par des couleurs comme un ensemble non moins dynamique. Ce sont ces mouvements qui attirent l'attention individuelle, et qui peuvent la pousser dans une certaine direction, surtout quand ils sont perçus comme opérant dans un concert. C'est cette kinesthésie qui constitue l'expérience de profondeur, ou l'expérience d'être absorbé par un espace inconnu – expérience qui n'est pas nécessairement esthétique, mais qui est une condition préalable aussi pour la compréhension et l'expression esthétique comme pour la compréhension et l'expression en général. Car les clés de profondeur ne sont pas limitées à l'ordre neurophysiologique. Il y a des sensibilités qui sont orientées plutôt vers des phénomènes linguistiques et qui, elles aussi, sont distribuées inégalement parmi les hommes. En outre, comme on le sait, les phénomènes linguistiques ne sont pas homogènes non plus : certains sont tout près de la physiologie (comme la phonologie et la phonétique), tandis que d'autres tendent à l'anthropologie (comme la pragmatique). Voilà pourquoi la région de la culture au sens large est une autre source de sensibilités pour une autre classe de clés de profondeur. En principe, toutes ces classes peuvent interférer, les unes avec les autres.

Passer à travers le miroir, ou être pris par les clés de profondeur et se sentir emporté à un espace nouveau, tout cela est au cœur de la notion de perspective. L'analyse des icônes simples dans le paragraphe précédent n'était qu'un exemple modeste de ce que cette notion peut accomplir dans l'analyse de la structure de la règle. Bien que modeste, son sens dépasse sûrement l'usage trivial fait de la 'perspective' dans la plupart des analyses théoriques du droit, où elle signifie souvent ou bien que notre vue du monde dépend de notre point de vue (c'est-à-dire un truisme) ou bien que le monde dépend de notre point de vue (c'est-à-dire une erreur). À mon avis, la notion de perspective offre beaucoup plus, comme je viens d'argumenter, quand on rend compte de la corrélation entre point de fuite et point de vue, et des nombreuses clés de profondeur qui s'interposent pour constituer cette corrélation. En effet, la perspective est un modèle bien général pour analyser la relation entre sujet et objet, explorée esthétiquement dans les arts[17], épistémiquement dans les sciences[18], normativement dans les entreprises pratiques comme la morale, l'économie, la pédagogie et le droit. Entendue dans son sens philosophique, la perspective est le modèle de ce que Merleau-Ponty a l'appelé 'l'entrelacs': une oscillation infinie entre 'le corps senti et le corps sentant'[19] qui est l'esprit.

Certainement, ce sens pertinent n'équivaut pas à un modèle d'analyse épistémologique. Selon l'observation de Van Fraassen, pour arriver à un modèle d'analyse, la perspective doit être vue comme un 'ensemble conceptuel' (*cluster concept*) plutôt qu'un concept défini: '*There is no defining common set of characteristics, only family resemblances among the instances. Whether or not something is aptly called perspectival depends on whether some appropriate subset of these hallmarks are present, but what amounts to 'appropriate' we cannot delimit precisely either.*'[20] Cependant les traits suivants semblent d'importance.[21]

1) La corrélation entre point(s) de vue et point(s) de fuite.[22] Les deux sont équi-primordiaux. Le point de fuite fournit le point de vue, et vice versa, comme une bande de Möbius infinie.

2) Comme constructeur on a à déterminer le point de fuite, comme observateur le point de vue. Mais pour construire il faut imaginer un observateur, et pour observer il faut imaginer un constructeur.

3) La mathématique peut participer à la construction (dans une certaine partie ou selon certaines techniques), mais elle sert à clarifier un point plus général : pour lancer l'oscillation entre point de vue et point de fuite il faut une sorte de déformation productive, qui est fournie par les clés de profondeur.

---

[17] Panofsky, *Die Perspektive als 'symbolische Form' / Perspective as Symbolic Form* (ed. and transl. by Chr. S. Wood. New York, Zone Books: 1991 [1927]) ; Damisch, *The Origin of Perspective* (Cambridge (Mass.) - London: MIT Press, 1995 [1987]) , Harries, *Infinity and Perspective* (Cambridge (Mass.) - London, MIT Press: 2001).

[18] Van Fraassen, *Scientific Representation: Paradoxes of Perspective* (Oxford: Clarendon Press, 2008) .

[19] Merleau-Ponty, *Le Visible et l'Invisible* (Paris: Gallimard, 1964) 182.

[20] Ibid., 59; cf. 69.

[21] Je les présente en termes proches de la peinture et la vision. Les généraliser dans une théorie de la représentation dépasserait les limites de cet article.

[22] Le pluriel doit accentuer que je suis conscient des discussions sur des perspectives à deux points ou des perspectives multiples.

4) Pour 'saisir' le pointe de la construction à partir de ces clés, il faut se reconnaître soi-même comme corps (ou n'importe quel corps comme son corps) interposé entre point de vue et point de fuite, et agir en conséquence.[23]
5) Les individus sont sensibles à des clés très différentes, mais certaines clés sont d'une nature culturelle et ainsi transférées par (et partagées dans) une société plus ou moins spécifique.

Pour une analyse plus détaillée, je dois renvoyer – pour des raisons de longueur – à des exemples discutés en détail ailleurs. Concernant la peinture, j'ai analysé le cas du *De Staalmeesters*, de Rembrandt. Pour se rendre aux clés de profondeur de ce tableau, c'est-à-dire pour voir l'image comme il faut pour construire le point de fuite correctement, on doit se déplacer dans un point de vue plus bas que la toile, ou – comme l'expérimentation de 2006 avec une photocopie le prouve[24] – suspendre le tableau plus haut. Je veux encore accentuer que la perspective comme modèle n'est pas limitée à l'art de la peinture. C'est un modèle universel de représentation qui se révèle aussi, par exemple, dans l'analyse des narrations. Un exemple de la littérature classique est *Le Roi Œdipe*, que j'ai discuté ailleurs.[25]

2.1.5. Règles comme images

Revenons aux règles du droit : pourquoi et comment faut-il les voir comme des icônes ou des images ? En quel sens doit-on découvrir leur perspective, suivre leurs clés de profondeur et passer à travers leur miroir ? Pourquoi les caractéristiques de la perspective nous rendent-elles plus qu'une métaphore pétillante ? Au cœur de cet exercice se trouve la question de comment suivre une règle (dans le sens pratique d'être guidé), en demandant à se placer du point de vue de la règle et par rapport à son point de fuite. Car surmonter la distance entre sa position actuelle et le point de vue de la règle, c'est ce qu'on peut appeler suivre la règle au sens de comprendre la règle, et savoir quel sera (serait) le pas suivant. Pour surmonter la distance il faut d'abord la mesurer, et la mesurer correctement c'est déjà suivre la règle dans un sens important, même si on décide après de ne plus la suivre. Ainsi il y a deux façons bien différentes de violer (ou ne pas suivre) une règle : le mesurage (plus au moins) faux et la résistance (plus au moins) délibérée.

---

[23] Voilà deux raisons pour lesquelles j'aime mieux la vue de Merleau-Ponty sur l'interprétation plutôt que l'idée de Gadamer de 'Horizontverschmelzung'.
[24] http://www.volkskrant.nl/vk/nl/2676/Cultuur/article/detail/758974/2006/08/24/Rembrandt-kon-wel-in-perspectief-schilderen.dhtml (accès au 5 Mai 2011).
[25] Cf. Van Roermund, *Law, Narrative and Reality. An Essay in Intercepting Politics* (Dordrecht - Boston - London, Kluwer Academic Publishers: 1997) ch. 1, sur la base de Culler, *The Pursuit of Signs; Semiotics, Literature, Deconstruction* (Ithaca (NY): Cornell University Press, 1981).

Pour un examen qui nous montrera aussi dans quel sens l'auto-localisation dans le fait de suivre une règle est réflexive, voire corporelle, je me tourne vers l'exemple le plus célèbre qui a dominé la discussion autour de l'interprétation de la règle de droit dans le monde Anglo-américain depuis 1958 : que peut-on dire à propos de la règle '*No vehicles in the park*'?[26] Au moins on peut dire qu'on n'est pas guidé par cette règle en vertu de la signification des mots isolés comme 'véhicule' ou 'parc'. Tous les juristes le savent bien. Mais ce n'est ni 'le contexte' ni 'l'usage' particulier qui résout le problème. Je pense que Schauer a raison en principe quand il dit que suivre cette règle dépend d'une 'compréhension a-contextuelle partagée'[27], et donc de pratiques partagées dans une communauté plutôt que du contexte singulier.[28] Mais il a surtout raison en soulignant que, même si notre participation est toujours *limitée* aux pratiques toujours *spécifiques* dans une communauté toujours *particulière*, nous apparaissons quand même capables de comprendre '*sentences we have never heard, people we have never met, and propositions we have never previously encountered.*'[29] Autrement dit, la compréhension partagée dans une certaine communauté nous permet de faire un nouveau pas au-delà des pratiques de cette communauté (ce qui ne veut pas dire : n'importe quel pas), puisqu'elle dépend, à son tour, d'une compréhension plus large, partagée par des voies qui dépassent les bords de ce que nous partageons dans notre propre communauté. Parce que Schauer fait mention non seulement des 'phrases' et des 'propositions' mais aussi des 'gens' (qu'on n'a jamais rencontrés), il acceptera probablement que cette compréhension plus large n'a pas lieu seulement au niveau des opinions et désirs conscients exprimés en forme de propositions. C'est notre expérience préréflexive d'un parc comme une part de la 'vie en ville' qui nous permet de

---

[26] Récemment, à l'occasion de son 50me anniversaire, l'histoire est ranimée par Schauer, "A Critical Guide to Vehicles in the Park," *New York University Law Review* 83 (2008), qui donne aussi des références extensives à la littérature abondante. Schauer: 'The hypothetical rule prohibiting vehicles in the park, and Fuller's response to what Hart likely initially believed to be its least controversial dimension, has become a lens through which many commentators have viewed more recent debates, including those about statutory interpretation, law's determinacy, the role of rules in law, and the nature of legal language, among others. If we can get clear about the issues involved in Hart and Fuller's disagreement over this one example, and if we can understand the strongest arguments on either side (only some of which were actually offered by either Fuller or Hart), we will have learned something important about numerous questions of legal theory and legal practice, questions that transcend what initially may appear to be a rather limited debate.'
[27] Cf. Ibid.1120.
[28] En ce sens il suit la majorité des théoriciens du droit, comme Finkelstein, "How to do THings With Wittgenstein: the Relevance of Wittgenstein's Later Philosophy to the Philosophy of Law," *The Journal Jurisprudence* (2010) l'observe.
[29] Schauer, 1122.

comprendre que 'des véhicules' sont interdits, et quels véhicules sont visés (voitures plutôt que poussettes) et dans quelles circonstances il faut accepter une exception (en cas d'urgence). Cette expérience large et préréflexive nous rend sensibles aux clés de profondeurs de la situation.

Le seul panneau 'véhicules interdits dans le parc' n'est qu'une de ces clés. Regardé en soi il est peu normatif. C'est parce que les clés de profondeur ne peuvent opérer qu'au pluriel. Elles signifient une direction de mouvement, et ainsi elles ne peuvent opérer ni séparées ni sans suggestion de mouvement et de force. Pour indiquer une direction il faut mesurer (au moins) deux points de repère. Pendant tout le demi-siècle où le cas est discuté, personne n'a remarqué que l'exemple est tout à fait artificiel à cet égard : où sont les autres clés ? Dans la vie réelle, dans de telles situations, on voit, par exemple, plusieurs panneaux. On voit, à part des panneaux, un parking pour des voitures, des chevaux, des bicyclettes. En outre, ces indications se présentent à *l'entrée* du parc, qui indique d'un espace clos et restreint, où on peut s'attendre à des stipulations.[30] Souvent on voit une porte, une barrière, et on saura que le portier ou le garde, l'autorité par excellence, ne peut pas être très éloigné. On se souviendra de l'enceinte comme l'archétype de normativité. Bien sûr ces archétypes ne peuvent émerger que par des repères de profondeur utilisés fréquemment, pendant une période de longue durée, dans une pluralité de cultures différentes, et dans un grand nombre de biographies individuelles. C'est seulement par la comparaison tacite de ces repères qu'on acquiert peu à peu l'idée d'un parc, des différences entre toutes les sortes de parcs, leurs caractéristiques plaisantes ou délicates, ou enfin leurs profils comme des lieux de conflit, qui évoque l'intérêt de la loi et du droit. Mais tout d'abord il s'agit de déterminer 'la pointe' d'un parc, – une pointe qui n'est pas identique à aucune de ses multiples fonctions, mais à l'intégration infiniment suspendue de ces fonctions. C'est ce point de fuite qui nous permet de mesurer notre position actuelle (par exemple, comme le chauffeur d'une voiture s'approchant de l'entrée du parc) au regard du point de vue du parc, et à décider ce qu'on doit faire (faire demi-tour ou se garer). Alors le point de fuite n'offre aucune information normative en soi : il tient les repères ensembles en les chargeant d'un contenu normatif par son rôle intégratif. On me demandera où se trouve, dans notre exemple célèbre, la réflexivité par laquelle on est incité à se projeter dans cette corrélation. Où est le miroir à traverser ? La réponse est que cette réflexivité se cache dans le mot le plus simple de toute l'interdiction 'No vehicles in the park', le mot 'the'. Le 'the' comme article

---

[30] Supposez que je suis en face du même signe 'no vehicles beyond this point' à l'entrée d'un parc en ville, sur une barricade sur un chemin sablonneux en Islande, ou près de l'Ellis Park Stadium (Johannesburg) pendant la Coupe du Monde de Football 2010. Cela changerait mes alternatives au regard de ce qui compte comme mon 'véhicule' puisque les clés sont différentes dans chaque cas.

défini ne peut être entendu que comme un indexe : ce parc, vu du côté de l'autorité qui a mis le panneau à l'entrée du parc. Le visiteur s'approchant du parc ne peut le comprendre qu'en lisant 'ce parc-là', ajoutant, en silence, 'devant *moi*'. Et voilà la base de la réflexivité : le visiteur se reconnaît déjà à une position dans un champ d'indices qui est ouvert pour lui et sur lequel il peut se projeter.

Le diagramme suivant peut exprimer ce que je viens de dire.

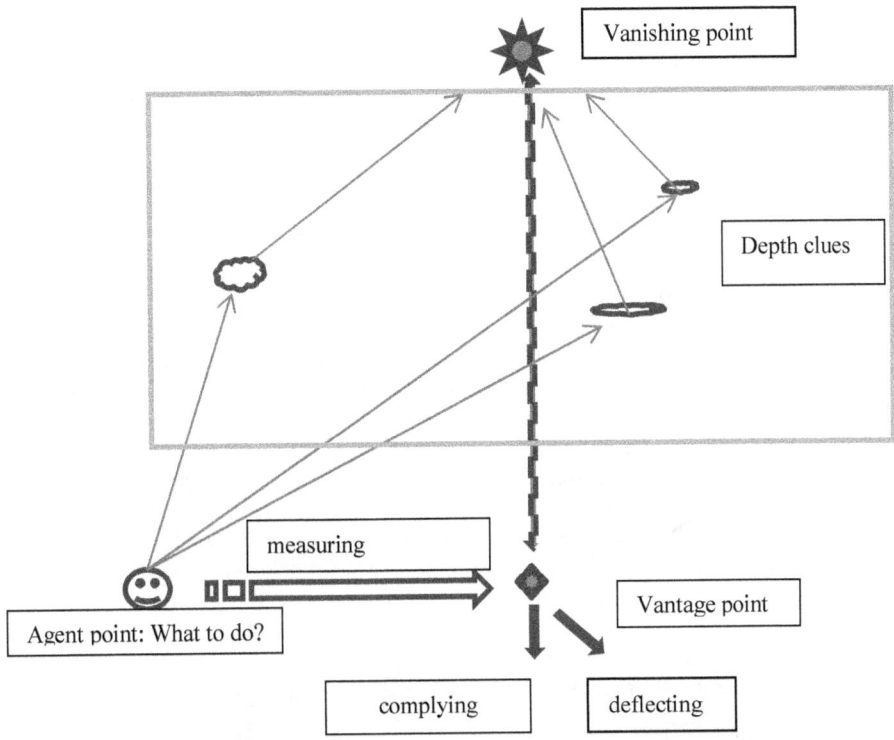

3. Une meilleure approche ?

Pourquoi est-ce que je pense que mon approche est supérieure à d'autres ? J'offre deux lignes d'argument, qui font écho aux arguments du premier paragraphe. Le premier est que mon approche permet une meilleure lecture de Wittgenstein, en particulier une alternative plus attractive que le conventionnalisme. Le second est qu'elle offre une explication plus adéquate de la pratique juridique.

3.1.1. Faire justice à Wittgenstein

Il y a des raisons pour soutenir, comme je le crois, qu'une lecture conventionnaliste ne fait pas justice à l'écriture wittgensteinienne, et d'autres selon lesquelles une lecture 'iconographique' serait meilleure. Alors j'ai à défendre une thèse négative tant qu'une thèse positive dans un paragraphe déjà trop court.[31] Du côté négatif je tiens que l'idée des 'jeux de langage' est mal comprise par un approche comme le conventionnalisme.[32] Tout d'abord, Wittgenstein rejette l'idée que 'jouer' et 'jouer un jeu (*game*)' soient la même chose.[33] Il fait référence aux enfants jouant avec un ballon, en déniant qu'ils jouent selon 'des règles strictes'[34], c'est-à-dire en déniant qu'ils jouent un jeu. Les hommes, les enfants en particulier, peuvent jouer sans règles ou faire les règles peu à peu en jouant.[35] L'important ce n'est pas qu'ils jouent selon des règles lâches plutôt que strictes, mais qu'ils se comprennent réciproquement quant à ce qu'il faut faire, sans règles. Jouer un jeu n'est que le sédiment conventionnel de jouer. Quand Wittgenstein proposait de voir les langages comme une région infinie de 'Spiele', c'est à cette forme originelle de jouer comme jouissance partagée qu'il pensait.[36]

Ensuite, s'engager à jouer est une pratique corporelle plutôt que conventionnelle. Mieux encore, chaque mode conventionnel de jouer (jouer un jeu) devrait reconnaître qu'il est fondé sur une couche du jouer, plus élémentaire comprenant le corps interposé. Le match de football ou de

---

[31] Pour une critique plus élaborée du légalisme et ses prétendues alternatives, sur la toile de fond de Wittgenstein, cf. Van Roermund, "Narrative coherence and the guises of legalism,", repris comme ch. 6 dans Van Roermund, *Law, Narrative and Reality. An Essay in Intercepting Politics.*

[32] Quoique je ne partage pas toute sa lecture, je rejoins en principe Finkelstein, 673: 'Wittgenstein's point is that it's a mistake to suppose that the dependence of meaning, thinking and understanding on feeling, interest, and a shared sense of what matters saddles us with vulgar conventionalism.' Finkelstein ajoute 'vulgar' puisqu'il ne tient pas lui-même que 'suivre une règle' dépend de 'social facts about us'.

[33] La traduction est difficile, parce que 'jouer un jeu' peut être pris comme une accusative interne, tandis que, en anglais, 'playing a game' n'est pas comme 'singing a song'.

[34] 'We are unable clearly to circumscribe the concepts we use; not because we don't know their real definition, but because there is no real "definition" to them. To suppose that there must be would be like supposing that whenever children play with a ball they play a game according to strict rules.' (Wittgenstein 1969) 25. Cf. (Wittgenstein 1953), par. 66: 'In ball games there is winning and losing; but when a child throws his ball at the wall and catches it again, this feature has disappeared.'

[35] Cf. la scène décrite par (Wittgenstein 1953), par. 83.

[36] Notez que l'allemand 'Spiel' (comme le néerlandais 'spel', le français 'jeu', etc.) est ambigu entre 'play' et 'game'. On pourrait ajouter que la remarque explicite de Wittgenstein sur la nature conventionnelle des langages dépend de la traduction correcte de 'convention' dans le champ sémantique de 'custom', 'habit', et, en particulier, l'allemand 'Gepflogenheit': 'The point (...) is not that our sense-perceptions can lie, but that we understand their language. (And this language, like any other language, is founded on convention.)' Ibid., par. 355. Je crois qu'une partie considérable de Wittgenstein est perdue à la traduction.

tennis sans la joie extraite des mouvements précis, mouvements qui montrent l'oscillation entre corps et monde, deviennent des jeux ennuyeux. Bien sûr pour apprendre ces mouvements précis, dans le sport comme dans d'autres secteurs de la vie, on a besoin d'être guidé par les plus avancés. Mais ils sont les guides dans un procès de deuxième ordre : le premier ordre est celui de la règle qui montre comment il faut agir dans une certaine situation. En s'engageant à la pratique, peu à peu on découvre comment on avance un pas, comment on peut faire mieux, comment on le fait sans l'aide des autres, et, enfin, comment on pourrait le faire dans une nouvelle façon. Voilà pourquoi Wittgenstein l'appelle 'Abrichtung'[37] – un mot habituellement utilisé pour le dressage d'animaux. Mais c'est pourquoi aussi il veut décrire la compréhension comme 'être capable de faire le pas suivant' (ou de continuer une suite). Pour être capable de faire le pas suivant soi-même, il faut déjà s'être mis sur une piste avec des marchepieds dressée par les autres, il faut qu'on reprenne le 'groove' du mouvement (comme disent les musiciens), qu'on s'identifie avec celui-ci, et qu'on commence à se mouvoir dans le même rythme. Et les autres, en dressant ces marchepieds, auront anticipé comment un homme ou un groupe d'hommes peut marcher d'un marchepied à l'autre, étant donné le fonctionnement du corps humain. Ainsi il y a une origine double de mouvement : les entrelacs par lesquels on est mû et ceux par lesquels on se meut. C'est ainsi que les enfants apprennent à compter : on doit leur donner les nombres avec les gestes d'un doigt pointant vers des choses différentes. On ne peut pas enseigner l'arithmétique selon une instruction purement verbale.

Mon troisième argument concerne ce que Wittgenstein a dit à propos de la notion centrale du conventionnalisme : la notion de 'consensus' ou 'accord' (*agreement*). Il s'oppose à l'idée selon laquelle '*human agreement decides on what is true and false*', c'est-à-dire qu'il s'oppose à une théorie conventionnaliste de la vérité. L'accord qu'il vise, bien qu'il soit un accord de jugements[38], n'est pas un accord au niveau des 'opinions' (convergeant en ce qui est dit) mais au niveau de 'la forme de vie' (*form of life* ; *Lebensform* – unifiant les actes de « dire »).[39] Loin d'être un objet d'opinions, d'interprétations, ou mêmes d'actions partagées, Wittgenstein qualifie la 'forme de la vie' comme 'une chose animale'[40], un degré de la vie dans lequel on est ancré 'si profondément qu'on ne le peut pas toucher'.[41] On ne peut pas le pénétrer intentionnellement puisqu'il est '(…) *as it were, the dream of our language*'.[42] La

---

[37] Par exemple dans (Wittgenstein 1953), par. 86 and 630.
[38] Wittgenstein, *Philosophical Investigations / Philosophische Untersuchungen* par. 242.
[39] Ibid. par. 241.
[40] Wittgenstein, *Über Gewissheit* (Frankfurt a.M.: Suhrkamp, 1969 [1984]), par. 475.
[41] Ibid., par. 103.
[42] Wittgenstein, *Philosophical Investigations / Philosophische Untersuchungen*, par. 358.

forme de vie n'est pas disponible comme source d'explication ou de justification. Comme le rêve, elle fait son travail malgré nous.

Du côté positif, c'est-à-dire en support de mon approche comme étant une lecture plus correcte des écrits wittgensteiniens, je voudrais souligner surtout ce que l'auteur dit à propos de la machine et ses mouvements potentiels.[43] Notez que ce thème émerge dans les passages qui précèdent immédiatement et introduisent la discussion sur 'suivre une règle', là où nous trouvons l'avertissement *'how high the seas of language run here'*. Qu'est-ce qui nous incite à dire (dans un esprit philosophique, bien sûr) que *'the possible movements of a machine are already there in it in some mysterious way'*, comme nous disons que, dans le cas de suivre une règle, nous avons l'impression que tous les pas sont déjà déterminés ? Wittgenstein propose une distinction entre *'a machine, or the drawing of a machine'* comme symbole, et la machine actuelle comme objet. *'And it is quite true: the movement of the machine-as-symbol is predetermined in a different sense from that in which the movement of any given actual machine is predetermined.'* Celui-ci regarde comment la machine actuelle va marcher, où il y a un risque de panne, etc. Celui-là vise comment elle 'doit' marcher comme un ensemble de fonctions intégrées. Strictement, ce 'doit' n'est encore ni un 'doit' déontique (puisqu'on n'attribue pas des devoirs aux machines) ni un 'doit' axiologique (puisque la machine, dans son opération, ne réfère pas à son idéal). Devoir et idéal étant absents, qu'est-ce que 'doit' veut dire ? Si on répondait qu'il indique un mouvement possible ou un mouvement 'virtuel', on serait encore face à la question de comment il faut distinguer entre ce mouvement virtuel et le mouvement de la machine actuelle qui reste 'virtuel' aussi. Ce que Wittgenstein veut dire, je pense, c'est que de la machine actuelle nous dérivons un nombre de clés de profondeur, qui nous permettent de saisir la machine comme un ensemble de fonctions intégrées que nous cherchons à accomplir et que nous accomplissons souvent en équipe. La machine devient un symbole précisément en prenant la forme de perspective, c'est-à-dire en nous reproduisant nous-mêmes.

3.1.2. Faire justice aux praticiens du droit

A cause d'un grand nombre de données de la pratique juridique tant que de la formation juridique, je crois que le cadre d'une approche iconographique de la règle ouvre beaucoup plus de clarifications que les approches alternatives. Je ne vais pas discuter ici les approches du raisonnement juridique qui opposent et critiquent la pensée du juge, qui ne ferait que 'subsumer' les fait particuliers du cas sous la règle générale de la loi. Dès leur premier jour dans la Faculté de Droit, on enseigne aux étudiants que cela n'est pas ce que les juges font, quoi qu'ils fassent. Mais cet avertissement est

---

[43] Cf. Ibid., par. 193-194. Je remercie Bonnie Honig pour avoir attiré mon attention sur la similarité de cet exemple avec le mien.

souvent mal dressé, puisqu'il présente une idée fausse de la logique. Il est indéniable que le raisonnement humain, le raisonnement juridique compris, peut être reconstruit par des schémas logiques (comme le syllogisme ou des formes plus élaborées), et également que le légalisme peut émerger sous des formes très différentes. Ce qui est encore plus intéressant que le raisonnement juridique c'est la compréhension juridique – un thème discuté le plus souvent sous le sceau de 'l'interprétation'. Mais interpréter une règle, un texte, un signe, ne signifie pas retrouver un sens ou un 'esprit' autrefois caché en abandonnant la matière ou 'la lettre'.[44] Il faut le regarder comme mesurage, qui implique réflexivité ou autoréférence indexicale dans le double sens d'auto-location en cette matière et d'auto-orientation dans la direction où on veut aller.

Alors, c'est pourquoi les étudiants en droit sont formés à viser le droit du point de vue du juge. Même si, plus tard dans leur carrière, ils veulent offrir leur expertise à l'usage de quelqu'un qui préfère échapper à ou négliger la loi, il leur faut tout d'abord penser comme 'l'homme juridique' le ferait. L'homme juridique n'est pas seulement celui qui veut suivre le droit, mais aussi celui qui est sous la contrainte de prendre une décision sur la base du droit, d'une manière ou d'une autre. Il ou elle n'est ni un philosophe qui peut se permettre de trouver des obstacles à n'importe quelle décision, ni un ordinateur qui reçoit des ordres donnés par les autres. Comme juge, il ou elle a la responsabilité de statuer sur le cas, comme il a la responsabilité de toute institution de Droit dont le but est d'arrêter ou d'empêcher les conflits sociaux par une décision d'autorité. Notez que le juge n'est plus le modèle favori sitôt l'étudiant tourné vers une autre piste de la formation, par exemple vers l'éthique professionnelle. L'éthique juridique est plutôt entrelacée avec l'attitude de l'avocat ou du procureur (de l'état) que du juge. Le juge est plus qu'un modèle professionnel dans l'école de droit, il est un modèle épistémique.

Deuxièmement, dans un sens important l'éducation juridique est profondément casuistique, même si elle veut généraliser du cas singulier aux autres types de cas.[45] A la différence, par exemple, de l'économie ou de la

---

[44] Cf. Raz, "Interpretation Without Retrieval," in *Law and Interpretation. Essays in Legal Philosophy*, ed. Marmor (New York: Oxford University Press, 1995).

[45] Cf. les observations dans Vranken, *Exploring the Jurist's Frame of Mind. Constraints and Preconceptions in Civil Law Argumentation* (Deventer: Kluwer, 2006) 4ff et ses références. Vranken nous avertit que le risque est que les étudiants ne voient pas le contexte plus large de la décision étudiée. Manquant ainsi la valeur prédictive tant que directive de leur connaissance. Mais pour juguler ce risque il faut approfondir la casuistique plutôt que l'abandonner. Mon expérience assez limitée est qu'on ne saisit pas les faits du cas si on ne prend que les textes des cours suprêmes. Quand le cas va à la Cour de Cassation, par exemple, le conflit d'intérêts qui était à la base du cas,

linguistique, les cas ne sont pas seulement les instances qui illustrent les théories. La connaissance juridique n'est pas stockée dans des théories, elle est stockée dans des constellations de faits. Mais, comme Nelson Goodman l'a dit, '(...) *facts are small theories, and true theories are big facts*'.[46] Les constellations de faits contiennent déjà tellement de clés de profondeur pour quelqu'un qui demande la question primordiale de la connaissance pratique (qu'est-ce qu'on doit faire (en droit) ?) que la réponse semble suivre immédiatement des faits plutôt que des normes. Bien que ce soit évidemment faux comme figure logique (on se souviendra de la Guillotine de Hume), c'est évidemment vrai comme approche épistémologique. Nous venons de le voir : même une chose simple comme un parc dans la ville est un lieu qui peut être décrit en termes normatifs, par exemple comme un lieu où on doit pouvoir se reposer et permettre aux autres de se reposer. C'est une des interprétations de l'adage romain 'da mihi facta, dabo tibi ius' (donnez-moi les faits et je vous donnerai le droit).[47] Après tout, la règle juridique est un enchaînement de faits et de conséquences juridiques, joints par un opérateur conditionnel 'si ... alors...'. Appliquer la règle équivaut à ajouter une nouvelle rangée à ce tableau. On ne fait pas cela en intercalant une autre règle qui dit quelle rangée il faut ajouter – on continue à joindre un antécédent et un conséquent dans la mesure de la règle. Il s'agit justement de reprendre cette mesure.

Bibliographie

Baker, G. P. et P. M. S. Hacker [1984]: "Critical study: On misunderstanding Wittgenstein: Kripke's private language argument." *Synthese, 58, pp. 407-450.*

Bouveresse, J. [1987]: "La force de la règle. Wittgenstein et l'invention de la nécessité". Paris. Ed. Min.

Culler, J. [1981]: "The Pursuit of Signs; Semiotics, Literature, Deconstruction". Ithaca (NY), Cornell University Press.

Daelemans, W. and A. Van den Bosch [2005]: "Memory-based Language Processing". Cambridge, Cambridge UP.

Damisch, H. [1995/1987]: "The Origin of Perspective". Cambridge (Mass.) - London, MIT Press.

Finkelstein, D. M. [2010]: "How to do Things With Wittgenstein: the Relevance

---

est transformé en un conflit d'interprétations de normes, pour lequel les faits sont instrumentalisés après coup.

[46] Cf. Goodman, *Ways of World-Making* (Indianapolis: Hackett Publishing Company, 1978) 96-97.

[47] Sûrement il y a d'autres interprétations, par exemple que les parties doivent se désister des vues juridiques, en les laissant au juge.

of Wittgenstein's Later Philosophy to the Philosophy of Law." *The Journal Jurisprudence.* 647-675.

Gehring, P. [2006]: "Can the Legal Order 'Respond'?" *Ethical Perspectives: Journal of the European Ethics Network* 13(3): 469-496.

Goodman, N. [1978]: "Ways of World-Making". Indianapolis, Hackett Publishing Company.

Harries, K. [2001]: *Infinity and Perspective.* Cambridge (Mass.) - London, MIT Press.

Holtzman, S. and C. Leich, Eds. (1981). "Wittgenstein: To Follow a Rule". London - Boston - Henley, Routledge and Kegan Paul.

Kelsen, H. [1979]: "Allgemeine Theorie der Normen". Im Auftrag des Hans-Kelsen-Instituts aus dem Nachlass herausgegeben von K. Ringhofer und R. Walter, Wien: Manz.

Kripke, S. [1982]: "Wittgenstein on Rules and Private Language". Oxford, Blackwell.

Merleau-Ponty, M. [1964]: "Le Visible et l'Invisible". Suivi de notes de travail. Texte établi par Claude Lefort, accompagné d'un avertissement en d'une postface, Paris, Gallimard.

Panofsky, E. [1991/1927]: "Die Perspektive als `symbolische Form' / Perspective as Symbolic Form". ed. and transl. by Chr. S. Wood. New York, Zone Books.

Paul, J. [1959]: "The Legal Realism of Jerome Frank. A Study of Fact-Scepticism and the Judicial Process". The Hague, Martinus Nijhoff.

Raz, J. [1995]: "Interpretation Without Retrieval" In A. Marmor (ed), *Law and Interpretation. Essays in Legal Philosophy.* New York, Oxford University Press: 155-176.

Schauer, F. [2008]: "A Critical Guide to Vehicles in the Park." *New York University Law Review* 83: 1109-1134.

Van Fraassen, B. [2008]: "Scientific Representation: Paradoxes of Perspective". Oxford, Clarendon Pr.

Van Roermund, B. [1984]: "Regel en waarheid - wijsgerige aantekeningen omtrent rechtsdogmatiek." *Nederlands Tijdschrift voor Rechtsfilosofie en Rechtstheorie* 13: 205-228.

Van Roermund, B. [1990]: "Narrative coherence and the guises of legalism" In (ed), P. Nerhot (ed.), *Law, Interpretation and Reality,* Dordrecht - Boston, Kluwer Academ. Publ., pp. 310-345.

Van Roermund, B. [1993]: "Seeing Places. On Prepositions in Law. " *The International Journal for the Semiotics of Law / Revue international de sémiotique juridique* 6: 249-270.

Van Roermund, B. [1997]: "Law, Narrative and Reality. An Essay in Intercepting Politics". Dordrecht - Boston -London, Kluwer Academic Publishers.

Vranken, J. B. M. [2006]: "Exploring the Jurist's Frame of Mind. Constraints and Preconceptions in Civil Law Argumentation". Deventer, Kluwer.

Wittgenstein, L. [1953]: "Philosophical Investigations / Philosophische

Untersuchungen". Oxford, Blackwell.
Wittgenstein, L. [1967]: "Zettel" Ed. by G.E.M. Anscombe and G.H. van Wright, Oxford, Blackwell.
Wittgenstein, L. [1969]: "Philosophical Grammar / Philosophische Grammatik". Ed. R. Rhees, transl. A. Kenny, Oxford, Blackwell.
Wittgenstein, L. [1969/1984]: "Über Gewissheit". Frankfurt a.M., Suhrkamp.
Wright, C. [1980]: "Wittgenstein on the Foundations of Mathematics". London, Duckworth.

Lines of Fiction, Spaces of Power
- or how modern political rule ultimately relies on fictive lines -

ANNE-CHRISTINE HABBARD
Laboratoire Savoirs, Textes, Langage (UMR 8163)
Université de Lille (UdL 3)

Cartography holds an intimate, albeit covert, relation with politics. In spite of – or thanks to – their claim of value-neutrality and scientific objectivity, maps have consistently served as an important instrument of power: to establish, legitimize, reinforce it. The authoritative mantle of geometry strengthened their seemingly humble claim to be but a "mirror of nature" (Rorty), while it surreptitiously obscured the link they helped draw between representation and domination. Maps became a key element of imperial expansion as well as of State formation, though this political use of cartography was concealed under the apparently incontrovertible geometric rationalization of space.

The close affinity between cartography and political power works in several ways: while maps enhance and legitimize political authority, they also, more subtly, create the conditions of possibility of new political identities and social practices. "Communication theory and common sense alike persuade us that a map is a scientific abstraction of reality. A map merely represents something which already exists objectively. [But at times] this relationship was reversed. A map anticipated a spatial reality, not vice versa. In other words, a map was a model *for*, rather than a model *of*, what it purported to represent"[1].

The concomitant emergence of cartography and modern State is well studied. In particular, the isomorphism of territory, nation, jurisdiction, culture, language and administration, which is so characteristic of the modern Nation-State, appeared as a result of a conceptualization of space which came through in modernity – space as *res extensa*, a flat, timeless and isotropic expanse, whose important characteristic is to be calculable and divisible: in other words, a space which can be mapped, and on which lines

---

[1] Thongchai Winichakul, *Siam Mapped: a History of the Geo-body of a Nation*, 1994, pp. 129-30, quoted in Richard Ford, "Law's Territory (A History of Jurisdiction)", in *Michigan Law Review*, Vol. 97, No. 4, Feb. 1999, p. 855.

may be drawn. To some extent, scientific cartography paved the way for the modern State.

In this article I would like to look into a specific aspect of this spatiality of power: the conjunction of modern cartography with two of the most fundamental legal and political normative features of the modern political entity, namely territory and private property. I do not hereby wish to imply that other legal norms are insignificant, but simply that territoriality and private property constitute decisive and irreplaceable features in the invention of the modern Nation-State. Few other norms, if any, have stronger public meaning in modernity: they shape our political – and often our personal – identities, our historicity; they also carry immense moral weight.

It so happens that both these very compelling norms require a precise demarcation. Modern territoriality stands in contradistinction with other political regimes, precisely because of the existence of defined, linear boundaries (Schmitt, Weber). The empire for instance did not require lines of limitation: it was (represented as) vast, but the power of the emperor would decrease with distance, without necessarily having clear confines[2]. In parallel, private property very early became the symptom – and often, the condition – of citizenship in liberal democracies as they emerged in Europe in the 18th and 19th centuries. Now private property (in its quintessential form, property of the land), just like territory, cannot exist without a clear delineation, as marked by cadastral surveys.

My contention is these two characteristic normative features of modernity entailed cartography as their condition of possibility: more specifically, required the possibility of drawing a line of division, through the delimitation of borders on the one hand, and the designation of private property with cadastral mapping, on the other. Indeed, the modern map differs from traditional mapping in many respects, but perhaps none so striking as the significance of the line, now endowed with magical functions of deciding the limits, and hence the existence, of a polity or of an estate.

---

[2] This does not mean other political regimes do not mark their territory. Stephen Jones, among others, has persuasively shown that bounded territory mingled with kinship as an operator of political demarcation in earlier societies; and that building walls as a means to distinguish between "us" and "them" has long pre-dated the modern Nation-State (as e.g. in China). See S. Jones, "Boundary Concepts in the Setting of Place and Time", *Annals of the Association of American Geographers*, Vol. 49, Sept. 1959, n°3, pp. 241-255. However, he also notes the modern distinction between boundary and frontier, and the specific, contractual meaning of the modern boundary; furthermore, no political regime requires boundaries in its essence as much as the Nation-State, which cannot exist without a fixed (claimed, possibly disputed) territory.

Without lines of separation, no territory; and without lines of division, no private ownership of the land.

This boundary need not be physically marked; it may be materialized by fences, check-posts, walls, electrified wiring, even landmines.... but it may not; and the material reality of the line is the outcome of the drawn line rather than its cause. What marks its true existence is its drawing on a map; in other words, the normative force of territorial and property claims derives from the fictive existence of a line stenciled on a map. Paradoxically, two of the most potent and most enforced legal norms in modern times – territorial jurisdiction and the enforcement of private property – rely on the flimsiest, thinnest feature, elusive to the point of mathematical non-existence... a mere line drawn on paper.

The Spatiality of the Modern State

Sovereignty has, more or less since the Treatise of Westphalia in 1648[3], been inseparable from the principle of territoriality, as embodied in the Nation-State: a political entity cannot exist without territory, i.e. an exclusive, absolute, and wholly controllable area. The principle of territoriality is sanctioned by international law ("No State without territory (...). The State disappears with the total loss of its territory"[4]), and has acquired a status of self-evidence. It is, however, a historically constructed phenomenon; in pre-modern Europe for example, leaders would rule over a tribe, a people ("King of the Franks") or, in the case of emperors with visions of grandeur, the whole world[5]. The imperatives of the Nation-State – to have a stable legal system, an executive apparatus able to guarantee internal security, a reliable monetary system, the monopoly of armed might and a reliable pool of conscripts, systems of protection of popular sovereignty, and theoretically of rights and freedoms – were uniquely achieved thanks to the principle of territoriality: it created a seemingly homogeneous space, abolished local fiefdoms and hierarchies, and allowed for a uniform

---

[3] "More or less" because, as Etienne Balibar has shown, the equation of sovereignty and territory actually happened after the Treatise of Westphalia, when the English-Dutch coalition saw its conception of a republican order and formal equality of States prevail over the French conception of a hegemonic order. Etienne Balibar, *Nous, Citoyens d'Europe ? Les Frontières, l'Etat, le Peuple,* Paris, La Découverte, 2001, p. 22.

[4] Patrick Daillier, Alain Pellet, *Droit International Public,* 6ème éd., Paris, LGDJ, 1999, art.268, p. 409.

[5] "What the sovereign ruled was not so much territory as people, a patchwork of different communities with a variety of laws, institutions, and rights. In some areas, allegiances were easily shifted". James Akerman, "The Structuring of Political Territory in Early Printed Atlases", *Imago Mundi,* Vol. 47, 1995, p. 141.

application of the law. The gradual shift from a status-based to a locus-based polity allowed for greater political control, as well as better collection and distribution of resources; it further allowed a depersonalization of relationships and a reification of power[6]. Thus, territoriality became an inordinately effective tool of national governments, while providing a discourse fully suited to the emerging political sensitivity of the liberal individual. If indeed liberalism may be called "the art of separation", in Michael Walzer's words, then institutions delineated the boundaries of individual liberty (thus making it real and effective), just as territorial boundaries defined national jurisdiction, thus determining the body politic. "The old, preliberal map showed a largely undifferentiated land mass, with rivers and mountains, cities and towns, but no borders. (…) Confronting this world, liberal theorists preached and practiced an art of separation. They drew lines, marked off different realms, and created the sociopolitical map with which we are still familiar. (…) Liberalism is a world of walls, and each one creates a new liberty"[7]. In France e.g., the political invention of a uniform, homogeneous *métropole* translated into a territorial understanding of the famous *Liberté, Egalité, Fraternité*[8].

The territory thus became the *conditio sine qua non* of the modern Nation-State as a self-enclosed, isomorphic entity cumulating political centralism, legal homogeneity, as well as a national and cultural uniformity. Politics took a spatial turn, and acquiring spatial knowledge went hand in hand with grounding political authority.

If the modern Nation-State came into existence as a territorialized entity, it also came about as a regime of private property: the spatiality of modern political power is linked to the spatiality of ownership.

Both historically and theoretically, citizenship was originally subordinated to private property, in the paradigmatic form of land ownership. In England,

---

[6] Robert Sack, *Human Territoriality: Its Theory and History*, Cambridge, Cambridge University Press, 1986.

[7] Michael Walzer, "Liberalism and the Art of Separation", *Political Theory*, Vol. 12, No. 3, Aug. 1984, p. 315.

[8] "*Liberté*: the new [territorial] jurisdictions would facilitate the uniformly correct application of law throughout the nation, subordinating local prejudice, hierarchy and oppression to nationally guaranteed ideals. *Egalité*: the new jurisdictional map superseded local differences and customary law. The new divisions, unlike the old, were neutral, homogeneous and egalitarian. *Fraternité*: the new territorial divisions would not threaten to fracture into autonomous entities, and they would suppress the older divisions that might so threaten. Answering to the *métropole*, the administrative deputies would apply metropolitan justice." Richard Ford, "Law's Territory (A History of Jurisdiction)", *Michigan Law Review*, Vol. 97, No. 4, Feb. 1999, p. 877.

land ownership remained a critical condition to hold the right to vote until the lifting of all property restrictions with the Representation of the People Act in 1928. In France, revolutionary zeal did not extend to adopting universal suffrage, and property remained a condition of suffrage until the 19th century. The rationale, as theorized by thinkers like Turgot and Condorcet, was that landowners were less mobile, and hence more interested in good governance: they were the only ones truly attached to the land. "Because a country is a territory circumscribed by boundaries, we must consider [land]owners as the only true citizens", writes Condorcet in the 1770s[9] (note the "because"). All over Europe, and soon elsewhere, citizenship applied originally exclusively to proprietors: to own property, especially in the quintessential form of land, was held as a political – and moral – virtue. Only landowners truly care for the administration of their county and country, it was surmised; only they are truly independent; only they are truly productive, with their richness remaining in the land – only they are truly reliable; only they have cultivated in their personal fiefdom the qualities and competencies required to understand the workings of the State, and hence only they can make a truly rational choice when voting; only they also have the time and leisure to deal with public affairs; only they have liberated themselves from the enslavement of natural necessity, and thus truly accomplished their substantive freedom. The working masses are dangerous, and should not be entitled to participate in the electoral process, because they literally have "nothing to lose". In other words, "citizenship is not only a status, but also a virtue which blooms only in independence and with experience, on the condition of being a long-standing and continuous owner (...). Property fulfils the humanity in man and manifests his progress (...). To be a [land owner] is not a legal capacity as much as a status – certes juridical, but essentially ethical and political"[10]. Such historical collusion between private property and political citizenship was justified theoretically by, among others, Kant[11]. More fundamentally, both Hobbes and especially Locke consider private property and the need to see it guaranteed and protected as the main rationale behind the decision to leave the State of nature and create a polity. As a matter of fact, property rights are precisely what distinguish a civilized polity from the barbaric State of nature: in the State of nature, says Hobbes, "there can be no propriety, no dominion, no mine and thine distinct; but only that to be every man's that he can get, and

---

[9] In Œuvres de Condorcet, t. VIII, pp.128-129, quoted in Pierre Rosanvallon, Le Sacre du Citoyen, Gallimard, Folio, 1992, p. 66. We translate.
[10] Mikhaïl Xifaras, La Propriété, Etude de Philosophie du Droit, Paris, Presses Universitaires de France, 2004, pp. 89-91. We translate.
[11] Kant, Doctrine of Right, I, 46. (Doctrine du Droit, Paris, Gallimard, Pléiade, 1986, pp. 579-580).

for so long as he can keep it"[12], which is ultimately why life is "continual fear, and danger of violent death; And the life of man, solitary, poor, nasty, brutish, and short"[13]. The rational, contractual, modern Nation-State is seen as the regulator and guarantor of private property. Jeremy Bentham further explained that it is not only the polity, but the very institution of law which is founded on the need to institutionalize private property: "Property and law are born together, and die together. Before laws were made there was no property; take away laws, and property ceases"[14].

In modernity, the political decision of the social contract is intimately linked to the imperative to protect the regime of private property; to protect it, but also to create it, as our existence as owners comes about with our political decision: and the territorialization of the sovereign is inseparable from the territorialization of its citizens-subjects, liberal yet spatialized individuals beings (and spatialized because they are liberal) as private owners. Jean-Jacques Rousseau (though not exactly a liberal) conceptually linked the two spatialities in a famous passage of the *Social Contract*: "We can imagine how the lands of individuals, where they were contiguous and came to be united, became the public territory, and how the right of Sovereignty, extending from the subjects over the lands they held, became at once real and personal. (...) The advantage of this does not seem to have been felt by ancient monarchs, who called themselves Kings of the Persians, Scythians, or Macedonians (...). Those of the present day more cleverly call themselves Kings of France, Spain, England, etc.: thus holding the land, they are quite confident of holding the inhabitants. The peculiar fact about this alienation is that, in taking over the goods of individuals, the community, so far from despoiling them, only assures them legitimate possession"[15].

The territorialization of the modern Nation-State in its link to private property explains in part the rapid emergence of capitalism. Anthony Giddens, Karl Polanyi and others have shown that the economic regime of capitalism is congruent with that of the modern State; in many respects the seemingly unassailable position of the Nation-State in modernity is due to it being a perfect political tool for capitalism, which, while it requires the mobility of capital, also demands the stability of the manpower, of the infrastructures and the legal contractual regime. "With the consolidation of national political regimes in the 18th and 19th centuries, States became ever more central to the promotion, regulation, and financing of capitalist industrial development – above all through their role in the construction of

---

[12] Hobbes, *Leviathan*, Part I, chap. XIII. (Everyman's Library, London, 1973, p. 66).
[13] *Ibid.*, p. 65.
[14] J. Bentham, "Security and Equality of Property", in *Property: Mainstream and Critical Positions*, ed. C. B. MacPherson, Toronto, University of Toronto Press, 1978, p. 52.
[15] J.-J. Rousseau, *The Social Contract*, I, 9 (*Du Contrat Social*, Paris, Poche Pluriel, 1972, p. 192).

large-scale territorial infrastructures for industrial production, collective consumption, transportation, and communication"[16]. David Harvey has shown that while capitalism engineered a drive towards "space-time compression", this move towards deterritorialization was always conjoined with a moment of reterritorialization, through the production of provisionally stabilized and fixed entities on multiple geographical scales[17]: and this is exactly what the Nation-State allowed.

The Role of Cartography

Essentially, territory and property configure the specific spatiality of political power in modernity: States are parcelized, self-enclosed, independent, mutually exclusive yet contiguous entities, and they aim at protecting the parcelized, self-enclosed, independent, mutually exclusive properties of their "true" citizens[18]. This "billiard-ball world of essentialized places"[19] is congruous with a billiard-ball view of essentialized citizens, each sovereign over his own body, mind, home and land. Political liberalism is no stranger to the spatialization of modern political power.

Now one of the specificities of this modern spatiality is that it is undissociable from its representation. Ruling over a space involved having, and incidentally controlling, the representations of that space[20]. Governing over a territory necessitated the knowledge of that territory; envisaging the

---

[16] Neil Brenner, "Beyond State-Centrism? Space, Territoriality, and Geographical Scale in Globalization", in *Theory and Society*, Vol. 28, No. 1, Feb. 1999, pp. 44-45.

[17] See David Harvey, *The Limits to Capital*, University of Chicago Press, Chicago, 1982.

[18] "The total sovereignty of the State over its territorial space in a world fragmented into territorial States gives the State its most powerful justification. Without this the State would be just another organization". John Agnew, "The Territorial Trap: The Geographical Assumptions of International Relations", in *Review of International Political Economy*, Vol. 1, No. 1, Spring 1994, p. 60.

[19] Doreen Massey, *For Space*, Sage, London, 2005, p. 77.

[20] As is exemplified by the *Casa da Mina* in Lisbon, and the *Casa de la Contratacion de Las Indias* in Sevilla, two institutions set up at the beginning of the 16th century to standardize the production of maps, but also, more essentially, to keep map production within State control. Maps were often held as State secrets, and their divulgation could entail death penalty, as was e.g. the case in Portugal in the early 16th c. The three-dimensional maps of the fortified towns along the French-German border, made under Louis XIV, were kept as State Secret in France until the end of the WWII. See J.B. Harley, "Silences and Secrecy: The Hidden Agenda of Cartography in Early Modern Europe", *Imago Mundi*, 40, 1988, pp. 57-76. David Turnbull, "Cartography and Science in Early Modern Europe: Mapping the Construction of Knowledge Spaces", *Imago Mundi*, Vol. 48, 1996, p. 7.

country as a unified political space with one ruler demanded the representation of that unity; in other words, the State required a map. "The acquisition of cartographic knowledge helped rationalize the activities of rule. Maneuvering armies, assessing taxes, and planning roads could be under-taken more effectively with detailed and accurate maps. Cartography was thus indispensable as a means for the accretion of power. Yet it also came to define the shape of power and to constitute the object of State formation. As lands were surveyed and mapped, they were reshaped into a territory: a homogeneous and uniform space, demarcated by linear boundaries"[21]. The 18th century Cassini maps of France are probably the best example thereof: as the mapmakers progressively created the maps of the whole country through endless processes of triangulation, the rulers solidified and modified their rule over a land now made both homogeneous within the borders and heterogeneous to what was outside it. To rule over one country meant to *see it* as one country. As Carole Rose noted, visibility is essential to property[22] - but just as much, to territory. And the new cartographic advances of the 17th century allowed just that. Cartography embodied and enabled the synoptic view of the newly formed State, as well as its rational, impersonal and uniform rule; if the parallel between the sovereign eye of the ruler and that of the mapmaker has oft been noted, it is equally clear that the sovereign eye could be conceived of only when the territory became visible as a whole – on a map. The authorities gained further control over the territory, its commerce, its internal administration, its population and its military strength, by visualizing their realm - but the new visibility of their territory created new opportunities for conquest, appropriation, and division. Cartography is a way of producing knowledge, but just as much, a way of producing political and social realities. In a Kantian way, maps were the condition of possibility of Nation-states as objects of political rule.

This anticipatory and dominating power of maps is particularly clear in the case of colonization. The "invention of America"[23] is concomitant with scientific cartography: and the latter enabled the former, if only by representing the newly "discovered" lands as empty, thus opening them for future settlements, and negating both the rich cultural and political

---

[21] Michael Biggs, "Putting the State on the Map: Cartography, Territory, and European State", *Comparative Studies in Society and History*, Vol. 41, No. 2, Apr. 1999, pp. 385.

[22] Carol Rose, *Property as Persuasion*, Boulder, Westview Press, 1994, quoted in Nicholas Blomley, "Landscapes of Property", *Law & Society Review*, Vol. 32, No. 3, 1998, p. 578.

[23] Edmundo O'Gorman, *The Invention of America: An Inquiry into the Historical Nature of the New World and the Meaning of Its History* (1948), Bloomington, Indiana University Press, 1961.

indigenous history which had preceded, and the violence it took to annihilate it[24]. The mapmaker is essentially forgetful: he forgets previous spatial configurations, and assumes the earth he has landed on is empty and uninscribed[25]. More generally, mapmaking gave America a European identity, which made its colonization possible. Once the United Sates were established, cartography allowed the drawing of jurisdictional districts and political institutions ahead of actual settlement[26]. This power of maps to shape realities was also true of British India, where intense British mapmaking activity nourished the idea of an ordered and rational space which could be governed in an ordered and rational (hear white, male, and British) manner: "The map therefore constructed British India as an object of rule"[27]. Needless to say, this was also true of the colonization of Ireland... as of all other colonized countries. But cartography as a first step in appropriation is also evident in the planning of cities, as was manifest in 18th and 19th century London, Manchester or Paris[28].

Not only do maps reflect certain social or political bias (as they entrench social inequality, or cultural prejudice), they act as a condition of possibility to modify a political or a social reality: most often a claim on, or a control over, the territory in question[29]. To map a land is already to impose a specific political order over it, as maps might be topographically descriptive, but they are politically prescriptive: and sadly, as Henri Lefebvre noted, the meanings conveyed by abstract space are more often prohibitions than solicitations[30]. Equally, "the steps in making a map - selection, omission, simplification, classification, the creation of hierarchies, and 'symbolization' - are all inherently rhetorical"[31] – or political, one may add. This cartographic magic was compounded by the self-evidence of maps, their all-encompassing, unified encapsulation of the world, and what seemed their immediate congruence with reality. Jean Baudrillard aptly noted that the

---

[24] Gregory Nobles, "Straight Lines and Stability: Mapping the Political Order of the Anglo-American Frontier", *The Journal of American History*, Vol. 80, No. 1, Jun. 1993, pp. 9-35.
[25] Doreen Massey, *op.cit.*, p.110.
[26] Richard Ford, *art.cit.*, p. 49.
[27] Patrick Joyce, *The Rule of Freedom – Liberalism and the Modern City*, Verso, London 2003, pp. 36-37.
[28] Patrick Joyce, *op.cit.*, ch. 2, 3 and 4, pp. 62-171.
[29] See Nicholas Blomley, "Landscapes of Property", *art.cit.*, pp. 567-612, and Nicholas Blomley, "Law, Property, and the Geography of Violence: The Frontier, the Survey, and the Grid", *Annals of the Association of American Geographers*, Vol. 93, No. 1, Mar. 2003, pp. 121-141.
[30] Henri Lefebvre, *La Production de l'Espace*, Anthropos, Paris, 4th ed., 2000.
[31] J. B. Harley "Deconstructing the Map", *Cartographica*, vol. 26, No 2, summer 1989, p. 11.

map "precedes the territory (...). It is the map that engenders the territory"[32]. Cartography is an interpretation and a representation of the world: but a representation which has this magical property of modifying its object, or even making it possible. "We are confronted with the ultimate cartographic paradox. The map is not the territory: yet it *is* the territory"[33].

Abstract space, dividing lines

The Nation-State was molded and conceptualized as it was *because* it could be mapped; and it could be mapped because it relied on a new conception of space: a geometric, abstract space, a *Tabula Rasa*, a flat, uniform and divisible surface area[34]. Such a space is conceptually empty, and territory consequently came to be viewed as an emptyable and/or fillable strongbox – which is why sealing it is considered politically acceptable[35], and why cosmopolitanism is still so weak, politically and philosophically. This abstract, calculable space was now detached from time – with time a clear philosophical favorite, and space, a second-rate citizen. Space became mere representation, a boring "slice through time", an a-historical, uneventful container of things happening in it. Interiority is in time, exteriority, in space. Maps, which used to indicate journeys more than areas, now turned to depthless expanses devoid of history.

The scientific turn of modernity led to the geometric rationalization of space and the invention of cartography as we know it, the political outcome of which was the territorial Nation-State and its subsequent imperialist expansion[36]. Maps are the "key to the constitution of the modern State"[37], and epistemology becomes a preamble to political philosophy.

---

[32] Baudrillard, *Simulations*, Transl. Paul Foss, Paul Patton, and Philip Beitchman, Semiotext, New York, 1983, p. 2, quoted in J.B. Harley, "Rereading the Maps of the Columbian Encounter", *Annals of the Association of American Geographers*, Vol. 82, No. 3, Sep. 1992, pp. 531.

[33] J.B. Harley, "Rereading the Maps of the Columbian Encounter", *art.cit.*, p. 532.

[34] See Henri Lefebvre, *op.cit.*, and Doreen Massey, *op.cit.* Richard Ford, *art.cit.*, p. 853: "This empty space [at the heart of modern notions of legal and political power] is a conception that is facilitated, if not made possible, by the modern, areal map. (...) The map is the primary representation of abstract space".

[35] "Ethnic cleansing" is probably the most radical manifestation of the emptying of the container of its undesired elements. E. Balibar notes "Exclusion is the very essence of the form 'nation'" (*op.cit.*, p. 47, we translate). Territoriality is intrinsically segregative and exclusionary.

[36] Carl Schmitt notes in *Nomos of the Earth* that a spatial division into nations is inseparable from an extension to, and conquest of, the world. For Edward Said, the relation between imperialism and land is a fundamental one: "At some very basic level, imperialism means thinking about, settling on, and controlling land that you

This magical property of cartography of making possible the very object it is purported to represent (the *a priori* is actually an *a posteriori*) is mainly attributable to its ability to draw lines. Perhaps no other gesture is as cartographically significant, as the line marks mainly either the territorial border, or the limits of private property. Lines on maps are remarkably potent: by the stroke of a pen, sovereignties are determined, populations are divided, nationalities are decided, properties are defined, political realities are created and legal norms, established. Lines are the chief culprit for geography being engulfed under the yoke of geometry. National territory, just like private estates, demands a clear, neat demarcation. This is where law comes in: for national territory and private property cannot exist with legal enforcement, which involves clear jurisdictional limits. Hence the need to draw lines. But these lines, of course, exist only on paper – or at any rate, they exist *at first* on paper, and are then made real. Not that lines did not exist in pre-modern maps – but they indicated itineraries[38], or emphasized connections between people[39]: they were lines of journey, or of bonding. On the contrary, modern lines are lines of division, separation, and conquest[40]. If, as stated, the abstract map conveys prohibitions more than solicitations, the main culprit is the razor-thin line, which surgically severs that which was linked. Hence also the possibility of negating the antecedent history of social, cultural, political relations. In their conjunction with cartography, geometric lines acquired a political and legal potency in modernity they never had before.

Carl Schmitt, in his *Nomos of the Earth*, precisely characterizes modernity up until the early 20th century as dominated by "global linear thinking"[41]. As the contours of the Earth emerged as a globe, a new planetary consciousness of

---

do not possess, that is distant, that is lived on and often involves untold misery for others." *Culture and Imperialism*, New York, Vintage, 1993, p. 7.

[37] Stuart Elden, "Missing the Point: Globalization, Deterritorialization and the Space of the World", *Transactions of the Institute of British Geographers*, New Series, Vol. 30, No. 1, Mar. 2005, p. 15. See also Max Jammer, *Concepts of Space – The History of Theories of Space in Physics*, Dover, New York, 1954, 4th ed. 1993.

[38] Michel de Certeau, *L'Invention du Quotidien*, Paris, Gallimard, Folio, 1990, p.77.

[39] "By drawing circles linked by lines, Indian mapmakers emphasized connection between peoples rather than control of the land. By contrast, their European counterparts simply painted over huge swaths of land that ran westward almost to infinity, far beyond any reasonable reach. Such straight-line designs as those on [a Western map] demonstrate the supreme assertion of cartographic control, the assumption that the straightness of the line could supersede the actual irregularity of the land - not to mention the people living on it." Gregory Nobles, *art.cit.*, p. 127.

[40] Tim Ingold, *Lines – A Brief History*, London, Routledge, 2007.

[41] Carl Schmitt, *The Nomos of the Earth in the International Law of the Jus Publicum Europaeum*, transl. G. L. Ulmen, New York, Telos Press, 2003, p. 87.

space arose, which led to radical developments in international law. The parallel emergence of a geometric understanding of space, of cartography and of international law paved the way to a new importance of lines in political and international relations: the world had to be divided and the new, supposedly available, lands, occupied. Hence the immediate recourse to lines – the line of the Treaty of Tordesillas, the *amity lines* initiated with the 1559 Spanish–French Treaty of Cateau-Cambrésis and followed by the French-English friendship lines. Carl Schmitt argues that these lines held different political meanings (the former being a line of distribution, with the acknowledgment of a superior authority; the latter agonal lines distinguishing lawful order on the one hand, and conflict zones "beyond the line" on the other, in a bilateral deal with no common presupposition or authority[42]). Yet this new linear thinking demonstrated a novel surgical significance of lines, and became possible only because geometry endorsed a geographical meaning.

If communities are always to some extent imagined communities, to paraphrase Benedict Anderson, their boundaries may well be imaginary. If the power of maps since the advent of modern cartographic techniques lies in their ability to divide, homogenize, delineate spaces for management, governance, possibly occupation and conquest, then this power rests essentially on the ability to draw geometric lines – lines cut, divide and delimitate mine and thine, us and them. "On the map, separation is drawn by a line, a vertical edge between spaces. By implication, there should be a corresponding linear boundary on the ground. The power of cartography to divide is exemplified by the use of nonexistent lines as boundaries"[43]. Such boundary lines have a "mirror-effect"[44]: the border is imagined prior to its projection unto a map, but drawing the line on the map opens the possibility for the border to operate as normative limit. The representation of the boundary engenders it: fiction creates the norm. If political modernity is marked by borders, insofar as they are the markers of our agency and of our citizenship, then the line on paper anticipates, precedes and enables modernity[45].

Two examples, among many others, are particularly enlightening: the already mentioned Treaty of Tordesillas in 1494, and the 1947 Partition of India. In 1494, Pope Alexander VI, at the behest of the Spanish and Portuguese crowns, determined a line cutting across the Atlantic, along a meridian in the Atlantic Ocean, some 370 miles west of the Cape Verde islands, in order to

---

[42] *Ibid.*, pp. 90-99.
[43] Michael Biggs, *art.cit.*, p. 386.
[44] Etienne Balibar, *op.cit.*, p. 61.
[45] Conversely, as Akerman notes, the absence of boundary lines on printed maps of the 16th century is a graphic expression of what was fundamentally a different conception of sovereignty. James Akerman, *art.cit.*, p.141.

distribute the New World into spheres of influence between the two powers: the lands to the East would go to Portugal, and the lands to the West, to Spain. Now, since the line cut across seas, it was invisible, unmarkable and non-existent except as drawn on a map; all the more so since the powers in question had control only over small bands of land and narrow sea corridors. Add to that the fact that it was at the time impossible to measure longitude at sea: for all intents and purposes, this was an entirely fictive line. Yet it yielded immense political power, as it laid the foundation for future claims of sovereignty and set the course for imperial expansion[46]. "Such a division of free spaces recognized by Christian governments had universal repercussions", writes Carl Schmitt[47]: it decided the nature of international law for the next five centuries, and ushered a new era for the line. Incidentally, it is no wonder that the Tordesillas line, the first modern line of international importance, was a line across the ocean: the indefinity of the ocean is the physical expanse closest to abstract space, and "Euclidian geometry comes down to earth, so to speak, to coincide with its material cousin, the ocean"[48]. The cartographer's, the mathematician's, the navigator's and the imperial ruler's spatial and political imaginations coincided in the vast open space of the Seas.

By one stroke of a pen too, in 1947, Sir Cyril Radcliffe established two different (and soon to be antagonistic) countries: Pakistan and India. The partition of the subcontinent was the result of the inability of the Congress Party and the Muslim League to agree on a unitary constitutional framework for the soon-to-be independent India. As a consequence, a Boundary Commission, led by the jurist Cyril Radcliffe, was hastily summoned to draw up the line of division between the two countries. The partition divided communities, families, lands, and triggered the greatest migration in human history, as well as massacres on an unimaginable scale[49]. Radcliffe had never set foot in the areas to be divided: the line existed only as a work of fiction, drawn on (often obsolete) maps. Both Alexander VI and Cyril Radcliffe

---

[46] Ricardo Padron, *op. cit.*, p.69, and Lauren Benton, "Legal Spaces of Empire: Piracy and the Origins of Ocean Regionalism", *Comparative Studies in Society and History*, Vol. 47, No. 4, Oct. 2005, p. 702.
[47] Carl Schmitt, *op.cit.*, p. 95.
[48] Ricardo Padron, *The Spacious Word – Cartography, Literature, and Empire in Early Modern Spain*, Chicago, University of Chicago Press, 2003, p. 69.
[49] Among many others, see e.g. Yasmin Khan, *The Great Partition – The Making of India and Pakistan*, New Haven, Yale University Press, 2007, Mushirul Hasan (ed)., *India Partitioned - The Other Side of Freedom*, Vol. 1 & 2, New Delhi, Roli Books, Lotus Collection, 1995; Stanley Wolpert, *Shameful Flight – The Last Years of the British Empire in India*, Oxford, Oxford University Press, 2005; Vazira Fazila-Yacoobali Zamindar, *The Long Partition and the Makings of Modern South Asia – Refugees, Boundaries, Histories*, Oxford, Oxford University Press, 2008.

acted like literary authors, creating a world of their own, single-handedly deciding what lands and what sea would go to whom, drawing the line on a near blank page. Fiction was truly an act of power. Radcliffe's pencil line on an old map of the Punjab in the spring of 1947 changed the face of the continent, and, in a way, of the world, just like his predecessor's, Pope Alexander VI's, did back in 1494.

These two lines are exemplary in several respects: because of the momentous political and historical consequences of the division they defined; because of the hybrid manifested by the author (as befits a pope, the spokesperson of God, and any colonial power); because they bring to the fore the conception of an open, essentially divisible and a-historical space which underlies modernity. They are also in a way paradigmatic of all boundary lines: the Tordesillas line because its demarcation traversed the trackless ocean (the abstract space *par excellence*), and the line of Partition because it led to the most literal interpretation of "space as an empty or emptiable container" on both sides of its edge: most Punjabi Muslims moved (or were moved) West, most Punjabi Hindus and Sikhs moved (or were moved) East.

But these two lines also vividly embody the arbitrariness which characterises all national boundaries: drawing the line across the Atlantic or across the Punjab was a discretionary, contestable, disputable and disputed, negotiated process – as is the case for most, if not all, boundaries[50]. It is merely through a retrospective illusion that boundaries acquire a necessity, an authenticity and a self-evidence which might be politically indispensable, but historically false and scientifically fictitious. The inordinate political emphasis on the legitimacy and necessity of boundaries in modernity (a majority of inter-State wars occur because of boundary or territorial disputes[51]) might make sense in terms of creating a political imaginary, preliminary in establishing a sense of nationhood: but it relies on a fiction – a quite random line. Our political subjectivity is built on a chance process whereby lines were once capriciously drawn on a piece of paper. Maps are rightly said to "naturalize the arbitrary"[52]: this is quintessentially true of lines, first and foremost boundary lines. "The boundaries that define territorial jurisdictions are a legal paradox because they are both absolutely compelling and hopelessly arbitrary"[53].

---

[50] See e.g. Daniel Nordmann, *Frontières de France – De l'Espace au Territoire*, Paris, Gallimard, NRF, 1998.
[51] Greg Cashman and Leonard Robinson, *Causes of War – Patterns of Interstate Conflict From World War I to Iraq*, New York, Rowman & Littlefield, 2007.
[52] Pierre Bourdieu, *Outline of a Theory of Practice*, Cambridge, Cambridge University Press, 1977, quoted in David Turnbull, *art.cit.*, p. 7.
[53] Richard Ford, *art.cit.*, p. 850.

But if the essence of maps as norm-setting fictions emerges most vividly when tracing boundary lines, it also appears, albeit more insidiously, in the lines demarcating private properties. "The functional association between maps and property is a deep-rooted one, whereby the apparent objectivity and certainty of the formalized cartographic projection lends certainty to the definition of property claims"[54]. This should not surprise us: as territory and private property are hallmarks of the liberal polity, they share some commonalities, among which the separation between an inside and an outside, an "us and them", or a "mine and thine": they both create an enclosure, a parcelized container from which I, the liberal individual (or we, the political community) feel entitled to exclude unwanted wanderers. They both reflect the abstract equality inherent both to isotropic space and to political liberalism. Yet, since they both require a strong legitimacy in order to pave the way for the enforcement of property rights and national jurisdictions, they have to hide the violence, the inequality and the arbitrariness inherent to their delimitating, enclosing activity[55]. The "geography of possession"[56] is simultaneously a history of dispossession.

The example of land acquisition in 16th and 17th century England is remarkable. The late 16th and early 17th century saw important changes in land tenure, with a significant shrinking of commons, an increased pace of enclosure and eviction of tenants (the Elizabethan "agrarian warfare"), and a progressive commodification of land. This privatization of the land and of the meaning of property went alongside a drastic extension in mapmaking, notably in cadastral surveys. The land owner now had an objective representation of his "own", a representation which bore all the signs of neutrality and scientificity, and one which legitimized his view of property as a simple relation between a *persona* and a *res*. The survey, based on the same concept of space as an inert, de-socialized and depoliticized empty site, allowed him to ignore the social or political realities or injustices in the system of enclosures. The abstract space inherent in cartography is the ideal object of property. Cartography "creates (...) a geometrical, divisible, and hence saleable space by making parcels of property out of lands that had previously been defined according to rights of custom and demarcated by landmarks and topographical features"[57]. Cadastral surveys became

---

[54] Blomley, "Landscapes of Property", *art.cit.*, p. 579.
[55] Cf. Walter Benjamin: law always conceals the violence inherent in its founding moment. "Critique of Violence", in *Writings*, New York, Schocken Books, 1978.
[56] Jeremy Waldron, "Homelessness and the Issue of Freedom", UCLA Law Rev., No 39, 1991, pp. 295-324, quoted in N. Blomley "Landscapes of Property", *art.cit.*, p. 576.
[57] Kenneth Olwig, "Recovering the Substantive Nature of Landscape", *Annals of the Association of American Geographers*, 1996, p. 638, quoted in N. Blomley "Landscapes of Property", *art.cit.*, p. 579.

immensely useful to legitimize and entrench the private owner's conception of property. The massive undertaking of the Ordnance Survey in the 1830s and 40s fixated and reified property as a *moral* entity, and allowed land rights to be "objectively" determined[58]. Loosely held customary claims did not stand a chance. The bounded space as presented on a map is the ideal object of private property, as it displaces the focus from social and political relations to the relation between a person and an inert site. Private property could not have been conceived without the a priori representation of this bounded space – i.e. without the sharpened penciled line of the clear delineation of buildings on city maps, and of lands on rural maps.

From being a line thick with history and meaning, from being a path and a journey, from being a dynamic line which, in Paul Klee's poetic words, "goes out for a walk"[59], the line has become a point-to-point connector, ghostly thin to the point of mathematically never being representable, an essentially static, a-historical line. This geometric meaning of the line makes it an instrument of division, cutting the surface into different territorial blocks, and restricting movement rather than facilitating it[60]. On maps, "what count are the lines, not the spaces around them (...). These lines (...) signify occupation, not habitation (...). The gestural trace, or the line that has gone out for a walk, has no business in the discipline of cartography"[61]. Tim Ingold exemplifies the two meanings of the line by contradistinguishing two ways of travelling, either *along* or *across* lines – wayfaring and transport. While the ancient wayfarer was gradually transformed by the very act of moving along an imaginary line, while "the wayfarer [was] his movement", the modern traveler is moved, rather than moves, from place to place, leaving no trace behind him. "For the transported traveler (...), every destination is a terminus, every port a point of re-entry into a world from which he has been temporarily exiled whilst in transit. (...) The traveler who departs from one location and arrives at another is, in between, nowhere at all"[62]. What was a continuous line for the wayfarer has become a dotted line for the traveler. Wayfaring happily exiles us from ourselves, only to allow us to recreate a new, richer identity. In his famous piece *Walking*, Thoreau compares the walker to the camel, who ruminates while walking: as we ingest new experiences of surfaces, lights, sounds, these new perceptions

---

[58] Andrew McRae, "To Know One's Own: Estate Surveying and the Representation of the Land in Early Modern England", *The Huntington Library Quarterly*, 1993, 56, No. 4, p. 341.
[59] Paul Klee, *Notebooks,* vol. 1: *The Thinking Eye*, transl. R. Manheim, London, Lund Humphries, 1961, p. 105, quoted in Tim Ingold, *op.cit.*, p. 73.
[60] Tim Ingold, *op.cit.*, p. 81.
[61] Tim Ingold, *op.cit.*, pp. 84-85.
[62] Tim Ingold, *op.cit.*, p. 77.

transform who we are. On the contrary, the traveler shuttles to new places without having in the least been modified in who he is or how he views the world. And while one could walk *along* lines of life, lines are now a geometric edge which one can only try to get *across* at one's own peril, as clandestine immigrants so painfully know. The changed meaning of lines is also a changed meaning of ourselves.

Conclusion

"The straight line is an icon of modernity. It offers reason, certainty, authority, a sense of direction" writes Tim Ingold[63]. The most blatant political consequence of this modern straightness of the line lies in the outlandish moral weight placed on ownership and on nationalism, propelled to the status of iconic values. But if these (boundary and property) lines which so heavily define our legal system, political subjectivity and often personhood, are fictive, then one may regard the political and philosophical issue of cosmopolitanism as well as of social justice in a new light. While claiming to be grounded in reason, justified and necessary, it appears these lines of surgical division are a result of random, disputable and certainly unfair process, notwithstanding the fact that they obliterate the thick social, cultural and political history that preceded their drawing, and all antecedent habitation. It is only thanks to the cartographer's magical trick of naturalizing the arbitrary that they have become such objects of blind faith: and hence, our supposedly undisputable right to exclude and segregate is based on a fiction. Perhaps we should, for epistemic as well as political reasons, again let the line "go for a walk".

Bibliographie

Agnew, J. [1994]: "The Territorial Trap: the Geographical Assumptions of International Relations Theory", *Review of International Political Economy*, Vol. 1, Issue 1, pp. 53-80.

Agnew, J. [2005]: "Sovereignty Regimes: Territoriality and State Authority in Contemporary World Politics", *Annals of the Association of American Geographers*, Vol. 95, No. 2, Jun. 2005, pp.437-461.

Akerman, J. [1995]: "The Structuring of Political Territory in Early Printed Atlases", *Imago Mundi*, Vol. 47, pp. 138-154.

Andreas, P. [2003]: "Redrawing the Line: Borders and Security in the Twenty-First Century", *International Security*, Vol. 28, No. 2, Autumn 2003, pp. 78-111.

---

[63] Tim Ingold, *op.cit.*, p. 167.

Balibar, E. [2001] : *Nous, Citoyens d'Europe ? Les Frontières, l'Etat, le Peuple*, Paris, La Découverte.

Benjamin, W. [1978]: "Critique of Violence" (1921), in *Writings*, New York, Schocken Books.

Bentham, J. [1978]: "Security and Equality of Property", in *Property: Mainstream and Critical Positions*, ed. C. B. MacPherson, Toronto, University of Toronto Press, pp. 39-58.

Benton, L. [2005]: "Legal Spaces of Empire: Piracy and the Origins of Ocean Regionalism", *Comparative Studies in Society and History*, Vol. 47, No. 4, Oct. 2005, pp. 700-724.

Biggs, M. [1999]: "Putting the State on the Map: Cartography, Territory, and European State", *Comparative Studies in Society and History*, Vol. 41, No. 2, Apr. 1999, pp. 374-405.

Black, J. [1997]: *Maps and Politics*, London, Reaktion Books.

Black, J. [2000]: *Maps and History – Constructing Images of the Past*, New Haven, Yale University Press.

Blomley, N. [2005]: "The Borrowed View: Privacy, Propriety, and the Entanglements of Property", *Law & Social Inquiry*, Vol. 30, No. 4, Autumn 2005, pp. 617-661.

Blomley, N. [2003]: "Law, Property, and the Geography of Violence: The Frontier, the Survey, and the Grid", *Annals of the Association of American Geographers*, Vol. 93, No. 1, Mar. 2003, pp. 121-141.

Blomley, N. [1998]: "Landscapes of Property", *Law & Society Review*, Vol. 32, No. 3, pp. 567-612.

Brenner, N. [1999]: "Beyond State-Centrism? Space, Territoriality, and Geographical Scale in Globalization Studies", *Theory and Society*, Vol. 28, No. 1, Feb. 1999, pp. 39-78.

Cashman G. & Robinson L. [2007]: *Causes of War – Patterns of Interstate Conflict From World War I to Iraq*, New York, Rowman & Littlefield.

Certeau, M. [1990] : *L'Invention du Quotidien*, Paris, Gallimard/Folio, 1980 rééd. 1990.

Daillier P. & Pellet A. [1999] : *Droit International Public*, 6ème éd., Paris, LGDJ.

Deleuze G. & Guattari F. [1980] : *Mille Plateaux*, Paris, éd. de Minuit.

Dunbabin, J.P.D. [1998]: "Red Lines on Maps: The Impact of Cartographical Errors on the Border between the United States and British North America, 1782-1842", *Imago Mundi*, Vol. 50, pp. 105-125.

Edney, M. [1996]: "Theory and the History of Cartography", *Imago Mundi*, Vol. 48, pp. 185-191.

Elden, S. [2005]: "Missing the Point: Globalization, Deterritorialization and the Space of the World", *Transactions of the Institute of British Geographers*, New Series, Vol. 30, No. 1, Mar. 2005, pp. 8-19.

Fazila-Yacoobali Zamindar, F. [2008]: *The Long Partition and the Makings of Modern South Asia – Refugees, Boundaries, Histories*, Oxford, Oxford University Press.

Ford, R. [1999]: "Law's Territory (A History of Jurisdiction)", *Michigan Law Review*, Vol. 97, No. 4, Feb. 1999, pp. 843-930.

Giddens, A. [1990]: *The Consequences of Modernity*, Cambridge, Polity.

Godlewska, A. [1995]: "Map, Text and Image. The Mentality of Enlightened Conquerors: A New Look at the *Description de l'Egypte*", *Transactions of the Institute of British Geographers*, Vol. 20, No. 1, pp. 5-28.

Harley J. B. [1989]: "Deconstructing the Map", *Cartographica*, vol. 26, No 2, summer 1989, pp. 1-20.

Harley J. B. [1992]: "Rereading the Maps of the Columbian Encounter", *Annals of the Association of American Geographers*, Vol. 82, No. 3, Sep. 1992, pp. 522-536.

Harley J. B. [1988]: "Silences and Secrecy: The Hidden Agenda of Cartography in Early Modern Europe", *Imago Mundi*, 40, pp. 57-76.

Harley J. B. [1990]: "Cartography, Ethics and Social Theory", *Geographica*, University of Toronto Press, Vol. 27, No. 2, Summer 1990, pp. 1-23.

Harvey, D. [1982]: *The Limits to Capital*, University of Chicago Press, Chicago.

Harvey D. [2006]: *Spaces of Global Capitalism – Towards a theory of Uneven Geographical Development*, Verso, London.

Harvey D. [1990]: "Between Space and Time: Reflections on the Geographical Imagination", *Annals of the Association of American Geographers*, Vol. 80, No. 3, Sep. 1990, pp. 418-434.

Hasan M.(ed.) [1995]: *India Partitioned - The Other Side of Freedom*, Vol. 1 & 2, New Delhi, Roli Books, Lotus Collection.

Hobsbawm E. [1975]: *The Age of Capital 1848-1875*, London, Abacus.

Hobbes T. [1973]: *Leviathan* (1651), Everyman's Library, London.

Hoffman, P. [1973]: "Diplomacy and the Papal Donation 1493 – 1585", *The Americas*, Vol. 30, No. 2, Oct. 1973, pp. 151-183.

Ingold T. [2007]: *Lines – A Brief History*, London, Routledge.

Jacob C. [1996]: "Toward a Cultural History of Cartography", *Imago Mundi*, Vol. 48, pp. 191-198.

Jammer M. [1993]: *Concepts of Space – The History of Theories of Space in Physics*, Dover, New York, 1954, 4th ed.

Jones, S. [1959]: "Boundary Concepts in the Setting of Place and Time", *Annals of the Association of American Geographers*, Vol. 49, Sept. 1959, n°3, pp. 241-255.

Joyce P. [2003]: *The Rule of Freedom – Liberalism and the Modern City*, Verso, London.

Kant E. [1986]: *Doctrine du Droit*, Paris, Gallimard, Pléiade.

Khan Y. [2007]: *The Great Partition – The Making of India and Pakistan*, New Haven, Yale University Press.

Knight D. [1982]: "Identity and Territory: Geographical Perspectives on Nationalism and Regionalism", *Annals of the Association of American Geographers*, Vol. 72, No. 4 Dec. 1982, pp. 514-531.

Lefebvre H. [2000] : *La Production de l'Espace*, Anthropos, Paris, 4th ed.
Lewis M. [1999]: "Dividing the Ocean Sea", *Geographical Review*, Vol. 89, No. 2, Apr. 1999, pp. 188-214.
Locke J. [2002]: *The Second Treatise of Government* (1689), New York, Dover.
Massey D. [2005]: *For Space*, Sage, London.
Massey D. [1999]: "Space-Time, 'Science' and the Relationship between Physical Geography and Human Geography", *Transactions of the Institute of British Geographers*, New Series, Vol. 24, No. 3, pp. 261-276.
Massey D. [2004]: "Geographies of Responsibility", *Geografiska Annaler, Series B, Human Geography*, Vol. 86, No. 1, pp. 5-18.
Massey D. [2001]: "Talking of Space-Time", *Transactions of the Institute of British Geographers*, New Series, Vol. 26, No. 2, pp. 257-261.
McRae A. [1993]: "To Know One's Own: Estate Surveying and the Representation of the Land in Early Modern England", *The Huntington Library Quarterly*, University of California Press, 56, No. 4, pp. 333-357.
Mignolo W. [1995]: *The Darker Side of the Renaissance – Literacy, Territoriality & Colonization*, University of Michigan, Ann Arbor.
Murphy A. [1990]: "Historical Justifications for Territorial Claims", *Annals of the Association of American Geographers*, Vol. 80, No. 4, Dec. 1990, pp.531-548.
Nobles G. [1993]: "Straight Lines and Stability: Mapping the Political Order of the Anglo-American Frontier", *The Journal of American History*, Vol. 80, No. 1, Jun. 1993, pp. 9-35.
Nordmann D. [1998] : *Frontières de France – De l'Espace au Territoire*, Paris, Gallimard, NRF.
O'Gorman E. [1961]: *The Invention of America: An Inquiry into the Historical Nature of the New World and the Meaning of Its History* (1948), Bloomington, Indiana University Press.
Padron R. [2003]: *The Spacious Word – Cartography, Literature, and Empire in Early Modern Spain*, Chicago, University of Chicago Press.
Pickles J. [2005]: "'New Cartographies' and the Decolonization of European Geographies", *Area*, Vol. 37, No. 4, Dec. 2005, pp. 355-364.
Polanyi K. [2001]: *The Great Transformation* (1944), Boston, Beacon Press.
Renoux-Zagamé M. F. [1987] : *Origines Théologiques du Concept Moderne de Propriété*, Paris, Droz.
Rosanvallon P. [1992] : *Le Sacre du Citoyen*, Gallimard, Folio, Paris.
Rose C. [1983]: "Planning and Dealing: Piecemeal Land Controls as a Problem of Local Legitimacy", *California Law Review*, Vol. 71, No. 3, May 1983, pp. 837-912.
Rousseau J.-J. [1972] : *Du Contrat Social* (1762), Paris, Poche Pluriel.
Sack R. [1986]: *Human Territoriality: Its Theory and History*, Cambridge, Cambridge University Press.

Said E. [1993]: *Culture and Imperialism,* New York, Vintage.

Schmitt C. [2003]: *The Nomos of the Earth in the International Law of the* Jus Publicum Europaeum, translated and annotated by G. L. Ulmen, Telos Press, New York.

Thoreau H. D. [1994]: *Walking* (1862), New York, Harper Collins.

Turnbull D. [1995]: "Rendering Turbulence Orderly", *Social Studies of Science,* Vol. 25, No. 1, Feb. 1995, pp. 9-33.

Turnbull D. [1996]: "Cartography and Science in Early Modern Europe: Mapping the Construction of Knowledge Spaces", *Imago Mundi,* Vol. 48, pp. 5-24.

Xifaras M. [2004] : *La Propriété – Etude de Philosophie du Droit,* Paris, Presses Universitaires de France.

Walzer M. [1984]: "Liberalism and the Art of Separation", Political Theory, Vol. 12, No. 3, Aug. 1984, pp. 315-330.

Wolpert S. [2005]: *Shameful Flight – The Last Years of the British Empire in India,* Oxford, Oxford University Press.

Hospitalité en temps de peste : Hybridation générique et conflits de normes

FRANÇOISE LAVOCAT
Université de la Sorbonne Nouvelle - Paris 3

Hospes, hostis – l'hôte, l'ennemi[1]. Cette ambivalence troublante est radicalisée et dramatisée en temps d'épidémie. La mobilisation très orchestrée contre la grippe porcine nous a récemment donné une faible idée de la façon, immédiate, prévisible et dérangeante, dont l'éventualité de la contagion affecte nos relations à autrui.

La question de l'hospitalité peut paraître anodine quand l'ensemble des conventions qui président au vivre ensemble sont annihilées. Dans la mémoire occidentale de la peste, Thucydide est le premier à dire la dégradation des valeurs, ou plus exactement la désaffection générale à l'égard des conduites éthiques – quand ceux qui n'abandonnent pas leurs amis sont les premières victimes[2]. Les écrits sur la peste, quels qu'ils soient, décrivent les formes radicales que prend la destruction du lien social, amical, amoureux[3], familial, quand le baiser et la caresse tuent[4]. Dans ce monde renversé où l'isolement et la clôture sont les conditions non suffisantes de la survie de l'individu et du groupe, l'hospitalité n'a plus cours, elle est même la première des conduites honorables à être dépréciée et prohibée. On cloue

---

[1] A. Montandon, *Le Livre de l'hospitalité. Accueil de l'étranger dans l'histoire et les cultures*, Bayard, 2004, p. 16.
[2] « Mais ce qu'il y avait de plus fâcheux, c'était d'un côté le désespoir qui s'emparait quelquefois d'abord de ceux qui en étaient atteints et faisait qu'ils s'abandonnaient eux-mêmes, et qu'ils ne voulaient rien faire pour leur guérison ; et de l'autre, la contagion qui gagnait ceux qui s'en approchaient, de sorte qu'on mourait sans secours comme des bêtes, et c'est ce qui fit le plus grand dégât, jusqu'à emporter des familles toutes entières. Beaucoup de gens d'honneur y périrent, qui avaient honte d'abandonner leurs amis, si bien qu'on perdit à la fin l'usage de pleurer les morts ». *Histoire de la guerre du Péloponnèse*, trad. par Nicolas Perrot d'Ablancourt, [1659], II, 8, Paris, Augustin Courbé, 1662, p. 94.
[3] « Plus d'amour, partant, plus de joie », « Les animaux malades de la peste, La Fontaine, *Fables*, VII, 16, v. 14.
[4] « L'amy quitte l'amy mais inutilement [,,,], Le fils servant le père en est assassiné / Le père aydant le Fils voit son sort terminé ;/ A l'Enfant par la Mere est la clarté ravie / Elle cause sa mort ayant causé sa vie », *Alaric, ou Rome vaincue*, II, v. 1556, 1559-1562, [1654], éd. R. Galli Pellegrini et C. Bernazzoli, Schena, Didier Erudition, 1998.

les portes des maisons, on garde celles des villes ; on érige des murs[5] pour faire barrage à un mal qui vient toujours de l'extérieur – de l'Orient[6], des armées d'occupation[7], des marchands, des voisins et souvent aussi de l'intérieur – des juifs[8], des protestants[9], des démons.

Quelque aient été les comportements effectifs en temps de peste, les écrits qui en rendent compte doivent prendre en charge, d'une façon ou d'une autre, cette altération du lien. Dans le cas des écritures testimoniales, le récit s'adresse aux survivants, à ceux-là même qui ont pour un temps suspendu ou dégradé leurs relations avec la communauté humaine. Le prologue du *Décaméron* exprime à l'égard des vivants, en surtout des vivantes, compassion et ressentiment. Boccace s'adresse explicitement à un lectorat féminin. Or, les rescapées de l'épidémie, affirme l'auteur, ont sauvé leur vie en ne veillant pas les morts et en s'étant soignées au détriment de la pudeur[10]. *Le Décaméron* s'emploie à réparer le lien rompu par le passage du monde réel détruit au monde reconstruit par la fiction, du rappel pénible et accusateur de l'épreuve collective au divertissement consolateur. Comme on le sait, le déroulement du programme de la petite société conteuse suppose l'exercice d'une hospitalité assez singulière, puisque les dix jeunes gens sont hébergés,

---

[5] On pense au mur érigé lors de la peste de Marseille de 1720 pour isoler la Provence.

[6] « Elle commença, à ce qu'on tient, en Ethiopie, d'où elle descendit en Egypte, et de là gagna l'Afrique et la plupart de la Perse, puis vint fondre tout à coup dans Athènes » Thucydide, *op. cit.*, p. 92 ; « elle était apparue quelques années plus tôt dans les régions orientales, qu'elle avait dépouillé d'une quantité innombrable de vivants, puis, gagnant sans cesse de proche en proche, avait malheureusement progressé vers l'Occident » *Décaméron*, traduction, introduction et notes, C. Bec, Le livre de Poche, Bibliothèque classique, 1994, p. 38 ; « alquanti anni davanti nelle parti orientali incominciata, quelle d'inumerabile quantità de'viventi avendo private, senza ristare d'un luogo in un altro luogo continuandosi, verso l'Occidente miserabilmente s'era ampliata. », *Decameron*, éd. V. Branca, Turin, Einaudi, p. 15.

[7] C'est en particulier le cas de la peste de 1630, attribuée couramment à la présence des armées impériales, par exemple par Frédéric Borromée (*De Pestilentia*, in *La peste di Milano del 1630, La Cronaca e le testimonianze del tempo del cardinale Federico Borromeo*, a cura di A. Torno, Milan, Rusconi, 1998).

[8] Les massacres occasionnés par la peste de 1348 sont bien connus. Ils se répètent à chaque épidémie, comme à Mantoue, lors de la peste de 1630 (voir par exemple, à ce propos, *Gli ebrei a Cremona, Storia di una comunità fra Medioevo e Rinascimento*, a cura di G. B. Magnoli, Florence, Giuntina, 2002).

[9] Voir à cet égard, sur le récit de la peste de Lyon de 1628 par le père Grillot, C. Jouhaud, D. Ribard et N. Schapira, *Histoire, littérature, témoignage*, Gallimard, Folio Histoire, p. 195, sq.

[10] « Les femmes, oublieuses de leur bonté naturelle, avaient fort bien appris ce comportement utile à leur santé », éd. Bec, *op. cit.*, p. 43 ; « le donne, in gran parte postposta la donnesca pietà, per salute di loror avevano ottimamente appresa », éd. Branca, *op. cit.*, p. 24.

à deux reprises[11], dans des demeures dont l'hôte anonyme est absent. Il s'agit d'une hospitalité sans hôte. En tout cas, *Le Décaméron* instaure un partage qui reste effectif pendant plusieurs siècles : si l'écrit factuel à valeur testimoniale décrit et dénonce la perte de l'humanité de l'homme, à travers la ruine du lien (de l'ordre social et familial), la fiction le restaure ; elle le fait de façon privilégiée en inventant des modèles de sociabilité dans le cadre d'une hospitalité improbable.

Ces deux représentations du lien, désagrégé, réaménagé sur un mode imaginaire, sont solidaires l'une de l'autre. Elles ne supposent aucun conflit de normes, même si, chez Boccace, la dissolution des valeurs et des mœurs en temps de peste est la condition de possibilité, pour les femmes de la société conteuse fictive, non pas de vivre librement, mais de raconter des histoires libres – et pour le lectorat féminin rescapé de les écouter. Cependant, plus rarement, la représentation de l'hospitalité dans un récit de peste cristallise et illustre une opposition entre les valeurs inspirées de la vertu chrétienne de la charité et le souci de la préservation de soi. À travers le conflit du lien (entre les membres de la communauté chrétienne) et du soin (de soi), c'est une légitimité nouvelle qui s'affirme, en faveur de l'individu et de la vie terrestre : or ce débat, qui ne s'exprime pas uniquement dans les textes[12], se développe tout particulièrement dans des œuvres qui prétendent au statut de témoignage tout en étant des fictions. Aussi, dans cet article, sera explorée l'hypothèse selon laquelle les « factions », pour adopter le terme anglo-saxon qui désigne des formes

---

[11] À la fin de la seconde journée, la reine du lendemain, Neifile, annonce qu'elle a trouvé une autre demeure, et qu'il convient aux devisants de s'y transférer pour éviter d'être rejoints par des importuns. Au début de la troisième journée, ils se rendent a pied dans un autre palais. « Le maître de l'endroit », qui n'apparaît pas, est qualifié de « magnifique » (« magnifico riputarono il signor di quello ») et un « intendant dévoué » (« discreto siniscalco ») les accueille avec du vin et des dragées (*Decameron*, éd. Branca, *op. cit.*, p. 324).

[12] En Italie, l'opposition entre les autorités civiles soucieuses de combattre l'épidémie par des mesures impopulaires de confinement, et les autorités religieuses prenant en charge les besoins spirituels de la communauté par des processions qui propagent le mal a pu prendre des formes violentes. Le pape Barberini excommunie les magistrats de l'office de la santé de Florence (C. M. Cipolla, *Contro un nemico invisibile ; Epidemie e strutture sanitarie nell'Italia del Rinascimento*, Il Mulino, Bologne, 1986, p. 185-193, sq.). Joël Coste estime cependant que dans la plupart des cas, à tout le moins en France, les deux approches se conciliaient (*Représentations et comportements en temps d'épidémie dans la littérature imprimée de peste (1490-1725). Contribution à l'histoire culturelle de la peste en France à l'époque moderne*, Paris, Honoré Champion, 2007, p. 400, sq).

contemporaines au statut référentiel composite[13] se trouvent, à une époque donnée (le dix-septième et le début du dix-huitième siècle), offrir un cadre propice à la négociation de valeurs.

J'évoquerai tout d'abord un exemple de témoignage où la représentation de l'hospitalité en temps de peste prend place dans un univers de biens et de normes[14] intact ; puis deux textes inclassables, à la fois par leur statut générique et référentiel (*La Peste de 1630* de Benedetto Cinquanta et *Le Journal de l'année de la peste* de Daniel Defoe) où plusieurs perspectives axiologiques ont droit de cité, sans qu'intervienne de résolution ni d'unification des points de vue. Ce contraste suggère enfin l'intérêt, pour définir la fiction, d'articuler le statut référentiel d'un texte aux modalités qui l'organisent, et en particulier celle qui concerne le permis et l'interdit, la modalité déontique.

I Témoignage ou fiction de la peste : l'incorruptibilité des normes

Thomas Platter[15] ne raconte pas la peste[16]. Aucune épidémie ne constitue à ses yeux un événement, car la maladie, endémique, l'accompagne sa vie durant. Son père en meurt dans son enfance, puis son tout jeune premier enfant ; des années plus tard, elle emporte une de ses filles, âgée de dix-sept ans. Il tombe lui-même malade de la peste, ainsi que sa femme, à un âge avancé ; ils en guérissent tous deux. Il n'évoque qu'une fois, rapidement, la mort de masse sous la forme de neuf et sept cents corps qu'il dit avoir vu jeter dans des fosses communes à Zurich[17]. Cette confrontation répétée avec

---

[13] Un tel terme suppose que l'on admette l'existence de degrés de fictionnalité et la possibilité d'un régime à la fois factuel et fictionnel de certains textes. C'est le parti que je prends, suivant en cela T. Pavel (*Univers de la fiction*, Editions du Seuil, 1986).

[14] J'emprunte les mots de T. Pavel qui définit la fiction comme « un ensemble de biens et de normes », in « Univers de fiction, un parcours personnel », *La théorie littéraire des mondes possibles*, dir. F. Lavocat, Editions du C.N.R.S., 2010, p. 310.

[15] La famille suisse des Platter (composée du père, Thomas, né vers 1499, mort en 1582, chevrier, cordier, médecin, théologien, imprimeur, et finalement recteur de l'école de la cathédrale de Bâle, et de ses fils, Félix et Thomas, médecins) ont attiré l'attention des historiens, en particulier E. Leroy Ladurie, Celui-ci évoque la vie de Thomas Platter l'Ancien dans *Le siècle des Platter, 1499-1628*, t. I, *Le mendiant et le professeur*, Fayard, 1995, p. 79-84. Il paraphrase l'épisode de la peste tel que le raconte Platter. Voir aussi le colloque consacré à cette figure à l'occasion du cinq centième anniversaire de la naissance, *Platteriana, Beiträge zum 500. Geburstag des Thomas Platter (1499 ?-1582)*, éd. W. Meyer et K. von Greyertz, Bâle, Schwabe, 2002.

[16] Le manuscrit est écrit en haut-valaisan. Nous citerons successivement la traduction française d'Edouard Fick (1862), rééditée aux éditions de L'Âge d'homme (Thomas Platter, *Ma vie*, 1982) et l'édition allemande, *Lebensbeschreibung*, éd. A. Hartmann, Bâle, Schwabe, 1944.

[17] *Ibid.*, p. 87 / p. 93.

la maladie ne l'a pas convaincu de la nature contagieuse du mal, comme le laisse à penser une anecdote, selon laquelle il aurait une fois partagé le lit de deux pestiférées sans être contaminé[18]. En ces occasions comme en toutes les autres, Platter s'en remet entièrement à la Providence.

L'épisode le plus développé[19] où intervient la peste concerne la maladie et la mort du médecin Johannes Epiphanius (1531), au service duquel Thomas Platter se trouve alors, à Porrentruy (Platter est âgé de trente-deux ans). Le passage suit celui de la mort du premier enfant des Platter, chronologiquement, et peut-être en vertu d'une relation de causalité implicite : la maladie des maîtres pourrait bien punir leur manque de charité, car ils ont demandé l'éloignement de la femme de Platter après la mort de son enfant, non par crainte de la contamination, mais parce que la femme d'Epiphanius juge la tristesse de la mère dangereuse pour sa santé. Mais à peine la femme de Platter est-elle partie qu'Epiphanius et sa femme tombent l'un et l'autre malades. Epiphanius, sans prévenir sa femme, entraine Platter dans une errance mortelle, qui le conduit tout d'abord chez l'évêque de Delémont. Celui-ci le chasse après une nuit quand il s'aperçoit de son état et devine l'origine de son mal, qu'Epiphanius, comme Platter, dissimule. Platter cherche en vain un logis pour son maître dans Moûtier, tandis que la femme d'Epiphanius refuse de se rendre au chevet de son mari. Les deux hommes sont hébergés une nuit dans une hôtellerie, mais le mari de la tenancière les met à la porte au matin. Le lendemain, après maintes rebuffades de la part des habitants de la ville, Platter parvient à loger son maître chez une femme prête à accoucher ; il y meurt, en l'absence de Platter qu'il a envoyé à Bâle s'occuper de son héritage (qui consiste en particulier en un livre de médecine dont Platter brûle de prendre copie). Platter laisse donc le cadavre à la charge de l'hôtesse charitable de Moûtier. Entre temps, la femme d'Epiphanius a guéri.

Le conflit religieux informe de façon sous-jacente l'épisode. Platter, protestant[20], ne manque pas de signaler que Moûtiers et ses habitants inhospitaliers se trouvent en terre papiste. À l'évêque de Delémont, qui éloigne séance tenante son hôte quand il devine son état, s'oppose symétriquement le pasteur venu d'un autre village, qui passe une nuit auprès du malade dans l'hôtellerie. Le secours spirituel qu'il lui dispense est d'ailleurs la seule mention d'une quelconque pratique religieuse d'Epiphanius. Celui-ci, à vrai dire, sent un peu le souffre ; selon Platter, Epiphanius, d'origine vénitienne, ancien médecin du duc de Bavière[21], aurait

---

[18] *Ibidem*.
[19] *Ibid.*, p. 93-99 / p. 100-104.
[20] Il fut un disciple zélé de Myconius et de Zwingli.
[21] Le duc de Bavière est alors Guillaume IV (qui règne de 1508 à 1550). Les juifs sont expulsés de Ratisbonne en 1519. Son successeur, Albrecht V, expulse les juifs de Bavière en 1551.

échappé par la fuite à une condamnation à mort pour avoir consommé de la viande un jour maigre[22]. La mention d'une telle mésaventure suggère peut-être une origine juive. Il semble en tout cas perçu comme étranger par sa propre femme, qui, en refusant de l'assister (après qu'il l'a lui-même abandonnée malade), le traite de « welsch », c'est-à-dire d'étranger de langue romane. L'origine et la personnalité d'Epiphanius (qui n'est peut-être pas indifférente au sort que lui réserve la Providence) n'entrent pas en ligne de compte dans la dénonciation par Platter de l'attitude des habitants de Moûtier. Son point de vue, coïncidant avec son attitude telle qu'il la décrit un demi-siècle plus tard, est éminemment éthique : il se met en scène comme serviteur dévoué (au point de dissimuler l'état de son maître) et substitut du prédicateur. Après avoir demandé au pasteur de rappeler ses fidèles à leurs devoirs d'hospitalité, ce qui reste sans effet, il les apostrophe lui-même, tandis qu'ils forment une haie de curieux sur le chemin qui le mène, portant Epiphanius, chez la femme charitable[23].

Celle-ci, que le jeune Platter avait déjà trouvée en larmes avant de lui adresser sa requête (appréhende-t-elle son accouchement imminent ?) pleure derechef de compassion en voyant le docteur, qu'elle baise à deux reprises sur la bouche, répétant le geste du Christ face au lépreux[24]. Elle entoure le mourant de soins maternels (elle le nourrit de bouillon, le couche dans un « lit bien gentil »[25]), son indifférence à l'égard du risque de contagion n'ayant d'égale que celle de Platter. Celui-ci l'estime suffisamment payée des vêtements du mort – sans coup férir contaminés, ce qui à l'évidence ne traverse pas son esprit. Elle se montre également sensible à la supériorité sociale du docteur, que Platter ne cesse de rappeler. Il rapporte d'ailleurs qu'Epiphanius a été enterré à Moûtier avec les honneurs dus à son rang.

Ainsi, la peste vue par Platter ne dérange aucune hiérarchie. Les valeurs incarnées au plus haut degré par cette Pietà anonyme se déploient dans sa périlleuse hospitalité qui, pour être rare, est néanmoins la seule conduite que l'auteur juge admissible.

Presque au même moment où écrit Platter, Michel de Montaigne rapporte lui aussi une expérience de la peste comme un temps d'errance, où il sert de « guide à [la] caravane » de sa maisonnée délogée de chez elle. L'opposition

---

[22] *Op. cit.*, p. 91-92. Selon A. Hartmann, on ne sait rien de J. Epiphanius (*éd. cit.*,).
[23] « La distance était d'un jet de pierre. Les paysans formèrent une haie pour nous voir passer. Je ne pus m'empêcher de les apostropher vivement et de leur reprocher leur manque de charité », Thomas Platter, *Ma vie, op. cit.*, p. 98.
[24] Ce baiser s'inscrit dans la longue tradition du baiser sur la bouche médiéval et du baiser au lépreux biblique. Sur ce point, voir A. Montandon, *Le baiser, Le corps au bord des lèvres*, Editions Autrement, 2005, en particulier « Thérapeutique du baiser », p. 35-36.
[25] Thomas Platter, *Ma vie, op. cit.*, p. 98 ; « ein hüpsch bett », *Lebensbeschriebung, op. cit.*, p. 103.

entre son propre sens de l'hospitalité et celui qu'il ne trouve pas chez ses voisins en de telles circonstances s'accompagne d'une minoration du risque de la contagion, les maux de la peste étant d'abord mis sur le compte de l'imagination :

> Moi qui suis si hospitalier fus en très pénible quête de retraite, pour ma famille. Une famille égarée faisant peur à ses amis et à soi-même, et horreur, où qu'elle cherchât à se placer – ayant à changer de demeure, soudain qu'un en la troupe commençait à se douloir du petit doigt.[26]

Le détachement philosophique rejoint ici le point de vue chrétien[27] en ce qu'il fait de l'exercice de l'hospitalité la pierre de touche du comportement juste en temps de peste, mal dont il importe, dans cette perspective distanciée, de ne pas prendre tout à fait la mesure.
Cette attitude ressortit davantage à un choix moral qu'à l'ignorance. Même si l'origine de la maladie est alors l'objet d'âpres controverses, presque personne, à la fin du seizième siècle, ne doute du caractère contagieux du mal[28]. C'est d'ailleurs, un peu plus tard, sous le titre de « Paradoxes » (*Paradossi della pestilenza*, 1638) que Silvestro Faccio défend la thèse de la nature contagieuse de certaines pestes, qu'il dit confirmée par son expérience de celle de Gênes. La peste étant due à une certaine conjonction astrale et à un pourrissement de l'air, la fuite est inutile, ainsi que les lazarets et toute mesure d'isolement. Dans une perspective religieuse et morale, des voix, aussi bien catholiques que protestantes, s'élèvent pour soutenir ce qui est à nouveau, explicitement, présenté comme un paradoxe. Dans un traité influent publié à Genève en 1580, et réédité plusieurs fois jusqu'au milieu du dix-septième siècle[29], le protestant Théodore de Bèze compare l'affirmation selon laquelle la peste ne serait pas contagieuse à d'autres paradoxes, telle

---

[26] *Essais*, III, 12 « De la Physionomie », éd. J. Balsamo, M. Simonin et C. Magnien-Simonin, Gallimard, La Pléiade, 2007, p. 1094.

[27] Montaigne s'est cependant soustrait à ses obligations en fuyant Bordeaux alors qu'il en était maire. En outre, la méditation sur la variabilité des coutumes mortuaires et de la façon d'envisager la mort, qui clôt le passage sur la peste, est évidemment étrangère à la perspective d'un Platter ou d'un de Bèze. Mais ils expriment un même scepticisme à l'égard des mesures sanitaires (la quarantaine par exemple) et la même tendance à minorer le danger de la contagion.

[28] La peste est même considérée comme la maladie la plus contagieuse, en particulier depuis le traité de Girolamo Fracastoro, *De Contagione et contagiosis morbis* (1646). C. M. Cipolla signale qu'au début du dix-septième siècle, en Italie, les mots de « contagion » et de « peste » étaient synonymes (*op. cit.*, p. 75).

[29] *De peste, contagio et fuga, ubi quaestiones duae explicatae : una, sitne contagiosa ; altera, an & quatenus sit Christianis per secessionem vitanda*. Genève, Eusthatius Vignon, 1580.

que celui d'Anaxagore (la noirceur de la neige), ou celui de Copernic (l'héliocentrisme). Il le défend néanmoins par des arguments puisés dans la théologie protestante (étant tous infectés par le péché originel, nous sommes tous susceptibles d'être punis par la maladie) et une morale de la responsabilité : il n'y a pas lieu de préférer sa propre vie à ses devoirs. La peste ne doit pas nous détourner d'exercer la charité et il est condamnable d'abandonner ses parents, ses amis, ses serviteurs. Les traités sur la peste d'inspiration protestante réédités avec celui de Bèze en 1655[30], d'André Rivet, de Gisbert Voet et de Johannes Hoorebeek vont tous dans le même sens. La question était largement débattue. La dissertation proposée en 1566 par l'académie de Wittenberg porte sur la question de savoir si, en temps de peste, il est permis de se soustraire à ses obligations pour sauver sa vie.

Les œuvres de fiction répondent clairement par la négative. On ne trouve pas d'exemple d'hospitalité dans les rares fictions de la peste au dix-septième siècle (un épisode du septième livre de la première partie de *L'Astrée* ; *Alaric ou la Rome vaincue* (livre II), de Georges de Scudéry), car les exploits qui qualifient les héros sont plus éclatants encore. Ainsi, dans l'*Astrée*, Tircis s'enferme chez sa belle contaminée, la soigne au péril de sa vie et transporte même dans ses bras son cadavre en décomposition, car « l'affection ne [lui] faisoit rien trouver de difficile ». Si Honoré d'Urfé souligne l'élévation morale exceptionnelle de ses personnages[31], qui les distingue absolument de la loi commune, le narrateur à la première personne des *Amours de Mélite et de Statiphile* (1609), vit dans un monde où l'héroïsme n'est pas nécessaire, car la peste ne dérange absolument rien ; après avoir fui sans aucune difficulté Paris ravagé par l'épidémie, il est accueilli sans hésitation et sans crainte par un ami, curieusement nommé Thésée, qui vit dans une campagne peuplée de bergers. Dans un cadre aussi délibérément irréaliste, l'hospitalité en temps de peste s'exerce sans relief particulier.

Trois siècles et demi plus tard, cependant, son exercice permet à certains personnages de *La Peste* de Camus d'affirmer leur valeur morale de façon non problématique, par une infraction, présentée comme raisonnée et relative, à la loi d'exception de la peste[32] – tant il importe ici de souligner le

---

[30] *Variorum tractatus thelogici de peste*, Amsterdam, Elzévir, 1655.
[31] « Il advint que la mere de Cleon en fut atteinte. Et quoy que ce mal soit si espouventable, qu'il n'y a le plus souvent ny parentage, ny obligation d'amitié qui puisse retenir les sains aupres de ceux qui en sont touchez, si est-ce que le bon naturel de Cleon eust tant de pouvoir sur elle, qu'elle ne voulut jamais esloigner sa mere, quelque remonstrance qu'elle luy fist ». *L'Astrée* [1607], éd. D. Denis & al., Paris, Champion, 2011, p. 425.
[32] C'est ce que suggère l'échange suivant :
« – Gardons-le, Bernard.
Rieux réfléchissait.

primat évident du lien amical et maternel. Tarrou est hébergé par Rieux et sa mère et, quand il tombe malade, soigné et veillé par eux de façon exemplaire. Le geste de la mère de Rieux, posant sa main sur la tête du mourant[33], est un lointain écho du baiser de l'hôtesse de Moutier.

Ainsi les témoignages, les traités d'inspiration religieuse et les fictions, sur la longue durée, concordent-ils pour offrir une représentation doublement paradoxale de peste : d'une part, son caractère contagieux est nié, ignoré ou minoré (le contact des malades laissent Platter, Rieux et sa mère indemnes – on ne sait rien du sort de l'hôtesse de Moutier) ; d'autre part, le comportement éminemment éthique des héros, qu'il soit inspiré par la charité chrétienne, l'amour ou l'amitié, se détache nettement sur l'arrière-plan de la déréliction et du chaos.

Il appartient cependant à quelques textes de complexifier cette dichotomie ; or, on constate que ce parti-pris s'accompagne d'indéniables innovations formelles, dont un des effets est de brouiller le partage entre fait et fiction.

II « Factions » : discordance ou négociation des valeurs

La Peste de 1630, pièce de Benedetto Cinquanta, parue à Milan en 1632, est une œuvre sans exemple. Même en la rattachant au genre de la tragédie spirituelle[34], elle reste tout à fait singulière[35], tant par son objet que par son ton et sa composition. Il s'agit en effet de la seule œuvre théâtrale qui ait été écrite aux lendemains d'une épidémie de peste[36], dans le but de commémorer l'événement, de pleurer les morts, de divertir les survivants et de les inciter à la prière[37]. La structure plurifocale de la pièce, qui entrelace

---

– Je n'en ai pas le droit, dit-il. Mais les portes vont s'ouvrir. Je crois bien que c'est le premier droit que je prendrais pour moi, si tu n'étais pas là.
– Bernard, dit-elle, garde nous tous les deux. Tu sais bien que je viens d'être vaccinée ». Paris, Gallimard, Folio, 1996, p. 306.

[33] *Ibid.*, p. 312.

[34] C'est l'hypothèse d'A. Cascetta dans *La scena della gloria : drammaturgia e spettacolo a Milano in età spagnuola*, a cura di A. Cascetta et R. Carpani, Milan, Vita e pensiero, p. 131-146.

[35] Elle a été remarquée par F. Doglio qui réédite la pièce dans son anthologie de la tragédie italienne (*Il teatro tragico italiano, Storia i testi del teatro tragico in Italia*, Parme, Guanda, 1960, p. 532-741). La pièce a aussi été récemment l'objet d'une étude de S. Miglierina dans le colloque intitulé *Corps souffrant et violence théâtrale*, organisé par C. Biet, F. Decroisette et C. Lucas-Fiorato (4-5 avril 2009).

[36] Le privilège de la pièce datant de janvier 1632, elle a été écrite alors que l'épidémie s'achevait.

[37] Voir la dédicace à G.-B. Clavanzano, p. 5-9 et l'avis aux lecteurs (« A Benigni Lettori »), p. 10-18. Ces deux textes ont été traduits par A. Duprat, dans *Peste, incendies, naufrages. Ecritures du désastre au XVIIe siècle*, dir. F. Lavocat, Turnhout, Brepols, 2011. Un résumé détaillé de la pièce (par A. Duprat) figure également dans

six fils narratifs (dont beaucoup ne se rencontrent jamais) et ne prévoit pas moins de dix-neuf personnages, est à mettre en relation avec le propos de l'auteur tel qu'il l'exprime dans l'avis aux lecteurs : il s'agit de dire le chaos informe de la catastrophe par bribes, fragments, puisque le tout n'est pas dicible. Cette référentialité problématique décide du choix du multiple qui fait voler en éclats les frontières génériques et les modèles connus. Les diverses histoires qui s'entrecroisent s'achèvent soit tragiquement (quatre personnages meurent sur scène), soit heureusement (par plusieurs guérisons, une conversion, un héritage, l'adoption d'une orpheline) ; la pièce se termine d'ailleurs avec la fin de la peste. On ne peut parler d'intrigue ni, à proprement parler, de héros : la pièce (dont on ne sait si elle a été représentée) déroule en une suite de tableaux[38], de petites scènes et de monologues les vicissitudes, traversées par une foule de médecins, de prêtres, de femmes nobles et moins nobles, d'étrangers, de soldats, de bourgeois, de croque-morts, de délégués à la santé, etc. La présence d'un prêtre du nom de « Fortunato », que tout désigne comme une contrepartie de l'auteur, engagerait plutôt à classer cette œuvre dans la littérature testimoniale que dans la fiction. Nul doute, en effet, que pour l'auteur[39], elle n'avait pas ce statut.

Or, si le postulat moralisateur de la pièce, prise dans son ensemble, ne fait pas de doute (la mort, sur scène, d'une prostituée, d'une jeune fille désobéissante et de deux gendarmes corrompus apparaît comme une punition), la variété des cas associée à la visée réaliste du témoignage autorise une mise en perspective de la situation d'exception de la peste et de plusieurs normes morales d'ordres différents, qui peuvent entrer en conflit les unes avec les autres.

L'histoire de Ginepra est à cet égard exemplaire. Ce personnage de jeune fille apparaît tardivement (III, 3). Sortie guérie du lazaret, elle rappelle le souvenir de scènes atroces et se déclare affamée. Sa famille ayant été décimée par la peste, sa maison pillée par les croque-morts et fermée, elle envisage de se prostituer pour manger[40]. Elle rencontre alors un prêtre,

---

cet ouvrage (p. 567-579). Je me permets aussi de renvoyer, dans le même collectif, à mon article, « Donner forme au chaos. Le théâtre de la peste de Benedetto Cinquanta (1632) », p. 541-565.

[38] Une scène montre le cortège des malades en pleurs conduits au lazaret et l'embouteillage des charrettes des morts (I, 4).

[39] Cinquanta, prêtre franciscain de l'ordre de l'Osservanza a écrit de nombreuses pièces de théâtre d'inspiration religieuse, dont *La Maddalena convertita*, 1616.

[40] « S'io non vendo / questa carne animata ; / Non mi trarò la voglia di mangiare » (*La peste del MDCXXX traggedia nuovamente composta dal padre Fra Benedetto Cinquanta Teologo, e Predicatore Generale de Minori Osservanti, Fra gli Academici Pacifici detto il Selvaggio*, [1632]. S. l. p. 123) ; « Si je ne vends pas / cette chair vivante / je ne m'ôterai pas l'envie de manger ».

Carlo, à qui elle demande l'aumône. Celui-ci la lui refuse, en tonnant contre les vices et en brandissant un crucifix sous les yeux de la malheureuse. Celle-ci s'éloigne avec ces mots :

> Je révère le Seigneur, et votre parole.
>
> Je ne suis pas loin de souffrir
>
> Comme vous le dites, mon bon seigneur[41].
>
> Je cherche à éviter de mourir ;
>
> Pour cela, il faut manger ;
>
> Et je dois chercher qui me donne à manger.
>
> Puisque vous ne pouvez pas, ou que vous ne voulez pas,
>
> Restez ici et faites
>
> Plus d'actions que de discours[42],
>
> Pour qui en a besoin. Je m'en vais.[43]

Le prêtre reste seul en scène, pour vitupérer contre les mœurs de ces temps de peste, règne de Satanas. Les bons sont morts, ne restent que les impies – parmi lesquels nous sommes invités à ranger la jeune fille famélique. Cette parole dicte-t-elle la seule évaluation possible de la situation ? Le prêtre est dans la pièce une figure incontestable. Il porte le nom d'un saint historique de la peste[44], il se dévoue au risque de sa vie pour sauver des âmes. Bien plus, son refus de faire la charité est rétrospectivement validé par une conversation du prêtre Fortunato et d'un noble milanais, Erasmo. Fortunato dit avoir constaté que la charité corrompait les pauvres, les incitait à

---

[41] Le prêtre vient de l'engager à accepter de souffrir à l'imitation du Christ.
[42] L'opposition entre les mots et les actes est développée maintes fois dans la pièce.
[43] « Riverisco il Signor, e il vostro dire/ Ni son tanto lontana dal patire / Come mi giudicate ò buon signore / Cerco ben discostarmi dal morire ;/ Perciò mangiar bisogna ;/ E cercar mi convien chi me lo dia,/ Già che voi non puotete, ò non volete./ Restate pur è fatte/ Più fatti che parole/ Con qui hà bisogno. Vado. » *op. cit.*, III, 3, p. 127. [traduction personnelle, comme les suivantes]
[44] À Milan, le souvenir de Charles Borromée, actif pendant la peste précédente (1578), était si vif, principalement pendant la peste de 1630, qu'il est peu probable que le prénom de ce personnage de prêtre n'y fasse pas allusion.

l'oisiveté et à l'obscénité[45] ; Erasmo affirme que l'état moral du peuple, en temps de peste, empire, parce qu'il se sent libre.

Pourtant la suite de l'histoire de Ginepra apporte un démenti à ce point de vue. Ginepra rencontre Anastasio, un bourgeois qui a connu son père. Il est lui aussi pourvu d'une grande autorité (il est député du service sanitaire de la ville). Il promet à la jeune fille de faire désinfecter sa maison, pour qu'elle s'y renferme au plus vite[46], et de lui faire l'aumône de deux pains et de deux verres de vin par jour. La jeune fille refuse ; elle a eu si faim au lazaret que cette ration ne saurait lui suffire. Il propose de la doubler ; mais rien ne semble susceptible de combler le gouffre des besoins de la jeune fille. Survient alors une noble dame, au nom emblématique de sa vertu, Demerita à qui Anastasio confie Ginepra (IV, 1). Celle-ci lui raconte la mort de ses parents, et à nouveau, les horreurs du lazaret.

On retrouve Ginepra quelques scènes plus loin, mangeant du pain sur scène, c'est-à-dire, dans la fiction théâtrale, en plein air, Porta Tosa, à Milan. Elle souligne d'emblée l'incongruité de son comportement :

> Je sais que l'on médit beaucoup de ceux qui mangent
>
> Dans la rue, et encore plus si ce sont des femmes.
>
> Mais toute la faute en est à la faim.[47]

Elle évoque ensuite la misère de Demerita (sa maison infectée est fermée et elle vit dans une pauvre cabane avec le seul fils qui lui reste, malade)[48], plaint son sort, loue ses qualités et l'accueil qu'elle a reçu :

> À peine entrai-je
>
> Dans la petite maison, qu'elle posa
>
> Sur la table une quantité abondante de nourriture
>
> Et par ses encouragements, elle m'ôtait la rougeur du front.

---

[45] *Op. cit.*, IV, 3, p. 166-167.

[46] Le scandale de la présence d'une jeune fille dans la rue est fortement souligné, ce qui conforte le caractère réaliste de la pièce ; les règles qui régissent la conduite des personnages ne sont pas celles d'un *decorum* codifié par les genres théâtraux.

[47] « So che disdice molto andar mangiando / Per le strade, e più assai disdice a donna/ Mà della famé sia tutta colpa. » *ibid*, IV, 4, p. 172-173.

[48] Le fils de Demerita croit avoir la peste et en est tombé malade. Il est beaucoup question, dans la pièce, des méfaits de l'imagination, qui tue par milliers de faux pestiférés (V, 1, p. 196).

> À voir tant de nourriture,
>
> Il semblait qu'une grande partie de ma faim eût disparu :
>
> Alors que si elle m'en avait donné peu
>
> Ce peu aurait aiguisé mon appétit.[49]

Cette scène d'hospitalité révèle la nature obscure de la faim de Ginepra, que creusent le deuil et la mémoire de l'horreur. Si la faim réelle a ses droits (comme le souligne le jeu de scène consistant à manger en public) elle est en partie comblée par l'image de l'abondance, qui suggère la vertu curative et nourricière de la figure maternelle de l'hôtesse ; la parole échangée joue aussi son rôle dans l'assouvissement de Ginepra (qui raconte à Demerita ce qu'elle a souffert). Ainsi traitée, Ginepra retrouve rapidement l'*ethos* d'une jeune fille honorable (sa rougeur en est un bon indice), susceptible de se montrer à son tour charitable (la compassion qu'elle exprime à l'égard de Demerita prouve la capacité de se détacher de sa mémoire douloureuse). La rencontre vaut réparation : Demerita adopte Ginepra[50], et les deux femmes ayant perdu tous leurs parents (à l'exception du fils mélancolique de Demerita), se reconstituent une famille.

Tout dans la pièce salue cette issue. Anastasio y voit un signe favorable du ciel, et donc la fin probable de l'épidémie ; le sort couvre les deux femmes de bienfaits, puisque Demerita hérite d'un parent mort de la peste, et finalement réintègre, avec Ginepra qui porte les clefs, sa propre maison (V, 4).
Il est cependant difficile de concilier l'intransigeance du religieux Carlo, dont il est peu probable que la pièce, elle-même écrite par un prêtre, fasse une satire, et cette illustration des bienfaits de la générosité. La jeune fille n'est

---

[49] « A pena entra / Nella picciola casa, ch'ella pose / Soverchia quatità di cibo in mensa, / E con gli inviti il mio rossor togliea / Il veder tanti cibi,/ par mi togliesse in gran parte la famé:/ Che se puoco mi dava, /il puoco havrebbe accesso l'appetito. », *ibid.*, IV, 4, p. 174.
[50] Le ressemblance, très relative, entre cet épisode et celui des *Promessi Sposi*, où Lucia est enrichie par une noble dame qu'elle a soignée au lazaret, et qui en fait don héritière, a été plusieurs fois soulignée. Il est en tout cas avéré que Manzoni connaissait la pièce de Cinquanta. Voir A.-M. Pizzagalli : « Fra Benedetto Cinquanta e Manzoni », in *Convivium*, VI, 1937, Milan, Editrice internazionale. Klaus reprint, Nendeln/ Lichtenstein, 1976 et G. Pierce, « Una tragedia baroca nei *Promessi Sposi* », *Lettere italiane*, 1983 anno xxxv, n° 3, p. 297-311.

nullement punie de son appétit dévorant de pain et de vie[51] ; contrairement aux prédictions sinistres du prêtre, il a été comblé honorablement, par des nourritures terrestres, l'amour humain et la reconstitution d'une filiation.

On pourrait faire une analyse comparable à propos d'une autre histoire qui soulève la question de l'accueil des étrangers en temps de peste. Casimiro, jeune noble bolognais, est faussement accusé d'être un semeur de peste, parce que son costume le désigne comme venant d'une autre ville. En butte aux abus des agents corrompus du pouvoir, il est contraint de se déguiser pour passer inaperçu. Ses poursuivants meurent enfin sous ses yeux, ce qui apparaît comme une sanction divine de l'injustice. Néanmoins, plusieurs personnages présentés dans la pièce comme des autorités affirment leur foi en la culpabilité des « engraisseurs » et approuvent les persécutions.

Ce heurt des perspectives (de l'ordre de ce qu'Iser décrit dans *L'Acte de lecture*, à propos des effets induits par « la disjonction entre les segments du texte »[52]) produit des hiatus qu'il n'est pas possible de combler. Ils participent sans doute du caractère « informe », selon le mot de l'auteur, de l'événement, qui résiste à l'unification des points de vue, à l'idéalisation des comportements ainsi qu'à toute atténuation des dangers de la contagion. La prise en compte de celle-ci donne lieu à des jeux de scène saisissants : les personnages écartent leurs concitoyens au moyen d'un bâton, le médecin reçoit l'argent des malades comme des biens-portants en le leur faisant jeter dans un bassin empli de vinaigre et les femmes portent leurs vêtements sales par peur que l'eau du lavoir ne soit contaminée.

À cette étape de l'analyse, je formulerai deux hypothèses. La première est que le récit de catastrophe (en l'occurrence la peste, qui, par l'ignorance qui l'entoure et de son excessive létalité, provoque le plus de débats et, au dix-septième siècle, le plus de démarches commémoratives individuelles et collectives[53]) suscite des prises en charge textuelles qui s'efforcent de combiner l'exigence testimoniale et le détour par la fiction. La seconde, plus générale, est que la qualité de la référence oriente les caractéristiques formelles de l'œuvre et sa déclinaison des modalités, axiologique (le bien et le mal), déontique (le permis et l'interdit) et aléthique (le possible et l'impossible). En d'autres termes, c'est bien ici la volonté de porter témoignage et la nécessité d'en passer par la fiction (car le tout de la peste

---

[51] Cependant un autre personnage de jeune fille, Quirina, qui manifeste elle aussi un désir impérieux de vie et de liberté, est frappé par une peste clairement punitive au moment où elle s'enfuit de chez elle.

[52] *Der Akt des Lesens*, [1976], *L'Acte de lecture, théorie de l'effet esthétique*, trad. de l'allemand par E. Sznycer, Pierre Mardaga, Bruxelles, 1985, p. 340.

[53] Au dix-septième siècle, l'Europe, surtout à l'Est, se couvre de colonnes de la peste. C'est aussi à cette époque que les écrits testimoniaux et/ou fictionnels sur la peste se multiplient. L'un et l'autre confèrent à certaines épidémies un statut d'événement, associé à l'histoire d'une ville.

n'est pas dicible) qui motivent ce que l'on pourrait appeler le réalisme problématisant de la pièce de Benedetto Cinquanta.

L'articulation entre témoignage et fiction se réalise autrement dans *Le Journal de l'année de la Peste* de Daniel Defoe (1722). Ce texte est tellement connu que ses caractéristiques principales ne seront ici que brièvement rappelées. Contrairement à Cinquanta, Defoe n'écrit pas aux lendemains d'une épidémie à laquelle il aurait assisté, puisque l'épidémie de Londres (référée par le titre[54]) s'est déroulée en 1665, plus d'un demi-siècle auparavant. La visée de Defoe est à la fois commémorative (d'autant plus que la narration à la première personne du *Journal* est signée des initiales H.F., probablement du nom de Henry Foe, un oncle de Defoe effectivement présent à Londres en 1665) et prospective : au moment où Defoe écrit, la peste de Marseille fait rage depuis 1720 et l'éventualité d'une contamination de l'Angleterre n'est pas exclue. Aussi, maintes réflexions du narrateur se placent dans la perspective d'un retour de l'épidémie. Le caractère référentiel de l'œuvre est souligné par l'insertion de nombreux bulletins de mortalité[55] et de plusieurs transcriptions de textes au statut de documents (règlements officiels, affiches, inscription gravée par un mourant...). Le *Journal* fournit enfin aux contemporains de Defoe une sorte d'expérience de pensée, afin de les amener à anticiper les innombrables problèmes économiques, politiques, sociaux et moraux qu'une épidémie de cette ampleur engendrerait si elle se produisait. Le point de vue éthique[56], au plus haut degré, du narrateur (il reste à Londres en s'estimant investi d'une mission divine, qui vaut à ses yeux garantie d'immunité, ce que la suite du récit, en effet, confirme) ne fait pas obstacle au heurt des perspectives, l'opposition irréconciliable entre les droits individuels et les règles permettant la survie collective étant constamment posée.

Ce débat culmine dans un curieux passage qui le met en dialogue et en fiction. Il s'agit en effet du seul épisode qui ne soit pas raconté à la première personne. Le narrateur s'efface, justifiant avec désinvolture ce récit par la rumeur et surtout par son caractère instructif et exemplaire :

> Je retourne à mes trois hommes. Leur histoire comporte en tous ses points une leçon et leur conduite entière – comme celle d'autres auxquels ils se joignirent – peut servir de modèle pour tous les hommes – ou les femmes – pauvres si jamais pareils temps reviennent ; n'y eût-il même d'autre but à sa narration que

---

[54] Voir *infra*, note 57.
[55] Cette caractéristique du *Journal* a été maintes fois commentée.
[56] Sur ce point, je me permets de renvoyer à mon article « Raconter la catastrophe » et à celui de J. Hoock (« Le journal de l'année de la peste de Defoe. Récit d'une catastrophe », in *Pestes, incendies, naufrages, op. cit.*, p. 253-270). On trouvera dans cet article d'utiles compléments bibliographiques.

je la trouverais entièrement justifiée, quelque soit l'exactitude de son compte rendu.[57]

Cette entrée en matière peut se lire comme une déclaration de fictionnalité, d'autant plus que le récit prend immédiatement une forme dialoguée. Les quatre dialogues du passage constituent bien une rupture du pacte mimétique du (faux) témoignage, puisque le narrateur, qui n'a pas assisté aux événements qu'il raconte, ne peut *a fortiori* garantir l'authenticité des paroles rapportées. De plus, ils permettent de façon privilégiée l'inscription d'un débat et d'une confrontation de points de vue.
Dans le premier dialogue, les protagonistes, Jean et Thomas, évoquent leur décision de quitter Londres et examinent la question de savoir dans quelle mesure la loi garantit ou non la liberté de circuler librement sur les routes, même en temps de peste. Thomas anticipe les arguments des villageois qui, selon toute probabilité, leur refuseront le passage[58]. Leur périple, en effet, les confronte à trois reprises à la question de l'hospitalité en temps de peste, soit qu'ils l'exercent, soit qu'ils la demandent. Le second dialogue, qualifié de « pourparler »[59], confronte Richard, le menuisier, qui s'est joint aux deux frères, à Ford, un membre d'une autre troupe de fuyards, qui voudrait s'installer pour la nuit dans une grange contre la paroi de laquelle les trois hommes ont installé leur tente. Il faut que Richard, armé d'un fusil, autorise l'autre groupe à prendre place à proximité du premier campement, ce qui présente un risque de contamination pour les uns comme pour les autres. Le dialogue sert à évaluer dans quelle mesure les deux hommes, qui assurent chacun que leur groupe est en bonne santé, peuvent mutuellement se faire confiance. Celle-ci s'établit, et après ce voisinage nocturne, les deux groupes fusionnent. Le troisième dialogue, entre Jean et l'officier de paix de Walthamstow est au contraire un échec. Jean ne parvient à convaincre son interlocuteur ni de la bonne santé de ses compagnons, ni de leur droit de

---

[57] *Journal de l'année de la Peste*, préface de Henri H. Mollaret, traduction et notes de Francis Ledoux, Gallimard, Folio, 1982, p. 193 ; « I come back two my three Men : Their Story has a Moral in every Part of it, and their whole Conduct, and that of some they join'd with, is a Pattern for all Poor Men to follow, or Women either, is ever such a Time comes again ; and if there was no other End in recording it, I think this a very just one, whether my Account be exactly according to Fact or no », *A Journal of the Plague Year, being Observations or Memorials of the most Remarkable Occurences, as well Publick as Private, which happened in London during the Great Visitation in 1665. Written by a Citizen who continued all the while in London.* Éd. Louis Landa, introd. de David Roberts, Oxford University Press, 1990, p. 122. Nous citerons désormais successivement la traduction et cette édition du texte original.
[58] *Ibid.*, p. 196 / p. 124.
[59] *Ibid.*, p. 206 / « Parly », p. 130.

traverser la ville, ni de l'innocuité de ce passage, si tous les habitants se calfeutrent chez eux. Les fuyards usent alors de subterfuges et de menaces ; armés de faux fusils, ils obligent les habitants de la ville à leur donner des vivres, en échange de quoi ils acceptent de contourner Walthamstow, ce qui exige malgré tout qu'on leur ouvre un passage. Cette hospitalité forcée a des conséquences néfastes, puisque la rumeur de l'existence d'une bande armée de pestiférés se répand dans la contrée et leur ferme hermétiquement toutes les portes. Le quatrième dialogue a une forme différente des trois premiers. Au lieu d'imiter un échange théâtral (le nom du personnage précédant les répliques)[60], il est inséré au récit, sous la forme de discours au style direct. Cette transformation est peut-être liée au caractère moins âpre du débat, qui échoue cependant encore une fois : les fuyards se sont installés dans les bois voisins de la ville d'Epping, et devant le refus des habitants de la ville de les accueillir, ils gagnent progressivement leurs bonnes grâces par leur piété et le caractère pacifique de leur occupation. Ils ne demandent rien, mais les dons commencent à affluer (d'abord de la part du seigneur de la ville et du ministre). Même si les deux communautés restent à distance, l'hostilité disparaît et les fuyards vivent à l'écart et à l'abri, jusqu'à ce que le froid et l'arrivée de la peste à Epping les ramènent vers Londres, où l'épidémie décroît.

Cet épisode pose les conditions auxquelles l'hospitalité peut s'exercer, de façon optimale, en temps de peste. Le narrateur confronte ce cas à la multiplicité des occurrences semblables, dans une optique presque statistique, ce qui relève d'un rapport au fait profondément différent de celui de Cinquanta :

> Depuis que j'ai eu connaissance de cette histoire de Jean et de son frère, j'ai fait une enquête et j'ai appris qu'un grand nombre de pauvres désespérés de ce genre avaient fui de tous côtés dans les compagnes. Certains s'assurèrent le logement dans de petits hangars, des granges ou des appentis chaque fois qu'ils purent l'obtenir de la bienveillance des paysans, ce qui arrivait surtout quand ils pouvaient donner, si peu que ce fût, des renseignements satisfaisants sur leur personne et surtout qu'ils n'étaient pas partis trop tard de Londres. Mais d'autres – et ils furent nombreux – se construisirent de petites cabanes et des abris dans les champs et dans les bois où ils vécurent comme des ermites dans des trous,

---

[60] Par exemple : « Jean : – [...] On se demande comment vous pouvez être aussi impitoyables !
L'officier de paix : – Le souci de notre propre sécurité nous y oblige. », *ibid.*, p. 215.
« John : – [...] We Wonder how you could be so unmerciful !
Constable : – Self-preservation obliges us. », *ibid.*, p. 138.

> des grottes ou tout autre endroit qu'ils purent trouver. Ceux-là, on peut en être sûr, eurent beaucoup à souffrir [...][61]

L'auteur anglais, en effet (qui peut bien prendre à sa charge, au-delà de son narrateur « H. F », le fait d'avoir mené une « enquête »), présente explicitement ce passage comme un exemple de résolution optimale d'un problème qui s'est, dans la majorité des cas et dans la réalité[62], mal terminé (le passage se clôt sur l'évocation d'une double mort solitaire, attestée par une pathétique inscription gravée). La négociation, avec le lecteur, du rapport (en termes, encore une fois, presque statistiques) entre une version ostensiblement fictionnelle et la vérité historique s'accompagne d'une appréciation remarquablement équilibrée et dépassionnée de l'exercice de l'hospitalité. L'histoire de Jean et de ses compagnons a montré quelle attitude était à même de la susciter ; le commentaire du narrateur dégage les conditions raisonnables qui permettent d'y prétendre, sans aucune considération morale ni religieuse. Les appels à la charité et à la pitié, en temps de peste, sont sans effet, comme les dialogues l'illustrent[63], à moins que les demandeurs ne modèrent la peur justifiée qu'ils inspirent par leur prévoyance et leur attitude avisée. Est aussi vantée leur autonomie : comme de nouveaux Robinson, en effet, les fuyards sont capables de se construire des abris et de vivre en autarcie en organisant leur survie. L'hospitalité s'exerce en plus, et gratifie ceux qui n'en ont presque pas besoin.

Le Journal de l'année de la peste combine ainsi l'hybridité générique (mêlant récit à la première personne, à la troisième personne, longs passages dialogués), référentielle, (par l'usage d'une première personne au statut indécidable et l'insertion de documents) et la présentation de perspectives discordantes : le hiatus, voire le conflit, caractérise les relations entre individu et collectivité, groupes aux intérêts divergents, mais aussi le point de vue du narrateur, à la fois religieux et pragmatique. Le récit s'attache, en particulier dans l'extrait

---

[61] *Ibid*, p. 232. « I have, since my knowing this Story of *John* and his Brother, enquired and found, that there were a great many of the poor disconsolate People, as above, fled into the Country every way, and some of them got little Sheds, and Barns, and Out-houses to live in, where they could obtain so much Kindness of the Country, and especially where they had any the least satisfactory Account to give of themselves, and particularly that they did not come out of *London* too late. But others, and that in great Numbers, built themselves little Hutts and Retreats in the Fields and Woods, and liv'd like Hermits in Holes and Caves, or any Place they cou'd find ; and where, we may be sure, they suffer'd great Extremities [...] », *ibid.*, p. *150.*

[62] C'est-à-dire, évidemment, ce qui est présenté comme tel dans la fiction.

[63] Voir, par exemple, supra, *note* 59.

Hospitalité en temps de peste: Hybridation générique et conflits de normes / 219

analysé, à montrer à quelles conditions les oppositions peuvent être surmontées.

Jusqu'à la fin du dix-huitième siècle, les fictions et les « factions » qui traitent de la peste sont rares, surtout en comparaison du corpus extrêmement abondant des récits factuels, traités et témoignages. Leur rareté et leur intérêt tiennent à plusieurs facteurs, qui tiennent en particulier à la mise en jeu des modalités dans un monde possible de la peste.

On pourrait certes trouver des exemples de témoignage qui font intervenir des perspectives conflictuelles[64]. Mais la difficulté est de les incarner dans des cas et dans des situations qui proposent des modes de réparation (l'histoire de Ginepra) et de résolution (les trois hommes et leurs compagnons), tout en rendant compte du monde de la peste tel qu'il est : c'est-à-dire d'un monde où le jeu des modalités est radicalement modifié. La contagion affecte le champ des possibles et de l'impossible (on a vu que Platter et Urfé choisissaient, pour des raisons différentes, d'ignorer ou de nier, totalement ou partiellement, les risques réels de contagion). Les règles sanitaires, ainsi que l'appétit de vivre, interfèrent dans le partage du permis et de l'interdit ; le conflit entre le soin de soi et le souci d'autrui brouille les repères axiologiques. Quant à la modalité épistémique (le connu et l'inconnu), elle intervient dans la mesure où l'ignorance des causes et du mode de transmission de la maladie conditionne en partie les autres circonstances. L'interdépendance entre ces données est essentielle. Afin de le montrer, et surtout de mettre à l'épreuve, dans ce contexte, des conduites de survie éthiquement acceptables, ou même recommandables, l'exigence testimoniale doit être associée à la capacité de concevoir un monde différent, où les normes qui régissent l'univers actuel peuvent être suspendues ou altérées. Seuls quelques textes expérimentaux par leur forme et hybrides quant à leur statut, à la fois factuel et fictionnel, y parviennent.

---

[64] C'est le cas du *De peste que fuit anno MDCXXX libri V desumpti ex annalibus urbis Mediolani* de Giuseppe Ripamonti (Milan, Malatestas, 1641 ; *La peste di Milano del 1630, V libri cavati dagli annali della citta*, trad. F. Cusani, Milan [1841], Muggiani, 1945). Sur ce texte exceptionnel, voir *Pestes, incendies, naufrages, op. cit.*, p. 44, sq.

www.ingramcontent.com/pod-product-compliance
Lightning Source LLC
Chambersburg PA
CBHW051048160426
43193CB00010B/1103